公路水运工程试验检测人员

继续教育培训教材

河南省交通基本建设质量检测监督站
河南交院公路工程技术有限公司　组织编写

中国建筑工业出版社

图书在版编目（CIP）数据

公路水运工程试验检测人员继续教育培训教材/河南省交通基本建设质量检测监督站，河南交院公路工程技术有限公司组织编写. —北京：中国建筑工业出版社，2015.6
ISBN 978-7-112-18078-3

Ⅰ.①公…　Ⅱ.①河…②河…　Ⅲ.①道路工程-试验-继续教育-教材②道路工程-检测-继续教育-教材③航道工程-试验-继续教育-教材④航道工程-检测-继续教育-教材　Ⅳ.①U41②U61

中国版本图书馆 CIP 数据核字（2015）第 085218 号

本书是公路水运工程试验检测人员继续教育培训教材，由河南省交通基本建设质量检测监督站和河南交院公路工程技术有限公司组织编写。主要内容包括政策法规与职业道德、道路材料、公路工程、桥梁工程、交通工程与机电工程五篇内容，旨在培养试验检测人员熟悉公路水运工程常用材料的基本性质和常用指标，掌握其检验方法和技术，以便在试验检测工程中进一步提高理论水平和实践能力。

*　　*　　*

责任编辑：王　磊　田启铭
责任校对：姜小莲　党　蕾

公路水运工程试验检测人员继续教育培训教材
河南省交通基本建设质量检测监督站
河南交院公路工程技术有限公司　组织编写

*

中国建筑工业出版社出版、发行（北京西郊百万庄）
各地新华书店、建筑书店经销
北京红光制版公司制版
北京富生印刷厂印刷

*

开本：787×1092毫米　1/16　印张：16¾　字数：402千字
2015年10月第一版　2015年10月第一次印刷
定价：48.00元
ISBN 978-7-112-18078-3
（27318）

《公路水运工程试验检测人员继续教育培训教材》
编 委 会

主　　编：吴连民

副 主 编：聂卫林　张四伟　邵景干　高建华

编写人员：王劲松　秦莉娅　刘伟峰　杨　明　魏　华

　　　　　王　永　吴跟上　王智博　沙炳乾　杨俊鹏

　　　　　陈红奎　张　亘　王菲菲　魏志峰　张　勇

前　　言

交通运输部工程质量监督局（简称"部质监局"）主管全国公路水运工程试验检测人员继续教育工作，负责制定继续教育相关制度，确定继续教育主体内容，统一组织继续教育师资培训，监督、指导各省开展继续教育工作。交通运输职业资格中心配合部质监局开展相关具体工作。

各省级交通运输主管部门质量监督机构（简称"省级质监机构"）负责本省范围内试验检测人员继续教育工作，负责制定本行政区域继续教育相关制度和年度计划，结合实际确定继续教育补充内容，组织、协调本省继续教育工作。

为巩固并不断提高试验检测人员的能力和技术水平，适应公路水运工程试验检测工作发展需要，促进试验检测人员（试验检测员和试验检测工程师）继续教育制度化、规范化、科学化，依据《公路水运工程试验检测管理办法》，河南省交通基本建设质量检测监督站和河南交院公路工程技术有限公司组织相关专家，编写了本培训教材。

本培训教材共分五篇，分别是：第一篇　政策法规与职业道德，第二篇　道路材料，第三篇　公路工程，第四篇　桥梁工程，第五篇　交通工程与机电工程。本教材有理论、有基本试验检测操作讲解、有实例，内容涵盖了公路水运工程试验检测管理的方方面面，全面、系统地介绍公路水运工程试验检测理论和实用技术，适用于广大试验检测人员全面系统地学习和掌握公路水运工程试验检测技术，也可用于学员单科培训或自学，并可作为试验检测水平考试复习参考用书，具有较强的实用性和可操作性，基本能够满足公路水运工程试验检测工作的实际需要。

本书的编写得到了闫秀萍、陈亚莉、蒋玲玲、吴桂金、高晓燕、邓苗毅、汪新梅、王穗平、吴跟上、宋全有等多位专家的大力支持，在此一并表示感谢。

诚然，编者的能力有限、经验不足，可能会使教材存在诸多的不足和欠缺，在此敬请广大读者批评指正并提出修改意见，我们将不胜感激并定期进行修订，以期不断完善。

编者

二〇一五年七月

目　　录

第一篇　政策法规与职业道德

第二篇　道　路　材　料

第一篇　政策法规与职业道德

第一章　试验检测市场的发展和现状

 学习目标

◆ 了解试验检测人员继续再教育培训的依据

◆ 了解试验检测市场的发展和现状

一、试验检测人员继续再教育培训的依据

（1）公路水运工程试验检测人员继续教育办法（试行），交通运输部厅质监字〔2011〕229号；

（2）公路水运工程试验检测机构管理办法，交通部令〔2005〕第12号；

（3）关于公布2013年度公路水运工程试验检测人员继续教育主体内容的通知，交通运输部厅质监字〔2012〕14号；

（4）关于公路水运工程试验检测人员继续教育有关事宜的通知，质监综函〔2014〕10号。

二、试验检测市场的发展和现状

1998年交通部质监站发布了《公路工程试验检测机构管理办法》（暂行），2005年9月交通运输部出台了《公路水运工程试验检测管理办法》（简称"《办法》"），是首次以部令的形式对公路水运工程试验检测工作管理进行明确规定，且具有法律效力。《办法》出台以来，试验检测市场主要以培育为主，随着公路工程建设速度的加快和对试验检测工作的需求，试验检查机构迅速发展，截至目前全国评定的各级试验检测机构已达到1900多家，从业人员达到10万多人，河南省试验检测机构已达110多家，试验检测人员近1万人，已基本满足当前的建设需求。

在快速发展的同时，面对公路建设市场的新形势，试验检测机构和人员虽然在规模上和数量上有所保障，但存在整体素质不是很高、发展不平衡、行为欠规范等问题。特别是工地试验室的假资料、假报告时有发生，交通部质监站2007年在全国范围内开展了三年打击假资料的专项活动。按照"调控规模、提升素质、进退有序"的原则，试验检测行业管理的重心从市场培育转移到规范和培育并重，更加注重规范上来，使试验检测由外延性向内涵性增长转变，不但完成量的增加，更要实现质的提高。因此交通运输部2013年下发了《关于进一步加强和规范公路水运工程试验检测工作的若干意见》，意见指出自本文发布之日起用1～2年时间，整顿规范试验检测市场，提升行业整体素质。在此期间，停止受理所有等级试验检测机构和增项的评定申请。交通运输部2015年2月份又下发了《关于继续暂停受理等级试验检测机构和增项评定申请的通知》以及《交通运输部办公厅关于整合公路水路交通运输检验检测机构的指导意见》交办政研〔2015〕24号文，切实解决检验检测机构数量多、规模小的问题，稳步有序推进检验检测机构整合，努力构建布

局合理、竞争有序、运行高效、诚信守法的试验检测市场新格局。

三、目前检测市场存在的主要问题

部分试验检测机构取得资质以后，放松管理，不能持续保持相应等级能力的资质要求，试验室长期无人管理，试验人员注册数量达不到要求，重要信息变更不及时，甚至有的试验机构试验场地都没有，长期没有开展试验检测活动，技术水平低，有的机构在参加交通运输部组织比对试验 80％达不到满意结果。特别是工地试验室，由于工地试验室临时性、短期性的这一特点，工地试验检测人员结构不稳、责任心不强，管理不到位，虚假资料时有发生，母体机构对工地试验室仅授权不管理，有的试验室甚至仅仅是名义上的授权，造成工地试验室管理混乱，使基本的试验检测作用难以发挥。今年是河南省交通运输厅规范管理年，省质监站也要求整顿检测市场，要树立一批好的样板，处理一批坏的典型。

第二章 公路试验检测数据报告编制导则

 学习目标

◆ 了解公路试验检测数据报告编制导则的适用范围
◆ 熟悉公路试验检测数据报告的格式
◆ 掌握试验检测记录表和试验检测报告的编制要求

中华人民共和国交通运输行业标准
（JT/T 828—2012）
公路试验检测数据报告编制导则

前　言

本标准按照 GB/T 1.1—2009 给出的规则起草。

本标准由交通运输部工程质量监督局提出。

本标准由全国交通工程设施（公路）标准化技术委员会（SAC/TC 223）归口。

本标准起草单位：交通运输部公路科学研究院、国家交通安全设施质量监督检验中心、中国交通建设监理协会试验检测工作委员会。

本标准参加单位：重庆市交通委员会基本建设工程质量和安全监督站、北京市道路工程质量监督站、江苏省交通运输厅工程质量监督局、黑龙江省高速公路建设局、江苏省交通科学研究院股份有限公司、上海华岩软件有限公司。

本标准主要起草人：张晓冰、李洪斌、陆宇红、龚柏岩、包左军、窦光武、王永红、康爱国、沈小俊、宋涛、李小东、解先荣、王大庆、闫秀萍、吴晓明、吴道光。

1 范围

本标准规定了公路试验检测数据报告编制的总则、格式与要素、试验检测记录表编制要求、试验检测报告编制要求等内容。

本标准适用于公路工地试验室及等级试验检测机构的试验检测数据记录及报告编制。

2 规范性引用文件

下列文件对于本文件的应用是必不可少的。凡是注日期的引用文件，仅注日期的版本适用于本文件。凡是不注日期的引用文件，其最新版本（包括所有的修改单）适用于本文件。

3 术语和定义

下列术语和定义适用于本文件。

3.1 等级试验检测机构（grade laboratory）

按照《公路水运工程试验检测管理办法》（交通部 2005 年第 12 号令）的要求，取得"公路水运工程试验检测机构等级证书"的机构。

3.2 工地试验室（construction site laboratory）

工程建设过程中为控制质量由等级试验检测机构在工程现场设立的试验室。

3.3 母体试验室（parent laboratory）

在工程现场设立工地试验室的等级试验检测机构。

4 总则

通过对公路试验检测数据报告格式的统一，达到推动试验检测管理标准化、规范化和科学化的目的，提高质量控制水平，为试验检测数据信息化管理创造基础条件。

5 格式与要素

5.1 分类

公路试验检测数据报告包括公路试验检测记录表（以下简称"记录表"）和公路试验检测报告（以下简称"报告"）。

5.2 格式

公路试验检测数据报告按格式内容，由标题区、表格区、落款区三部分组成，其中表格区按内容又可分为基本信息区、检验对象属性区（仅用于报告）、检验数据区和附加声明区等。试验检测记录表及试验检测报告的格式见附录 A。

公路试验检测数据报告按内容属性，由管理要素和技术要素构成，其中管理要素包括标题区、落款区、基本信息区、附加声明区等内容，技术要素包括检验对象属性区和检验数据区等内容。

5.3 要素

5.3.1 管理要素

5.3.1.1 标题区

又称"表头"，位于记录表/报告表格区外部上方，用于表征记录表/报告的属性信息。

5.3.1.2 落款区

位于记录表/报告表格区外部下方，用于表征记录表/报告的签署信息。

5.3.1.3 基本信息区

位于记录表/报告表格区的上部，用于表征被检对象信息及试验检测条件信息。

5.3.1.4 附加声明区

又称"备注"，位于记录表/报告表格区的下部，用于补充试验检测需说明的信息。

5.3.2 技术要素

5.3.2.1 检验对象属性区

为报告的专有信息，用于描述被检对象的专属信息，位于报告表格区中部偏上位置，紧接"基本信息区"。

5.3.2.2 检验数据区

位于记录表/报告表格区中部偏下位置，"附加声明区"的上方，在记录表中用于表征试验过程中的原始数据、过程数据及试验结果等信息；在报告中用于表征试验检测结果与结论等信息。

6 试验检测记录表编制要求

6.1 管理要素

6.1.1 标题区

6.1.1.1 组成

记录表标题区由表格名称、唯一性标识编码、试验室名称、记录编号和页码等内容组成。

6.1.1.2 表格名称

位于标题区第一行居中位置。以《公路水运工程试验检测机构等级标准》中综合甲级（桥梁结构、构件，隧道，交通安全设施等除外）、桥梁隧道工程专项和交通工程专项中所列的"项目"、"主要试验检测参数"（以下简称"参数"）栏的内容为依据，原则上采用"项目名称"＋"参数名称"＋"试验检测记录表"的形式，特殊情况可采用以下形式：

a) 当试验参数有多种测试方法可选择时，宜在记录表后将选用的测试方法以括号的形式加以标识，如"土颗粒级配试验检测记录表（筛分法）"；

b) 当同一"项目"栏内存在多个项目类型或按习惯用法可分为多个项目类型时，宜按项目类型分别编制记录表，如水泥混凝土×××试验检测记录表、砂浆×××试验检测记录表；

c) 当对同一样品在一次试验中得到多个参数值时，记录表可以多参数的形式出现，表格名称在表述时宜列出全部参数并在参数间以"、"号分隔，如"水泥标准稠度用水量、凝结时间、安定性试验检测记录表"；

d) 当记录表包含《公路水运工程试验检测机构等级标准》"项目"栏对应的全部参数时，参数名称可省略，以"项目名称"＋"试验检测记录表"为表格名称，如"隧道环境检测试验检测记录表"；

e) 当参数能明确地体现测试内容时，项目名称可省略，以"参数名称"＋"试验检测记录表"为表格名称，如"反光膜性能测试试验检测记录表"。

6.1.1.3 唯一性标识编码

用以区分记录表的管理编码，具有唯一性，与表格名称同处一行，靠右对齐。记录表唯一性标识编码采用2＋2＋2＋1四段位的编码形式，即用"专业编码"＋"项目编码"＋"参数编码"＋"方法区分码"的形式表示，其结构如图1所示。

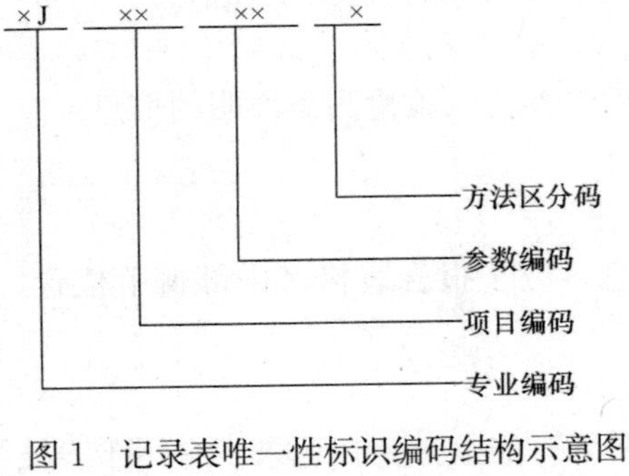

图 1 记录表唯一性标识编码结构示意图

记录表唯一性标识编码各段位的编制要求为：

a) 专业编码，由两位大写英文字母组成，第一位字母用于区分专业类别，用 J、Q、A 分别代表公路工程、桥梁隧道工程、交通工程专业，第二位字母为 J，代表记录表；

b) 项目编码，由两位数字组成，用《公路水运工程试验检测机构等级标准》中的"综合甲级（桥

6

梁结构、构件，隧道，交通安全设施等除外）"、"桥梁隧道工程专项"、"交通工程专项"中"项目"序号表示，采用 01～99 的形式；

c) 参数编码，由两位数字组成，用《公路水运工程试验检测机构等级标准》中与项目对应的"参数"栏内各参数的顺序号表示，采用 01～99 的形式；多参数记录表，该段位为排在前面的参数的顺序号；

d) 方法区分码，由一位小写英文字母组成，采用 a～z（i，l，o 除外）的形式，用于区分单项目或多项目对同一参数的不同试验方法，由试验室自行制定。如粗集料颗粒级配（干筛法 a、水洗法 b）、细集料颗粒级配（干筛法 c）、水洗法矿粉颗粒级配（水洗法 e）等。无方法区分码时，此段位编码省略。

6.1.1.4 试验室名称

位于标题区第二行位置，靠左对齐。在不引起歧义时，可用"公路水运工程试验检测机构等级证书"的编号表示试验室名称，工地试验室名称应能反映出其母体试验室及项目标段的信息。

6.1.1.5 记录编号

与"试验室名称"同处一行，靠右对齐。记录编号由试验室自行编制，用于试验参数、试验过程的识别。

6.1.1.6 页码

位于表格的页眉处，靠右对齐，以"第×页，共×页"的形式表示。

6.1.2 落款区

落款区由"试验"、"复核"、"日期"三部分组成。

日期为记录表的复核时间，以"××××年××月××日"的形式表示，如"2010年 04 月 30 日"。

6.1.3 基本信息区

基本信息区包括但不限于工程部位/用途、委托/任务编号、样品名称、样品描述、样品编号、试验条件、试验依据、试验日期、主要仪器设备及编号等内容。相关编写要求为：

a) 工程部位/用途：为二选一填写项，当可以明确被检对象在工程中的具体位置时，宜填写工程部位的桩号；当指明数据报告结果的具体用途时，宜填写相关信息；

b) 委托/任务编号：由试验室自行编制，用于表示外部委托/内部任务流转的唯一性编号，一般宜填写委托编号，用于盲样管理时可填写任务编号；

c) 样品名称：按标准规范要求填写；

d) 样品描述：描述样品的状态，如样品的结构、形状、规格、颜色、数量等信息；

e) 样品编号：由试验室自行编制，用于区分每件独立样品的唯一性编号；

f) 试验条件：用于描述试验时的环境条件，如试验的温度、湿度、照度以及在标准中有明确规定的其他环境条件的实测值或范围值；

g) 试验依据：进行试验所依据的现行有效的标准、规程或其他技术文件。宜至少填写出完整的标准、规程编号，如：GB/T 232—2010；必要时，可写至标准、规程的方法编号或条款号，如：JTG E42—2005 T0305—1994；

h) 试验日期：为试验的起止时间，以时间段或时间点表示；

i) 主要仪器设备及编号：试验所用仁要仪器设备的信息，宜包括仪器设备名称、型号规格及唯一性标识。

6.1.4 附加声明区

附加声明区可用于：

a）对试验检测的依据、方法、条件等偏离情况的声明；

b）其他见证方签认；

c）其他需要补充说明的事项。

6.2 技术要素

技术要素的检验数据区用于记录试验过程和试验结果的信息，是试验室按试验依据编制的技术内容，宜包括但不限于原始观测项目、数据处理过程与方法、试验结果等，相关编写要求为：

a）原始观测项目：应包含获取试验结果所需的充分信息，以便该试验在尽可能接近原条件的情况下能够复现；

b）数据处理过程与方法：宜保留试验数据的处理过程，给出由原始观测数据导出试验结果的过程记录、数据修约或方法等；

c）试验结果：宜按试验依据文件要求给出该项试验的测试结果。

7 试验检测报告编制要求

7.1 管理要素

7.1.1 标题区

7.1.1.1 组成

报告标题区由表格名称、唯一性标识编码、试验室名称、报告编号、页码等内容组成。

7.1.1.2 表格名称

位于标题区第一行居中位置。采用以下两种表述方式：

a）由单一记录表导出的报告，其表格名称宜采用与记录表名称相同的命名方式，仅将"试验检测记录表"变更为"试验检测报告"；

b）由多个记录表导出的报告，依据试验参数具体组成，优先以项目名称命名报告名称，在不引起歧义的情况下，宜采用"项目名称"＋"试验检测报告"的形式或其他约定的形式。

7.1.1.3 唯一性标识编码

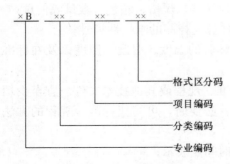

图2 报告唯一性标识编码结构示意图

与表格名称同处一行，靠右对齐。报告唯一性编码采用2＋2＋2＋2四段位的编码形式，即用"专业编码"＋"分类编码"＋"项目编码"＋"格式区分码"的形式表示，其结构如图2所示。

报告唯一性标识编码各段位的编制要求为：

a）专业编码，由两位大写英文字母组成，第一位字母用于区分专业类别，用J、Q、A分别代表公路工程、桥梁隧道工程、交通工程专业，第二位字母为B，代表报告；

b) 分类编码，由两位数字组成，用01、02、03分别代表材料类报告、现场试验类报告、特殊参数类报告；

c) 项目编码，由两位数字组成，用《公路水运工程试验检测机构等级标准》中的"综合甲级（桥梁结构、构件，隧道，交通安全设施等除外)"、"桥梁隧道工程专项"、"交通工程专项"中"项目"序号表示，采用01～99的形式；

d) 格式区分码，由两位数字组成，采用01～99的形式，用于区分项目内各报告格式，由试验室自行制定。

7.1.1.4 试验室名称

位于标题区第二行位置，靠左对齐。工地试验室名称应能反映出其母体试验室及项目标段的信息。

7.1.1.5 报告编号

与"试验室名称"同处一行，靠右对齐。由试验室自行制定，用于报告的识别。

7.1.1.6 页码

同6.1.1.6。

7.1.2 落款区

由"试验"、"审核"、"签发"、"旧期"、"(专用章)"五部分组成。日期为报告的签发时间，其表示方法同6.1.2。

7.1.3 基本信息区

包含但不限于施工/委托单位、工程名称、工程部位/用途、委托编号、样品编号、样品描述、试验依据、判定依据、主要仪器设备及编号等信息，相关编写要求为：

a) 施工/委托单位：为二选一填写项，宜填写施工单位名称，仅当无法填写施工单位信息时，可填写委托单位名称；

b) 工程名称：本报告测试范围内建设项目的名称；

c) 工程部位/用途：同6.1.3a)；

d) 委托编号：同6.1.3b) 中的委托编号；

e) 样品描述：同6.1.3d)；

f) 样品编号：同6.1.3e)；

g) 试验依据：同6.1.3g)；

h) 判定依据：判定试验结果合格与否所依据的相关试验规程、标准或其他技术文件。表述方法同6.1.3g)；

i) 主要仪器设备及编号：同6.1.3i)。

7.1.4 附加声明区

附加声明区可用于：

a) 对试验检测的依据、方法、条件等偏离情况的声明；

b) 其他需要补充说明的事项。

7.2 技术要素

7.2.1 检验对象属性区

用于被检对象、测试过程中有关技术信息的详细描述，如"生产厂家"、"抽样基数"、"抽样数"、"试验龄期"等，视报告的具体需要确定其内容。

7.2.2 检验数据区

宜包含但不限于检测项目、技术要求/指标、检测结果、结果判定与检测结论等内容，以及其他反映检测结果与结论的必要的图表信息。

附录 A

（规范性附录）
试验检测记录表及试验检测报告格式

试验检测记录表格式见图 A.1，试验检测报告格式见图 A.2。

图 A.1 试验检测记录表格式

10

第×页，共×页

×B××××××

××××试验检测报告

试验室名称：　　　　　　　　　　　　　　　　　　　　　　　　　　报告编号：

施工/委托单位		委托编号	
工程名称		样品编号	
工程部位/用途		样品描述	
试验依据		判定依据	
主要仪器设备及编号			
检测结论：			
备注：			

试验：　　　　审核：　　　　签发：　　　　日期：　　　　年　　月　　日（专用章）

标题区

基本信息区

检验对象属性区

检验数据区

附加声明区

落款区

图 A.2　试验检测报告格式

附录 B

（资料性附录）
试验检测记录表及试验检测报告示例

以土击实试验中的“最大干密度”、“最佳含水率”两参数为例给出试验检测记录表示例，参见图 B.1。

第1页，共1页
JJ0103

土最大干密度、最佳含水率试验检测记录表

试验室名称：　　　　　　　　　　　　　　　　　　　　　　　　　　　　记录编号：

<table>
<tr><td colspan="2">工程部位/用途</td><td colspan="4"></td><td colspan="4">委托/任务编号</td><td colspan="4"></td></tr>
<tr><td colspan="2">样品名称</td><td colspan="4"></td><td colspan="4">样品编号</td><td colspan="4"></td></tr>
<tr><td colspan="2">试验依据</td><td colspan="4"></td><td colspan="4">样品描述</td><td colspan="4"></td></tr>
<tr><td colspan="2">试验条件</td><td colspan="4"></td><td colspan="4">试验日期</td><td colspan="4"></td></tr>
<tr><td colspan="2">主要仪器设备及编号</td><td colspan="12"></td></tr>
<tr><td>击锤质量(g)</td><td></td><td colspan="2">每层击数</td><td></td><td colspan="2">落距(mm)</td><td></td><td colspan="4">大于40mm颗粒含量(%)</td><td colspan="2"></td></tr>
<tr><td colspan="2">试验次数</td><td colspan="2">1</td><td colspan="2">2</td><td colspan="2">3</td><td colspan="2">4</td><td colspan="2">5</td><td colspan="2">6</td></tr>
<tr><td rowspan="6">干密度</td><td>筒容积(cm^3)</td><td colspan="2"></td><td colspan="2"></td><td colspan="2"></td><td colspan="2"></td><td colspan="2"></td><td colspan="2"></td></tr>
<tr><td>筒质量(g)</td><td colspan="2"></td><td colspan="2"></td><td colspan="2"></td><td colspan="2"></td><td colspan="2"></td><td colspan="2"></td></tr>
<tr><td>筒+湿土质量(g)</td><td colspan="2"></td><td colspan="2"></td><td colspan="2"></td><td colspan="2"></td><td colspan="2"></td><td colspan="2"></td></tr>
<tr><td>湿土质量(g)</td><td colspan="2"></td><td colspan="2"></td><td colspan="2"></td><td colspan="2"></td><td colspan="2"></td><td colspan="2"></td></tr>
<tr><td>湿密度(g/cm^3)</td><td colspan="2"></td><td colspan="2"></td><td colspan="2"></td><td colspan="2"></td><td colspan="2"></td><td colspan="2"></td></tr>
<tr><td>干密度(g/cm^3)</td><td colspan="2"></td><td colspan="2"></td><td colspan="2"></td><td colspan="2"></td><td colspan="2"></td><td colspan="2"></td></tr>
<tr><td rowspan="8">含水率</td><td>盒号</td><td></td><td></td><td></td><td></td><td></td><td></td><td></td><td></td><td></td><td></td><td></td><td></td></tr>
<tr><td>盒质量(g)</td><td></td><td></td><td></td><td></td><td></td><td></td><td></td><td></td><td></td><td></td><td></td><td></td></tr>
<tr><td>盒+湿土质量(g)</td><td></td><td></td><td></td><td></td><td></td><td></td><td></td><td></td><td></td><td></td><td></td><td></td></tr>
<tr><td>盒+干土质量(g)</td><td></td><td></td><td></td><td></td><td></td><td></td><td></td><td></td><td></td><td></td><td></td><td></td></tr>
<tr><td>水质量(g)</td><td></td><td></td><td></td><td></td><td></td><td></td><td></td><td></td><td></td><td></td><td></td><td></td></tr>
<tr><td>干土质量(g)</td><td></td><td></td><td></td><td></td><td></td><td></td><td></td><td></td><td></td><td></td><td></td><td></td></tr>
<tr><td>含水率(%)</td><td></td><td></td><td></td><td></td><td></td><td></td><td></td><td></td><td></td><td></td><td></td><td></td></tr>
<tr><td>平均含水率(%)</td><td colspan="2"></td><td colspan="2"></td><td colspan="2"></td><td colspan="2"></td><td colspan="2"></td><td colspan="2"></td></tr>
<tr><td rowspan="2">击实曲线</td><td>最大干密度</td><td colspan="4">(g/cm^3)</td><td colspan="4">最佳含水率</td><td colspan="4">(%)</td></tr>
<tr><td colspan="13"></td></tr>
<tr><td colspan="14">备注：</td></tr>
</table>

试验：　　　　　　　　　　　　　　　复核：　　　　　　　　　　　　　　日期：　　　年　月　日

图 B.1　试验检测记录表示例

以土的天然状态物理指标、界限含水率、天然稠度等记录所生成的"土工试验检测报告"为例给出试验检测报告示例，参见图 B.2。

土工试验检测报告

试验室名称：　　　　　　　　　　　　　　　　　　　　　　　　　　　报告编号：

施工/委托单位			委托编号	
工程名称			样品编号	
工程部位/用途			样品描述	
试验依据			判定依据	
主要仪器设备及编号				
取样位置			代表数量	

序号	检测项目		技术指标	检测结果	结果判定
1	天然状态物理指标	含水率 (%)			
		密度(g/cm³)			
2	界限含水率	液限 w_L (%)			
		塑限 w_P (%)			
		塑性指数			
3	天然稠度	稠度			
4	标准击实	最大干密度(g/cm³)			
		最佳含水率 (%)			
5	土的承载比(CBR)	承载比 (%)			
		膨胀量 (%)			
		承载比 (%)			
		膨胀量 (%)			
		承载比 (%)			
		膨胀量 (%)			

6	筛分法	孔径 (mm)	60	40	20	10	5	2.0	1.0	0.5	0.25	0.075
		小于该孔径质量百分数 (%)										
		占总土质量百分比 (%)										
		不均匀系数 C_u					曲率系数 C_c					

7	土样定名及代号			

检测结论：

备注：

试验：　　　　　审核：　　　　　签发：　　　　　　　　　　　日期：　　　年 月 日（专用章）

图 B.2　试验检测报告示例

13

第三章　交通运输行业计量管理与应用

学习目标

◆了解计量的分类及特性

◆了解交通运输行业计量管理的发展

◆ 熟悉计量管理体系的主要组成

◆ 熟悉计量检定的基本知识

一、计量基本概念

1. 计量的定义

计量是指（《通用计量术语及定义》JJF 1001—2011）为实现单位统一和量值准确可靠的活动。

2. 计量的分类

科学计量包括计量单位与单位制研究、计量基准与标准研究、物理常量与精密测量技术研究、量值溯源与传递系统研究、量值比对与测量不确定度研究等方面的计量研究。

工程（工业）计量是指各种工程、工业中的应用计量和专业计量。

法制计量是指涉及与安全防护、医疗卫生、环境监测和贸易结算等有利害关系或需要特殊信任领域的强制计量。

3. 计量的特性

准确性是计量的工作核心，溯源性是计量的可靠基础，统一性是计量的本质表现，法制性是计量的保证手段。

4. 量值传递与溯源

1）量值传递与量值溯源区别：

（1）量值传递自上而下，体现强制性；量值溯源自下而上，体现自发性。

（2）量值传递等级严格，层次与中间环节较多，容易造成准确度损失；量值溯源可根据需要越级溯源，不受等级限制。

（3）量值传递采用检定或校准方式；量值溯源采用不间断的比较链，可使用多种方式。

2）量值溯源原则：

（1）外部检定或校准；

（2）自校准；

（3）部分校准，或参加比对或能力验证；

（4）溯源至国外计量标准。

3）量值溯源方式：

（1）实物计量标准检定或校准；

（2）发放标准物质；

（3）实验室间比对或验证测试；

（4）计量保证方案（MAP）。

二、计量管理体系的主要组成

1. 计量管理部门和技术机构

中央和地方政府计量行政部门；

国家质量监督检验检疫总局（计量司）；

各省市自治区技术监督局；

中央和地方政府行业主管部门；

国务院各部委主管计量部门；

各省市自治区行业政府机构主管计量部门（包括国家和地方）；

法定计量技术机构；

中国计量科学研究院；

国家大区计量测试中心；

国家专业计量站；

各省市自治区计量研究院。

2. 计量从业人员

从事计量标准建设和检定规程编制的人或计量研究人员；

通过培训考核从事检定校准的工作人员、持证检定人员；

被授权进行计量监督工作的人员（计量监督员）；

参加计量技术组织活动的技术专家。

三、计量检定基本知识

计量检定机构只有在其建立的计量标准经考核合格，并由有关部门审批或授权后才能开展计量标准范围内的检定项目。计量检定是统一量值，确保计量器具准确一致的重要措施；是量值传递或溯源的重要形式；是为国家发展提供计量保证的重要条件；是实行全国计量监督的重要手段。

计量检定是计量科学最重要的实际应用，也是计量部门一项最基本的任务。

1. 计量检定定义

查明和确认计量器具是否符合法定要求的程序，包括检查、加标记和出具检定证书。

检定是由计量检定人员利用测量标准，按照计量检定规程要求，包括外观检查在内，对首次检定、后续检定和使用中检验的计量器具进行一系列的具体活动，以确定计量器具的准确度、重复性、稳定度、灵敏度等是否符合规定。

2. 计量检定的特点

检定对象：计量器具；

检定目的：判定计量器具是否符合法定要求；

检定依据：计量检定规程；

检定结果：必须做出是否合格的结论，并出具证书或加盖印记；

检定性质：具有法制性；

检定主体：计量检定人员。

3. 计量检定的分类

按管理性质可分为强制检定、非强制检定；

按时间次序可分为首次检定、后续检定；

按管理环节可分为出厂检定、进口检定、验收检定、周期检定、修后检定、仲裁检定等；

按数量范围可分为全量检定、抽样检定。

四、交通运输行业计量管理发展

1. 前期背景

1993 年由国家质检总局授权和交通部批准成立国家级专业计量站"国家船舶舱容积计量站"。

1993 年至 2006 年间，交通部按照《交通部专业计量检定站管理办法》的规定，在山东、江苏、上海、北京、天津、福建等省市一共建立了 22 家检定站。

1994 年国家技术监督局正式同意交通部筹建"国家汽车检测设备计量站"。后来由于种种原因未能正式授权。

1996 年，交通部制定《"九五"期间交通计量工作规划》。

1999 年开始，原交通部对计量检定人员开展了培训考核发证及复核换证工作，12 年来共发证 722 人。其中公路工程检测仪器计量检定员培训班办了 9 期，发证 448 人；汽车检测设备计量检定员培训班办了 8 期，发证 266 人；水运工程检测仪器计量检定员培训班办了 1 期，发证 8 人。

2000 年，交通计量专业技术委员会成立，设立了四个专业计量学组。

截至 2012 年上半年，交通运输部共发布了 101 项部门计量检定规程，其中公路工程方面 55 项，汽车专业方面 24 项，水运工程方面 22 项。

2. 近期发展

2008 年，国家质量监督检验检疫总局同意交通运输部筹建"国家道路与桥梁工程检测设备计量站"。交通运输部公路科学研究院作为技术支持单位，抽调大量专业技术人员开展了部分重要公路行业专用仪器设备的检定方法和计量标准的研究。经过近三年时间的攻关，2010 年底通过了国家质量监督检验检疫总局组织的考核，2011 年 1 月获得正式授权。

近期重点工作包括：

（1）筹划地方专业计量检定机构管理与建设试点工作；

（2）正式发布交通运输行业第一批取得授权并实施的专用计量标准；

（3）即将发布公路专用计量器具管理目录；

（4）研究行业计量检定系统表编制与实施；

（5）加快推进专业计量标准研究与建设；

（6）加强与完善国家和部门计量检定规程编制工作；

（7）申请建立全国交通运输专用计量技术委员会。

3. 未来发展

1）建设行业计量队伍

建立各省级专业计量检定机构，形成交通运输行业国家专业计量站、地方专业计量检定机构、检测机构的完整计量传递链条，大力开展各级计量检定持证人员的培训与考核工作，广泛培养行业计量技术人员。

2）完善行业计量管理制度

制定专业计量机构管理办法，制定行业计量监督管理办法，修订计量检定人员管理办法，修订专用计量器具管理办法，建立专用计量器具认证办法，制定计量检定规程编制办法。

3）构建行业计量体系

行业计量检定系统表编制，国家与部门检定规程制定，部门最高计量标准建设与传递，次级专业工作计量标准溯源与建设，行业专业计量检定与校准服务网络。

五、交通运输计量检定/校准应用

根据《中华人民共和国计量法》的有关规定，交通运输部下发了《公路工程试验检测仪器设备计量管理目录》（厅科技字〔2012〕305 号），目录规定了公路工程试验检测仪器设备计量管理范围，是各级交通运输主管部门和有关单位对公路工程试验检测仪器设备进行计量监督和开展相关工作的依据。目录公布了 150 种公路试验检测仪器设备。

附件1

关于印发《公路工程试验检测仪器设备
检定/校准指导手册》的通知

质监综字〔2013〕5 号

各省级交通质监机构、有关单位：

为提高试验检测机构仪器设备管理水平，规范其检定/校准工作，确保试验检测数据准确、可靠，根据《交通运输部办公厅关于发布公路工程试验检测仪器设备计量管理目录的通知》（厅科技字〔2012〕305 号）的有关要求，我局组织编制了《公路工程试验检测仪器设备检定/校准指导手册》（以下简称《指导手册》），现予印发。

《指导手册》涵盖了《公路水运工程试验检测机构等级标准》中公路工程综合甲级、桥梁隧道工程专项及交通工程专项 3 个等级所涉及的仪器设备，明确了公路工程试验检测仪器设备的管理方式、依据标准及计量参数，是试验检测仪器设备检定/校准工作的重要依据。

《指导手册》最终解释权归部质监局，日常解释和维护管理工作由国家道路与桥梁工程检测设备计量站负责。《指导手册》的更新情况可通过我局网站（www.jtbzjz.net）或国家道路与桥梁工程检测设备计量站网站（www.ncmerb.com）进行查询。

请各有关单位在执行过程中，将发现的问题和意见，反馈国家道路与桥梁工程检测设备计量站（地址：北京市海淀区西土城路 8 号，邮编：100088，电话 010-62079808，邮箱 jlz@ncmerb.com）。

交通运输部工程质量监督局
2013 年 3 月 6 日

附件 2

公路工程试验检测仪器设备
检定/校准指导手册

（2013 年）

交通运输部工程质量监督局

2013 年 3 月

18

编 制 说 明

一、适用范围

本手册适用于公路工程等级试验检测机构、工地试验室仪器设备的检定/校准工作，以及质量监督机构对试验检测行业的管理工作。其他仪器设备使用、生产单位可参考使用。

二、引用文件

公路水运工程试验检测机构等级标准（交质监发〔2008〕274 号）

交通运输部办公厅关于发布公路工程试验检测仪器设备计量管理目录的通知（厅科技字〔2012〕305 号）

JJF 1033—2008 计量标准考核规范

JJF 1069—2012 法定计量检定机构考核规范

CNAS-CL01 检测和校准实验室能力认可准则

CNAS-CL06 量值溯源要求

三、术语和定义

下列术语和定义适用于本手册。

1. 计量标准：指为了定义、实现、保存或复现量的单位或一个或多个量值，依据一定标准技术文件，建立的一套用作参考的实物量具、测量仪器、参考（标准）物质或测量系统。

注：计量标准并不等同于仪器设备的产品标准或检定规程等技术文件，而是依据这些技术文件，建立的一套由标准器具及配套设备组成的装置，且这套装置涉及的计量特性、环境条件及设施、人员、文件集、测量能力等须经质量技术监督部门考核确认，并取得相应《计量标准考核证书》。

2. 校准实验室：指通过国家认可委员会正式承认，具备开展指定类型仪器设备校准工作能力的实验室。

3. 自校验：指试验检测机构按照 CNAS-CL06《量值溯源要求》的有关规定，在内部实施的，使用自有人员、设备及环境等条件，为保证仪器设备量值准确、可靠而开展的校准活动。

四、有关说明

（一）类别

"类别"内容与《公路水运工程试验检测机构等级标准》表 2 公路工程试验检测能力基本要求及主要仪器设备中"项目"对应。其中，道路工程专业与综合甲级 1～14 项对应，桥隧工程专业与桥梁隧道工程专项 1～13 项对应，交通工程专业与交通工程专项 1～13 项对应。

（二）编号

为便于使用及管理，按照《公路水运工程试验检测机构等级标准》表 2 的编排顺序，为仪器设备赋予唯一标识。编号规则如下图。

$$GL \quad \square\square \quad \square\square \quad \square\square\square\square$$
专业　项目　　设备

除首两位为英文字母外，其余均采用阿拉伯数字。其中，"专业"编号是指仪器设备所归属的专业领域，分别为道路工程专业（01）、桥隧工程专业（02）和交通工程专业（03）；"项目"编号是指按照《公路水运工程试验检测机构等级标准》表2，仪器设备所属项目的顺序号。其中，道路工程专业按照公路工程综合甲级编排，桥隧工程专业按照桥梁隧道工程专项编排，交通工程专业按照交通工程专项编排；"设备"编号是指按照《公路水运工程试验检测机构等级标准》表2，对应所属项目仪器设备在"设备配置"栏中的顺序号。

（三）设备名称

原则上与《公路水运工程试验检测机构等级标准》表2"设备配置"中的名称一致。当一类设备包含多种不同原理或规格的设备时，则分别列出。如摩擦系数测试设备，则以单轮偏角式摩擦系数测试仪、双轮合角式摩擦系数测试仪、制动力式摩擦系数测试仪分别列出。

（四）依据标准

指对仪器设备进行检定/校准时，应依据的技术文件。主要包括以下公开发布的技术文件：

（1）国家计量检定规程及校准规范；

（2）交通运输部部门计量检定规程；

（3）其他行业部门计量检定规程或有关技术文件；

（4）地方发布的计量检定规程。

除此之外，当依据标准为"在编"时，表明仪器设备检定/校准工作目前没有可直接依据的公开发布的技术文件，但交通运输部已经立项编制此类技术文件；当依据标准为"待编"时，表明仪器设备检定/校准工作目前没有可直接依据的公开发布的技术文件，且目前交通运输部没有编制此类技术文件的计划。

（五）计量参数

指除外观质量等目测、手感项目外的，影响仪器设备量值准确性的技术参数。当依据标准为计量检定规程及校准规范时，列出依据标准文件中的全部计量技术参数；当依据标准为其他公开发布的技术文件，或者尚无明确的技术文件时，则根据公路水运工程试验检测专业特点，列出推荐检验的技术参数。

对仪器设备进行检定时，一般应检验列出的全部计量参数；对仪器设备进行校准、测试时，可根据仪器设备使用场合的实际需要，检验必要的全部或部分计量参数。但均应做好对检定/校准结果与试验检测工作要求符合性的确认。

注：依据标准文件中所列计量参数是对仪器设备质量、功能及性能的全面衡量。在实际校准、测试工作中，还应根据具体试验检测工作的需要，有选择地检验，以免造成不必要的资源浪费。如土工试验用烘箱，一般检验温度偏差，湿度偏差，温度均匀度三项计量参数，即可满足试验检测工作需求，而相应依据标准列出的温度波动度，湿度波动度等参数，虽然也是衡量烘箱质量性能的技术参数，但并不影响土工试验检测结果，可不检验。

（六）管理方式

指仪器设备量值溯源的具体方式。分为三类：

Ⅰ类：主要为测量单一物理量（如质量、长度等）的通用计量器具，共计115种。一般应送至质量技术监督部门依法设置的计量检定单位（如国家、省、市、县计量院、所）或具备相应仪器设备测量能力的专业计量站、校准实验室进行检定/校准，并取得检定或校准证书。

Ⅱ类：主要为公路工程专用试验检测仪器设备。《交通运输部办公厅关于发布公路工程试验检测仪器设备计量管理目录的通知》（厅科技字〔2012〕305号）中列出的仪器设备均属此类，共计150种。根据具体情况分为以下三个层次：

（Ⅱ-1）：仪器设备名称为黑体（7种）。表明已取得质量技术监督部门授权的交通运输部部门最高计量标准。国家道路与桥梁工程检测设备计量站是国家质检总局授权建立的交通运输行业最高层级的计量检定单位，负责此类仪器设备的检定、校准，同时负责向各省设立的交通运输专业检定站进行量值传递的工作。试验检测机构可以将此类仪器设备送至国家道路与桥梁工程检测设备计量站（或参加其集中检定/校准活动），或送至经过其量值传递的地方交通运输专业检定站进行检定/校准，并取得检定或校准证书。

（Ⅱ-2）：仪器设备名称为非黑体，且依据标准中标有公开发布的技术文件（46种）。这类仪器设备目前只有个别省份或者尚没有任何省份经质量技术监督部门授权建立且可以提供检定/校准服务的单位。检测机构应向本省质量技术监督部门了解省内是否已有授权建立的检定单位（如××省交通专业检定站）及其具有的地方专业计量标准信息。当属于前者情况时，应当送至授权建立的检定单位进行检定/校准，并取得检定或校准证书；当属于后者情况时，则应委托有技术能力的机构（如有关技术文件的编制单位、科研单位等），或按自校验管理方式，根据"依据标准"和"计量参数"所示内容进行测试，并取得测试报告。实施具体测试工作的机构应具有明确的测试工作管理程序，并按照依据标准的要求，配备相应人员、设备、环境、场地等条件，规范地开展仪器设备测试工作，编制测试报告，留存相应技术和管理记录。

（Ⅱ-3）：仪器设备名称为非黑体，且依据标准中标有"在编"、"待编"（97种）。这类仪器设备的检定/校准目前没有可直接依据的公开发布的技术文件。检测机构可参照行业内相关仪器设备计量管理指南，或自行，或委托有能力的单位（如有关科研院所、高校、大型仪器设备研发及生产单位等）编制仪器设备测试工作的指导性技术文件，采取机构间比对或自校验等管理方式，对所列出的计量参数进行检验，并编制比对或测试报告，留存相应技术和管理记录。

Ⅲ类：为无量值输出的工具类仪器设备，采取自行维护的管理方式，共计29种。检测机构应根据仪器设备产品标准、试验检测方法等技术文件，定期对仪器设备进行功能核查，保证其功能运转正常，并留存相应技术和管理记录。

（七）备注

指附加说明。其中，标有"同×××"的，表明属同种仪器设备，其计量参数、依据标准等信息与"×××"完全相同；标有"参考×××"的，在其依据标准公开发布之前，可以参照"×××"对仪器设备有关技术要求进行检验。

五、其他

《指导手册》所涉及的规程、规范、标准等技术文件以其最新版本为准，使用过程中请关注部质监局网站（www.jtbzjz.net）或国家道路与桥梁工程检测设备计量站网站（www.ncmerb.com）有关仪器设备依据标准、计量参数等的更新和说明情况。请各单位在使用过程中，将发现的问题和意见，及时反馈至国家道路与桥梁工程检测设备计量站，以便修订时研用（地址：北京市海淀区西土城路 8 号，邮编：100088，电话：010-62079808，邮箱：jlz@ncmerb.com）。

（表格从略）

第四章 公路水运工程试验检测信用
评价办法（试行）

◆ 了解公路水运工程试验检测机构信用评价的办法和标准
◆ 熟悉公路水运工程工地试验室及现场检测项目信用评价标准
◆ 掌握公路水运工程试验检测人员信用评价的办法和标准

第一章 总 则

第一条 为加强公路水运试验检测管理和诚信体系建设，增强试验检测机构和人员诚信意识，促进试验检测市场健康有序发展，依据《建设工程质量管理条例》、《公路建设市场管理办法》（交通部 2004 年 14 号令）和《公路水运工程试验检测管理办法》（交通部令 2005 年 12 号，以下简称 12 号令），制定本办法。

第二条 本办法所称信用评价是指交通运输主管部门对持有公路水运试验检测工程师或试验检测员证书的试验检测从业人员和取得公路水运工程试验检测等级证书并承担公路水运工程质量鉴定、验收、评定（检验）、监测及第三方试验检测业务的试验检测机构的从业承诺履行状况等诚信行为的综合评价。

第三条 信用评价应遵循公开、客观、公正、科学的原则。

第四条 交通运输部负责公路水运工程试验检测机构和人员信用评价工作的统一管理。负责试验检测工程师和取得公路水运甲级及专项等级证书并承担高速公路、独立特大桥、长大隧道及大型水运工程质量鉴定、验收、评定（检验）、监测及第三方试验检测业务试验检测机构的信用评价和信用评价结果的发布。交通运输部所属的质量监督机构（以下简称部质监机构）负责信用评价的具体组织实施工作。

省级交通运输主管部门负责在本行政区域内从事公路水运工程试验检测业务的试验检测人员和相关试验检测机构信用评价工作的管理。省级交通运输主管部门所属的质量监督机构（以下简称省级质监机构）负责信用评价的具体组织实施工作。

在本省注册，属交通运输部发布范围的试验检测机构和试验检测工程师信用评价结果经省级交通运输主管部门审核后报部质监机构。

在本省注册的试验检测员和取得公路水运乙级、丙级等级证书并承担工程质量鉴定、验收、评定（检验）、监测及第三方试验检测业务的试验检测机构，及根据本省实际确定的其它范围的试验检测机构的信用评价结果，由省级交通运输主管部门审定后发布。

第五条 信用评价周期为 1 年，评价的时间段从 1 月 1 日至 12 月 31 日。评价结果定期公示、公布，对被直接评为信用很差的试验检测机构和人员应当及时公布。

第二章 试验检测机构信用评价

第六条 试验检测机构的信用评价实行综合评分制。试验检测机构设立的工地试验室及单独签订合同承担的工程质量鉴定、验收、评定（检验）及监测等现场试验检测项目（以下简称现场检测项目）的信用评价，作为其信用评价的组成部分。

综合评分的具体扣分标准见《公路水运工程试验检测机构信用评价标准》（附件1）和《公路水运工程工地试验室及现场检测项目信用评价标准》（附件2）。

第七条 试验检测机构、工地试验室及现场检测项目的信用评价基准分为100分。按附件4的公式计算。

第八条 试验检测机构信用评价分为AA、A、B、C、D五个等级，评分对应的信用等级分别为：

AA级：信用评分＞95分，信用好；

A级：85＜信用评分≤95分，信用较好；

B级：70＜信用评分≤85分，信用一般；

C级：60＜信用评分≤70分，信用较差；

D级：信用评分≤60分，信用很差。

被评为D级的试验检测机构直接列入黑名单，并按12号令予以处罚。

第九条 试验检测机构信用评价程序

（一）试验检测机构应于次年1月20日前完成信用评价自评，并将自评表（附件5）报其注册地的省级质监机构。

（二）工地试验室及现场检测项目应于当年12月31日前，或工程建设项目（含现场检测项目）结束时完成信用评价自评，并将自评表（附件6）报项目业主；项目业主根据项目管理过程中所掌握的情况提出评价意见，于次年1月15日前将工地试验室及现场检测项目的评价意见及扣分依据材料报负责该项目监督的质监机构，项目业主应对评价意见的客观性负责；质监机构根据业主评价意见结合日常监督情况进行评价，评价结果于1月30日前报省级质监机构。

（三）省级质监机构对工地试验室及现场检测项目信用评价结果进行复核评价。工地试验室及现场检测项目的母体试验检测机构为外省区注册的，信用评价结果经省级交通运输主管部门审核后于2月10日前转送其注册地省级质监机构。

省级质监机构对在本省注册的试验检测机构信用进行综合评分。属交通运输部发布范围的试验检测机构信用评价结果及相关资料，经省级交通运输主管部门审核后于2月25日前报送部质监机构。属本省发布范围的试验检测机构的信用评价结果，由省级交通运输主管部门审定后于4月底前完成公示、公布。

（四）属交通运输部发布范围的试验检测机构信用评价结果，由部质监机构在汇总各省信用评价结果的基础上，结合掌握的相关信用信息进行复核评价，于4月底前在交通运输部信用评价系统中统一公示、公布。

第十条 质监机构用于复核评价的不良信用信息采集每年至少1次且要覆盖到评价标准的所有项。

各级质监机构开展的监督检查中发现的违规行为、投诉举报查实的违规行为、交通运输主管部门通报批评中的违规行为均作为对试验检测机构、工地试验室及现场检测项目信用的评价依据。

信用检查结果应有检查人员的签字确认，多次发现的问题可累计扣分。上一级质监机构应当对下一级质监机构所负责评价的试验检测机构、工地试验室及现场检测项目进行随机抽查复核。

第三章 试验检测人员信用评价

第十一条 试验检测人员信用评价实行随机检查累计扣分制，工地试验室授权负责人实行定期检查累计扣分制，评价标准见《公路水运工程试验检测人员信用评价标准》（附件3）。

信用评价扣分依据为项目业主掌握的不良信用信息，质监机构监督检查中发现的违规行为、投诉举报查实的违规行为、交通运输主管部门通报中的违规行为等。

第十二条 评价周期内累计扣分分值大于等于20分，小于40分的试验检测人员信用等级为信用较差；扣分分值大于等于40分的试验检测人员信用等级为信用很差。

连续2年信用等级被评为信用较差的试验检测人员，其信用等级直接降为信用很差。

被确定为信用很差或伪造证书上岗的试验检测人员列入黑名单，并按12号令予以处罚。

第十三条 在评价周期内，试验检测人员在不同项目和不同工作阶段发生的违规行为实行累计扣分。一个具体行为涉及两项以上违规行为的，以扣分标准高者为准。

第十四条 各省级质监机构负责对在本省从业的试验检测人员进行信用评价。

试验检测工程师的信用评价结果及相关资料经省级交通运输主管部门审核后于次年2月25日前报送部质监机构。

跨省从业的试验检测员的信用评价结果及相关资料经省级交通运输主管部门审核后于2月10日前转送其注册地省级质监机构。

在本省注册的试验检测员的信用评价结果，由省级交通运输主管部门审定后于4月底前完成公示、公布。

部质监机构对试验检测工程师在全国范围内的扣分进行累加。信用评价结果于4月底前完成公示、公布。

第四章 信用评价管理

第十五条 信用评价结果公布前应予以公示，公示期为10个工作日，最终确定的信用评价结果自正式公布之日起5年内，向社会提供公开查询。

第十六条 质监机构应指定专人负责试验检测机构和试验检测人员信用评价工作，及时完成相关信用信息的整理、资料归档、数据录入等工作。

第十七条 信用评价实行评价人员及评价机构负责人签认负责制，做出信用评价的机构及人员对评价结果负责，并接受上级部门及社会各界的监督。发现评价结果不符合实际情况的应予以纠正；发现在评价工作中徇私舞弊、打击报复、谋取私利的，按有关规定追究相关人员的责任。

第五章 附 则

第十八条 省级交通运输主管部门可根据本省实际情况，参照本办法制定实施细则。实施细则报交通运输部备案。

第十九条 本办法自印发之日起施行。

第二十条 本办法由交通运输部负责解释。

附件1

公路水运工程试验检测机构信用评价标准

序号	行为代码	失信行为	扣分标准	备注
1	JJC201001	出借或借用试验检测等级证书承揽试验检测业务的	直接确定为D级	
2	JJC201002	以弄虚作假或其他违法形式骗取等级证书或承接业务的	直接确定为D级	
3	JJC201003	出具虚假数据报告并造成质量标准降低的	直接确定为D级	
4	JJC201004	所设立的工地试验室及现场检测项目有得分为0分的	直接确定为D级	
5	JJC201005	存在虚假数据报告及其他虚假资料	扣10分/份、单次扣分不超过30分	★
6	JJC201006	超等级能力范围承揽业务的	扣5分/参数	
7	JJC201007	未对设立的工地试验室及现场检测项目有效监管的	扣10分/个	
8	JJC201008	聘用信用很差或无证试验检测人员从事试验检测工作的，或所聘用的试验检测人员被评为信用很差的	扣10分/人	
9	JJC201009	报告签字人不具备资格	扣2分/份、单次扣分不超过10分	★
10	JJC201010	试验检测机构的重要变更（指机构行政负责人、技术、质量负责人、地址等的变更）未在规定期限内办理变更手续	扣5分/次	
11	JJC201011	评价期内，持证人员数量达不到相应等级要求	扣5分/试验检测工程师、扣3分/试验检测员	
12	JJC201012	评价期内，试验检测机构技术负责人、质量负责人上岗资格达不到相应等级要求	扣10分/人	
13	JJC201013	评价期内，强制性试验检测设备配备不满足等级标准要求	扣10分/台	
14	JJC201014	试验检测设备未按规定检定校准的	扣2分/台，单次扣分不超过20分	★
15	JJC201015	试验检测环境达不到技术标准规定要求的	扣2分/处，单次扣分不超过10分	★
16	JJC201016	试验检测原始记录信息及数据记录不全，结论不准确，试验检测报告不完整（含漏签、漏盖章）	扣3分/类	
17	JJC201017	无故不参加质监机构组织的比对试验的	扣10分/次	

★：单次扣分达到标准上限的，应在3个月内再次进行监督复查，若仍存在同样问题应再次扣分。

公路水运工程工地试验室及
现场检测项目信用评价标准

序号	行为代码	失信行为	扣分标准	备注
1	JJC202001	出虚假数据报告并造成质量标准降低的	扣 100 分	
2	JJC202002	存在虚假数据和报告及其他虚假资料	扣 10 分/份，单次扣分不超过 30 分	★
3	JJC202003	聘用信用很差或无证试验检测人员从事试验检测工作的，或所聘用的试验检测人员被评为信用很差的	扣 10 分/人	
4	JJC202004	未经母体机构有效授权	扣 20 分/项	▲
5	JJC202005	授权负责人不是母体机构派出人员的	扣 10 分	▲
6	JJC202006	超授权范围开展业务	扣 5 分/参数	▲
7	JJC202007	未按规定或合同配备相应条件的试验检测人员或擅自变更试验检测人员	扣 5 分/试验检测师·次、3 分/试验检测员·次	
8	JJC202008	未按规定或合同配备满足要求的仪器设备、设备未按规定检定校准的	扣 2 分/台，单次扣分不超过 20 分	★
9	JJC202009	试验检测环境达不到技术标准规定要求的	扣 2 分/处，单次扣分不超过 10 分	★
10	JJC202010	报告签字人不具备资格	扣 2 分/份，单次扣分不超过 10 分	★
11	JJC202011	试验检测原始记录信息及数据记录不全，结论不准确，试验检测报告不完整（含漏签、漏盖章），试验检测频率不满足规范或合同要求	扣 3 分/类	
12	JJC202012	未按规定上报发现的试验检测不合格事项以及不合格报告	未上报扣 5 分/次	
13	JJC202013	对各级监督部门提出的检查意见整改不闭合的	扣 20 分/项	
14	JJC202014	未经备案审核开展检测业务的	扣 20 分	▲
15	JJC202015	严重违反试验检测技术规程操作的	扣 10 分/项	

★：单次扣分达到标准上限的，应在 3 个月内再次进行监督复查，若仍存在同样问题应再次扣分。

▲：仅适用于工地试验室。

附件 3

公路水运工程试验检测人员信用评价标准

序号	行为代码	失信行为	扣分标准	备注
1	JJC203001	在试验检测活动中被司法部门认定构成犯罪的	扣 40 分	
2	JJC203002	出具虚假数据报告造成质量标准降低的	扣 40 分	
3	JJC203003	出现 JJC201001、JJC201002、JJC201003、JJC201004 项行为对相应负责人的处理	1001、1002 行为扣 40 分，1003、1004 行为扣 20 分	
4	JJC203004	同时受聘于两个或两个以上试验检测机构的	扣 20 分	
5	JJC203005	出借试验检测人员资格证书的	扣 40 分/次	
6	JJC203006	在试验检测工作中，有徇私舞弊、吃拿卡要行为	扣 20 分/次	
7	JJC203007	利用工作之便推销建筑材料、构配件和设备的	扣 20 分/次	
8	JJC203008	玩忽职守造成质量安全隐患或事故的；	扣 20 分/次	
9	JJC203009	出现 JJC201007、JJC201011、JJC201013 项行为的对技术或质量负责人的处理，出现 JJC201008、JJC201010、JJC201012、JJC201017、JJC202005 项行为的对机构负责人的处理	扣 3 分/项	
10	JJC203010	未按相关标准、规范、试验规程等要求开展试验检测工作，试验检测数据失真的	扣 5 分/次	
11	JJC203011	超出资格证书中规定项目范围进行试验检测活动的	扣 5 分/项	
12	JJC203012	出具虚假数据和报告的	扣 10 分/份	
13	JJC203013	越权签发、代签、漏签试验检测报告的	扣 5 分/类	
14	JJC203014	工地试验室信用评价得分＜70 分时对其授权负责人的处理	20 分	•
15	JJC203015	工地试验室有 JJC202002-3、JJC202006、JJC202012、JJC202015 项行为时对其授权负责人的处理	2002-3 行为扣 5 分/项，2006、12、15 行为扣 3 分/项	•

●：仅适用于工地试验室授权负责人。

附件 4

试验检测机构信用评价综合得分计算公式：

$$W = W'(1-\gamma) + \frac{\gamma}{n} \cdot \sum_{i=1}^{n} W''_i$$

式中　W——试验检测机构信用评价综合得分；

W'——母体机构得分；

W''——工地试验室及现场检测项目得分；

n——工地试验室及现场检测项目数；

γ——权重：

$n=0$ 时　$\gamma=0$；

$n=1\sim5$ 时　$\gamma=0.4$；

$n=6\sim10$ 时　$\gamma=0.08\times n$；

$n>10$ 时　$\gamma=0.8$。

附件5

＿＿年度试验检测机构信用评价表

机构名称						（盖章）	
机构资质	1. 资质等级：　　　　2. 工地试验室及现场检测项目设立数量： 3. 证书号：　　　　4. 向社会提供试验检测服务合同额（万元）： 5. 联系电话：						
获证日期		试验检测工程师（人）			试验检测员（人）		
行政负责人	姓名		职称			持证证书号	
技术负责人	姓名		职称			持证证书号	
质量负责人	姓名		职称			持证证书号	
机构评价情况							
序号	行为代码	失信行为	扣分标准	自评扣分	省级质监机构评价扣分	质监总站复核扣分	备注
1	JJC201001	出借或借用试验检测等级证书承揽试验检测业务的	直接确定为D级				
2	JJC201002	以弄虚作假或其他违法形式骗取等级证书或承接业务的	直接确定为D级				
3	JJC201003	出具虚假数据报告并造成质量标准降低的	直接确定为D级				
4	JJC201004	所设立的工地试验室及现场检测项目有得分为0分的	直接确定为D级				
5	JJC201005	存在虚假数据报告及其他虚假资料	扣10分/份、单次扣分不超过30分				★
6	JJC201006	超等级能力范围承揽业务的	扣5分/参数				
7	JJC201007	未对设立的工地试验室及现场检测项目有效监管的	扣10分/个				

序号	行为代码	失信行为	扣分标准	自评扣分	省级质监机构评价扣分	质监总站复核扣分	备注
8	JJC201008	聘用信用很差或无证试验检测人员从事试验检测工作的，或所聘用的试验检测人员被评为信用很差的	扣10分/人				
9	JJC201009	报告签字人不具备资格	扣2分/份，单次扣分不超过10分				★
10	JJC201010	试验检测机构的重要变更（指机构行政负责人、技术、质量负责人、地址等的变更）未在规定期限内办理变更手续	扣5分/次				
11	JJC201011	评价期内，试验检测人员持证数量达不到相应等级要求	扣5分/试验检测工程师、扣3分/试验检测员				
12	JJC201012	评价期内，试验检测机构技术负责人、质量负责人上岗资格达不到相应等级要求	扣10分/人				
13	JJC201013	评价期内，强制性试验检测设备配备不满足等级标准要求	扣10分/台				
14	JJC201014	试验检测设备未按规定检定校准的	扣2分/台，单次扣分不超过10分				★
15	JJC201015	试验检测环境达不到技术标准规定要求的	扣2分/处，单次扣分不超过20分				★
16	JJC201016	试验检测原始记录信息及数据记录不全，结论不准确，试验检测报告不完整（含漏签、漏盖章）	扣3分/类				
17	JJC201017	无故不参加质监机构组织的比对试验	扣10分/次				
		合计					
		得分	100-扣分值				最低0分

★：单次扣分达到标准上限的，应在3个月内再次进行监督复查，若仍存在同样问题应再次扣分。

自评人：　　　　　　　　　省级质监机构：（盖章）　　　　　质监总站：（盖章）

负责人：　　　　　　　　　评价人：　　　　　　　　　　　复核人：

日　期：　　　　　　　　　负责人：　　　　日期　　　　　负责人：　　　　日期

附件 6

_____年度工地试验室及现场检测项目信用评价表

工地试验室 名称或现场 检测项目	（盖章）						
授权机构							
授权机构 资质	1. 资质等级：			2. 证书号：			
工地试验室 设立日期	试验检测 工程师（人）			试验检测员 （人）			
工地试验室或 现场检测项目 授权负责人	1. 姓名： 3. 职称：			2. 持证书号： 4. 联系电话：			
工地试验室或现场检测项目评价情况							

序号	行为 代码	失信行为	扣分标准	自评 扣分	业主 意见	市级质监 机构评价 扣分	省级质监 机构复核 扣分	备注
1	JJC202001	出虚假数据报告并造成质量 标准降低的	扣 100 分					
2	JJC202002	存在虚假数据和报告及其他 虚假资料	扣 10 分/份、 单次扣分 不超过 30 分					★
3	JJC202003	聘用信用很差或无证试验检 测人员从事试验检测工作的， 或所聘用的试验检测人员被评 为信用很差的	扣 10 分/人					
4	JJC202004	未经母体机构有效授权	扣 20 分/项					▲
5	JJC202005	授权负责人不是母体机构派 出人员的	扣 10 分					▲
6	JJC202006	超授权范围开展业务	扣 5 分/参数					▲
7	JJC202007	未按规定或合同配备相应条 件的试验检测人员或擅自变更 试验检测人员	扣 5 分/试验检 测师·次 3 分/试验检 测员·次					
8	JJC202008	未按规定或合同配备满足要 求的仪器设备、设备未检定校 准的	扣 2 分/台， 单次扣分 不超过 20 分					★
9	JJC202009	试验检测环境达不到技术标 准规定要求的	扣 2 分/处， 单次扣分 不超过 10 分					★

序号	行 为代 码	失信行为	扣分标准	自评扣 分	业主意见	市级质监机构评价扣分	省级质监机构复核扣分	备 注
10	JJC202010	报告签字人不具备资格	扣2分/份，单次扣分不超过10分					★
11	JJC202011	试验检测原始记录信息及数据记录不全，结论不准确，试验检测报告不完整（含漏签、漏盖章），试验检测频率不满足规范或合同要求	扣3分/类					
12	JJC202012	未按规定上报发现的试验检测不合格事项以及不合格报告	未上报扣5分/次					
13	JJC202013	对各级监督部门提出的检查意见整改不闭合的	扣20分/项					
14	JJC202014	未经备案审核开展检测业务的	扣20分					▲
15	JJC202015	严重违反试验检测技术规程操作的	扣10分/项					
	合　计							
	得分		100－扣分值					最低分0分

★：单次扣分达到标准上限的，应在3个月内再次进行监督复查，若仍存在同样问题应再次扣分。
▲：仅适用于工地试验室

自评人：　　　　　　　　　　　　　　业主单位（盖章）
授权负责人　　　　　日　期：　　　　负责人　　　　　　　日　期：
市级质监机构：（盖章）　　　　　　　省级质监机构：（盖章）
评价人：　　　　　　　　　　　　　　复核人：
负责人：　　　　　日　期：　　　　　负责人：　　　　　　日　期：

附件7

试验检测人员信用评价表

姓名		年龄		身份证号	
职称			资质证书号		
注册试验检测机构					
工作岗位及职务					
失信行为代码		具体失信行为		扣分标准	扣分值

信用等级		合计扣分	
		被评价人签名　年　月　日	
评价意见： 　　　　　　　　　　　　　　　　　　评价单位： 　　　　　　　　　　　　　　　　　　评价人：　年　月　日			
质监机构审核意见： 　　　　　　　　　　　　　　　　　　质监机构： 　　　　　　　　　　　　　　　　　　审核人：　年　月　日			

第五章　工地试验室标准化建设要点

 学习目标

◆ 了解工地试验室标准化建设要点的范围及要求
◆ 熟悉工地试验室标准化建设要点的内容

交通运输部办公厅
关于印发工地试验室标准化建设要点的通知
厅质监字〔2012〕200 号

各省、自治区、直辖市、新疆生产建设兵团交通运输厅（局、委），天津市、上海市交通运输和港口管理局，天津市市政公路管理局，长江航务管理局，长江口航道管理局：

为进一步规范工地试验检测活动，根据《关于开展高速公路施工标准化活动的通知》（交公路发〔2011〕70 号）、《关于进一步加强公路水运工程工地试验室管理工作的意见》（厅质监字〔2009〕183 号）等有关要求，部质监局组织制定了《工地试验室标准化建设要点》，指导工地试验室标准化建设工作，现予印发，请结合实际贯彻执行。现将有关事宜及要求通知如下：

一、指导思想

以科学发展观为指导，大力推行现代工程管理，推进工地试验室管理标准化、规范化和精细化建设，不断提高试验检测数据的准确性和客观性，有效发挥试验检测在控制工程质量和指导工程建设中的重要作用，进一步促进工程管理水平的提升。

二、范围及内容

工地试验室标准化建设以高速公路新建、改扩建项目为主，其他项目可参照执行，具体内容见《工地试验室标准化建设要点》。

三、有关要求

（一）工地试验室标准化建设是促进工程建设项目管理水平进一步提升的重要举措，其核心是质量管理精细化、检测工作规范化、硬件建设标准化和数据报告信息化。各级交通运输主管部门、质监机构及项目参建单位要正确理解工地试验室标准化建设内涵，坚持因地制宜、量力而行、务求实效的工作原则，将提高工地试验检测数据的准确性、客观性和科学性作为工地试验室标准化建设的重中之重抓实抓好。

（二）项目建设单位应根据工程特点，将工地试验室标准化建设有关要求及费用标准等纳入招标文件，保证工地试验室标准化建设有序开展。各参建单位应将工地试验室标准化建设纳入日常管理，采取有效措施营造有利于工地试验室独立规范运行的外部环境。

（三）母体检测机构应加强对工地试验室标准化建设的管理和指导，按照合同要求为

工地试验室配齐人员、配足设备、选好场地。母体检测机构应加强内部监督检查，切实督促工地试验室将标准化建设的各项要求落实到具体试验检测工作中。

（四）工地试验室授权负责人应按照工地试验室管理和标准化建设的有关要求，对工地试验室运行和试验检测活动负起责任，切实履行好配置试验室资源、建立质量保证体系、完善管理制度、监督制度执行等各项职责，确保工地试验室人员、设备、环境等满足工地试验检测工作需要，使相关试验检测工作有效开展。

（五）各级交通运输主管部门、质监机构要结合本地区实际，按照标准化建设的总体部署，进一步细化工地试验室标准化建设的各项内容和要求，制定实施方案，明确相关标准、细化工作职责，做到有要求、有落实、有反馈、有总结，推动工地试验室标准化建设工作全面开展。

交通运输部办公厅
2012 年 9 月 3 日

工地试验室标准化建设要点

1 基本要求

1.1 工地试验室是工程质量控制和评判工作的重要基础数据来源，是工程建设质量保证体系的重要组成部分。

1.2 工地试验室必须严格执行国家有关法律、法规、技术标准和交通运输主管部门的有关规范、规程，遵循科学、客观、严谨、公正的原则，独立开展试验检测活动，为工程建设提供真实、准确的试验检测数据和报告。

1.3 工地试验室应根据工程项目内容和规模进行设置，既要满足工程质量控制需要，又要满足合理布局、安全环保、环境整洁等要求。

2 机构设置

2.1 施工、监理单位和检测机构应根据工程质量安全管理需要或合同约定，在工程现场设立工地试验室；设立工地试验室的母体机构应取得《公路水运工程试验检测机构等级证书》。

2.2 工地试验室应按合同段单独设立，工程规模过大时应设立分试验室。同一合同段内施工、监理单位的工地试验室不得由同一家母体检测机构授权设立。

2.3 母体检测机构应在其等级证书核定的业务范围内对工地试验室进行授权，上年度信用评价等级在 C 级及以下的检测机构不宜作为授权设立工地试验室的母体检测机构。

2.4 工地试验室按照规定到项目质监机构登记备案后，方可开展试验检测工作。

2.5 工地试验室应在母体检测机构授权的范围内，为工程建设项目提供试验检测数据，不得对外承揽试验检测业务。

3 工地试验室建设

3.1 驻地建设

3.1.1 工地试验室选址应充分考虑安全、环保、交通便利及工程质量管理要求等因素，其周边场地一般应进行硬化处理。

3.1.2 工地试验室规划应遵循总体布局合理、功能分区明确、组织协调顺畅的原则。

3.1.3 工地试验室应将工作区和生活区分开设置，工作区总体上可分为功能室、办公室和资料室三部分。

3.1.4 功能室应根据工程内容和特点设置，一般分为土工室、集料室、石料室、水泥室、水泥砼室、力学室、沥青室、沥青混合料室、化学室、标准养护室、样品室、留样室、外检室、储藏室等。

3.1.5 工地试验室用房可新建或租用现有房屋。新建房屋应选择保温、环保材料，并综合考虑极端气候和自然灾害的影响，必要时采取加固处理措施，保证其在使用周期内的安全性。租用房屋应安全、坚固，其空间、面积、通风、采光和保温等条件应满足使用要求。

3.1.6 工地试验室的空间和面积应满足试验检测工作和环境条件要求，一般应综合考虑仪器设备放置、人员操作和行动通道所占用空间和面积以及门窗位置等因素。对有温度、湿度条件要求的功能室，必要时可进行吊顶处理，以便降低有效高度、提高保温保湿效果。

3.1.7 工地试验室应有良好的通风采光条件，化学室、沥青及沥青混合料室应设置机械强制通风设施。

3.1.8 工地试验室应设置较完善的排水设施，并配备必要的应急水源，保证试验检测工作正常、连续开展。各功能室均应铺设上、下水管道，配备水池，地面应设置地漏。水泥混凝土室、石料室等房间地面应设置水槽和沉淀池。

3.1.9 工地试验室应采用独立的专用线路集中配电，并设置应急电源，保证试验检测工作正常、连续开展。电线、电缆的布设应符合有关技术标准，保证使用安全。

3.1.10 工地试验室应根据检测工作需要和当地气候特点设置集中采暖设备、集中空调或分散式空调等设施。

3.1.11 工地试验室应配备必要的安全防护、防盗和环保设施，确保人员和设备安全，避免造成环境污染。

3.1.12 标准养护室的墙体和屋顶应进行防潮和保温处理，地面应设置储水装置，方便养护水回流，防止地面积水。

3.1.13 功能室应设置一定数量的操作台，操作台应选用坚固、防滑、耐腐蚀材料，几何尺寸应符合有关技术标准，外观应整洁、美观、方便操作。功能室地面应平整、防滑、耐磨。

3.1.14 工地试验室标牌应悬挂于醒目处，其内容应与工地试验室印章内容一致。各功能室、办公室和资料室应设置统一规格的门牌标识，对有环境和安全条件要求的区域应设置警示及限入标识。

3.1.15 办公室内应悬挂组织机构框图、主要管理制度、人员考勤表、工地晴雨表等。各功能室内应悬挂主要仪器设备的操作规程。

3.2 人员配备

3.2.1 工地试验室应综合考虑工程特点、工程量大小及工程复杂程度、工期要求等因素，科学合理地确定试验检测人员数量，确保试验检测工作正常开展。

3.2.2 试验检测人员应持证上岗、专业配置合理，能涵盖工程涉及专业范围和内容。试验检测人员应注册登记在母体检测机构。

3.2.3 授权负责人须持有试验检测工程师证书，全面负责工地试验室的管理和试验检测活动。

3.2.4 试验检测人员不得同时受聘于两家或两家以上的工地试验室。

3.2.5 工地试验室不得聘用信用较差或很差的试验检测人员担任授权负责人，不得聘用信用很差的试验检测人员从事试验检测工作。

3.3 设备配置

3.3.1 工地试验室应按照合同要求和母体检测机构授权范围内的试验检测项目及参数配备相应的仪器设备和辅助工具，使用频率高的仪器设备在数量上应能满足周转需要。仪器设备的功能、准确度和技术指标均应符合现行规范、规程要求。

3.3.2 仪器设备应按照优化试验检测工作流程、整体布局合理、同步作业不形成相互干扰的原则进行布置。

3.3.3 仪器设备应严格按照试验检测规程和使用说明书中相关要求进行安装与调试。

3.3.4 对有环境条件要求的功能室，应配置相应的温、湿度控制设备。

3.3.5 标准养护室应配置一定数量的试件存放架，其刚度、尺寸应满足使用要求，且方便存取。

3.3.6 办公室一般应配置计算机、打印机、复印机、空调等设备，以具备良好的工作和网络通讯条件。

3.3.7 资料室应配置一定数量的金属资料柜，并应采取防潮、防虫等措施。

3.3.8 工地试验室应配置一定数量的交通工具，满足检测工作需要。

3.4 体系和文化建设

3.4.1 工地试验室应依据母体检测机构的质量体系文件，结合工程特点，编制简洁、适用、针对性和操作性强的质量体系文件及各项管理制度。

3.4.2 管理制度一般包括试验室工作职责、主要岗位人员职责、试验检测工作制度、人员管理制度、仪器设备管理制度、样品管理制度、档案资料管理制度、安全生产管理制度、工作环境管理制度等。

3.4.3 工地试验室应加强质量体系文件和各项管理制度的宣贯工作，并予以记录。

3.4.4 工地试验室应积极营造"诚实守信、科学规范"的工地检测文化氛围，将"科学、客观、严谨、公正"的理念，融入具体试验检测工作中。

4 工地试验室管理

4.1 人员管理

4.1.1 工地试验室应加强试验检测人员考勤管理，确保日常工作有效开展。

4.1.2 工地试验室应保持试验检测人员相对稳定，因特殊情况确需变动的，应由母体检测机构报经建设单位同意，并向项目质监机构备案。

4.1.3 工地试验室应将试验检测人员的姓名、岗位、照片等信息予以公开。试验检测人员进行作业时应统一着装并挂牌上岗。

4.1.4 工地试验室应重视试验检测人员劳动保护工作。试验检测人员在进行有毒、有腐蚀性、有强噪声等试验操作时，必须按要求佩戴相应的防护用具。

4.1.5 工地试验室应制定全员学习培训计划，定期或不定期地组织学习有关政策、质量体系文件、标准规范规程以及试验检测操作技能、职业素养等知识，不断提高试验检测人员综合能力和水平。

4.1.6 工地试验室应按照规定及时对试验检测人员进行年度信用评价。

4.2 设备管理

4.2.1 工地试验室应制定仪器设备管理制度，一般应包括采购、验收、检定/校准、使用维护、故障处理、核实降级与质量处理、仪器设备档案管理等制度。

4.2.2 仪器设备经检定/校准或功能检验合格后方可投入使用。工地试验室应编制仪器设备的检定/校准计划，通过检定/校准和功能检验等方式对仪器设备进行量值溯源管理。

4.2.3 仪器设备在检定/校准周期内如存在修理、搬运、移动等情况，应重新进行检定/校准。对于性能不稳定、使用频率高和进行现场检测的仪器设备，以及在恶劣环境下使用的仪器设备应进行期间核查。

4.2.4 仪器设备应实施标识管理，分为管理状态标识和使用状态标识：管理状态标识包括设备名称、编号、生产厂商、型号、操作人员和保管人员等信息；使用状态标识分为"合格"、"准用"、"停用"三种，分别用"绿"、"黄"、"红"三色标签进行标识。

4.2.5 在使用仪器设备过程中，相关人员应注意人身和设备安全，使用完毕应切断电源、清扫现场，保持仪器设备的清洁。使用仪器设备时应按要求填写使用记录。

4.2.6 仪器设备应定期进行维护和保养，并按要求填写维护保养记录。

4.2.7 化学试剂（危险品）存放地点应按有关规定设置，并严格管理。

4.2.8 办公设备和交通工具应加强日常管理和维护，确保使用状态良好。

4.3 环境管理

4.3.1 工地试验室应保持室内外环境干净、整洁，日常清扫及检查工作应落实到人。

4.3.2 工地试验室产生的废水、废气、废渣应安全排放。试验废水应经沉淀后方能排放，化学废液应进行中和处理后方能排放。试验固体废弃物应集中存放，定期清理到指定位置，不得随意摆放、丢弃。

4.3.3 工地试验室的消防设施应有专人管理，并定期对灭火器材进行检查，始终保持有效。

4.4 档案管理

4.4.1 工地试验室应对相关资料分类建档，便于管理和查询。档案资料应及时填写、整理和归档。

4.4.2 人员档案应一人一档，内容包括个人简历、身份证件、毕业证、职称证、资格证、劳动合同、任职文件、培训和考核记录等。

4.4.3 设备档案一般应按一台一档建立，对于同类型的多个小型仪器设备可集中建立一套档案，但每个仪器均应进行唯一性编号。设备档案包括设备履历表、出厂合格证、产品说明书、历次检定/校准证书或记录、维修保养记录、使用记录等内容。

4.4.4 试验检测台账分为管理台账和技术台账。管理台账一般包括人员、设备、标准规范等台账；技术台账一般包括原材料进场台账、样品台账、试验/检测台账、不合格材料台账、外委试验台账等。台账应格式统一、简洁适用、信息齐全，台账的填写和统计应及时、规范。

4.4.5 试验检测数据报告的格式和要素、记录表和报告的编制应符合《公路试验检测数据报告编制导则》（JT/T 828—2012）要求。试验记录一律用蓝、黑色钢笔或签字笔书写，字迹应清晰、工整，试验报告结论表述应规范、准确。

4.4.6 工地试验室应根据工程内容配齐试验检测工作所需的标准、规范和规程，并进行控制管理；及时进行查新更新，确保在用标准规范有效。

4.4.7 工地试验室应注意收集隐蔽工程、关键部位的工程质量检验图片及影像资料，及时整理归档。

4.4.8 工地试验室应按相关要求做好文件的收发、登记和流转工作。

4.5 样品管理

4.5.1 工地试验室应制定样品管理制度，对样品的取样、运输、标识、存储、留样及处置等全过程实施严格的控制和管理。

4.5.2 样品的取样方法、数量应符合规范、规程要求，满足试验过程需要。如有必要，在取样的同时要留存满足复验需要的样品。取样应具有代表性，并有相应记录。

4.5.3 样品应进行唯一性标识，确保在流转过程中不发生混淆且具有可追溯性。样品标识信息应完整、规范。样品在流转过程中应标明流转状态。

4.5.4 试验结束后，如无异议，工地试验室应按有关规定对试验样品进行处置，处置过程应符合安全和环保要求。如需留样，样品的留存方法、数量和期限等应符合有关规定，留存样品应有留样记录。

4.6 外委管理

4.6.1 工地试验室应加强外委试验管理，超出母体检测机构授权范围的试验检测项目和参数应进行外委，外委试验应向项目建设单位报备。

4.6.2 接受外委试验的检测机构应取得《公路水运工程试验检测机构等级证书》（含相应参数）、通过计量认证（含相应参数）且上年度信用等级为 B 级及以上。工地试验室应将接受外委试验的检测机构的有关证书复印件存档备查。

4.6.3 外委试验取样、送样过程应进行见证。工地试验室应对外委试验结果进行确认。

4.6.4 工程建设项目的同一合同段中的施工、监理单位和检测机构不得将外委试验委托给同一家检测机构。

4.7 其他要求

4.7.1 工地试验室应加强质量控制和管理，确保工地试验检测活动规范有效，试验检测数据客观准确。严禁编造虚假数据、记录和报告，严禁代签试验检测报告。

4.7.2 工地试验室应按有关规范和合同文件规定的频率开展试验检测工作。

4.7.3 试验检测操作应严格按照试验检测规程进行。试验检测所需的环境条件应满足有关标准、规范和规程要求。

4.7.4 工地试验室应加强岗位技术培训，积极参加项目质监机构、建设单位组织的能力验证等活动，持续提高业务技能。

4.7.5 工地试验室应重视试验检测信息化建设。鼓励质监机构或项目建设单位构建统一的试验检测信息化管理平台，平台建设应考虑运用数据资源共享、遏制数据造假、远程监控等功能。

4.7.6 母体检测机构应定期对授权工地试验室进行检查指导，确保授权工作规范有效，检查过程应有记录，检查结果应有落实和反馈。

第六章 职 业 道 德

学习目标

◆ 了解检测机构对应的职业道德要求
◆ 了解检测人员对应的职业道德要求

职业道德是指所有从业人员在职业活动中应该遵循的行为准则,是一定职业范围内的特殊道德要求,即整个社会对从业人员的职业观念、职业态度、职业技能、职业纪律和职业作风等方面的行为标准和要求。

(1) 职业道德的内容反映了鲜明的职业要求。职业道德总是要鲜明地表达职业义务、职业责任以及职业行为上的道德准则。

(2) 职业道德的表现形式往往比较具体、灵活、多样。它总是从本职业的交流活动的实际出发,采用制度、守则、公约、承诺、誓言、条例,以至标语口号之类的形式,这些灵活的形式既易于为从业人员所接受和实行,而且易于形成一种职业的道德习惯。

(3) 职业道德既调节从业人员内部关系,又调节从业人员与其服务对象之间的关系。

(4) 职业道德既能使一定的社会或阶级的道德原则和规范"职业化",又使个人道德品质"成熟化"。

一、检测机构

1. 严格标准、依法经营

自觉遵守国家有关方针政策和法律法规,严格按有关技术标准、规范和规程开展检测工作;在资质核定的范围内依法经营,维护国家和行业的整体利益。

为加强试验检测机构管理,提高试验检测工作质量,实现数据对工程施工的质量控制和指导,交通部 1997 年先后颁布了《公路工程试验检测机构资质管理暂行办法》、《水运工程试验检测暂行规定》、《公路水运工程试验检测人员资质管理暂行办法》、《公路水运工程试验检测人员培训管理暂行办法》等法规文件,启动了对试验检测机构和人员的管理工作。之后,精简审批。

2005 年《公路水运工程试验检测管理办法》(12 号部令)颁布。标志着试验检测工作重新起步并快速发展。

如今,法规制度逐步建立、管理手段逐渐强化、市场规模逐步扩大,管理部门和参建各方对试验检测更加重视,试验检测行业管理水平稳步提升,管理成效突出。

形成以 12 号部令为龙头的试验检测法规及管理体系,涵盖:机构管理、人员管理、仪器设备、监督检查等方面。

1) 主要文件目录

(1)《公路水运工程试验检测管理办法》(交通部令 2005 年第 12 号)

(2)《关于发布<公路水运工程试验检测机构等级标准>及<公路水运试验检测机构

等级评定程序＞的通知》（交质监发〔2008〕274号）

（3）《关于核发公路水运试验检测机构专用标识章的通知》（质监综字〔2008〕10号）

（4）《关于进一步加强公路水运工程工地试验室管理工作的意见》（厅质监字〔2009〕183号）

（5）《关于印发公路水运工程试验检测信用评价办法（试行）的通知》（交质监发〔2009〕318号）

（6）《公路水运工程试验检测人员继续教育办法（试行）》（厅质监字〔2011〕229号）

（7）《关于印发公路水运工程试验检测机构换证复核细则（试行）的通知》（质监综字〔2011〕17号）

（8）《公路试验检测数据报告编制导则》JT/T 828－2012及释义手册

（9）《交通运输部办公厅关于印发工地试验室标准化建设要点的通知》（厅质监字〔2012〕200号）

（10）《交通运输部办公厅关于发布公路工程试验检测仪器设备计量管理目录的通知》（厅科技字〔2012〕305号）

（11）《交通运输部关于进一步加强和规范公路水运工程试验检测工作的若干意见》（交质监发〔2013〕114号）

（12）《关于印发公路水运工程试验检测人员考试办法的通知》（质监综字〔2013〕1号）

（13）《公路工程试验检测仪器设备计量/检定指导手册》（质监综字〔2013〕5号）

（14）《公路工程工地试验室标准化建设指南》（人民交通出版社，2013年出版）

2）等级评定标准

（1）《公路水运工程试验检测机构等级标准》（交质监发〔2008〕274号印发）

（2）从人员、设备、场地环境、试验检测项目及参数、强制与非强制参数的划分等，进行了详细规定。

（3）人员条件、场地环境、设备配置、参数范围中一切强制条件要求，必须全部满足。只要有一项强制要求达不到，即不予通过。

（4）根据12号部令，对等级评定程序、各阶段的主要工作、注意事项、工作要求等进行了详细规定。

3）工地试验室管理

（1）公路水运工程工地试验室是工程质量控制和评判的重要基础数据来源，是工程建设质量保证体系的重要组成部分。

（2）为进一步加强工地试验室管理，规范试验检测行为，提高试验检测数据的客观性、准确性，保证公路水运工程质量，2009年印发了《关于进一步加强公路水运工程工地试验室管理工作的意见》，规范工地试验室管理。（建立母体管理制度，对授权、备案、授权负责人的职责等做出规定。）

2. 诚信为本、信誉第一

重视创建和维护机构的信誉和品牌，教育和督促本机构从业人员恪守诚信服务的原则，树立正确的职业道德观。

1）信用评价

（1）2009 年印发了《公路水运工程试验检测信用评价办法（试行）》及相应的评价标准。

（2）部及省站每年将试验检测机构和人员的上一年度信用评价结果向社会公布。

（3）增强了试验检测机构和人员诚信意识，促进了试验检测市场健康有序发展。

2）质量安全综合督查/专项督查/飞行检查

（1）督促检测机构能力水平保持、从业规范、工作质量促进提高。

（2）了解掌握一线试验检测活动中，有关政策法规的实际应用状况，及时发现管理中存在的问题，为政策决策提供依据。

（3）及时发现并严肃查处试验检测机构和人员在工作中的不规范行为、违法违规行为，及时纠正并纳入信用评价管理，从而实现对试验检测行业的动态监管。

3. 团结协作、共同发展

检测机构之间相互尊重，团结协作；提倡行业团结、互助、协作、诚信，发挥整体优势；依法加强管理，技术进步，提高企业效益；共同增强对社会的检测服务能力和水平。

4. 维护秩序、公平竞争

做到公平、公正、合法、有序的竞争，共同维护检测市场秩序和行业整体利益，促使检测行业健康发展；不得恶意降低价格、违规承诺等恶性竞争手段承接检测业务。

5. 独立公正、抵制干扰

坚持独立、公正的第三方地位，在承接业务、现场检测和检测报告形成过程中，应当不受任何单位和个人的干预和影响，确保检测工作的独立性和公正性。

6. 履行承诺、维护权益

自觉维护委托方合法权益；认真履行对委托方的正当承诺。

7. 科学准确、严禁虚假

科学检测，确保检测数据的准确性；不得接受委托单位的不合理要求；不得弄虚作假；不得出具不真实的检测报告；不得隐瞒事实。

8. 制度公开、接受监督

做到制度公开：公开检测依据；公开检测工作流程；公开窗口人员身份；公开检测收费标准；公开检测项目承诺期等，主动接受社会监督。

二、检测人员

1. 科学检测、公正公平

遵循科学求实原则开展检测工作，检测行为要公正公平，检测数据要真实可靠。

2. 程序规范、保质保量

严格按检测标准、规范、操作规程进行检测，检测资料齐全，检测结论规范，保证每一个检测工作过程的质量。

3. 遵章守纪、尽职尽责

遵守国家法律法规和本单位规章制度，认真履行岗位职责；不在与检测工作相关的机构兼职。

4. 热情服务、维护权益

树立为社会服务意识；维护委托方的合法权益，对委托方提供的样品、文件和检测数据应按规定严格保密。

5. 坚持原则、刚直清正

坚持真理，实事求是；不做假试验，不出假报告；敢于揭露、举报各种违法违规行为。

6. 顾全大局、团结协作

树立全局观念，团结协作，维护集体荣誉；谦虚谨慎，尊重同志，协调好各方面关系。

7. 勤奋工作、爱岗敬业

热爱检测工作，有强烈的事业心和高度的社会责任感，工作有条不紊，处事认真负责，恪尽职守，踏实勤恳。

8. 廉洁自律、杜绝舞弊

廉洁自律，自尊自爱；不参加可能影响检测公正的宴请和娱乐活动；不进行违规检测；不向委托人收受礼品、礼金和各种有价证券；杜绝吃、拿、卡、要现象。

第二篇　道　路　材　料

第一章 绪 论

第一节 常用道路材料

一、道路工程常用原材料

（1）土。土是地壳表层的物质，是在长期风化、搬运、磨蚀、沉积作用的过程中形成的颗粒大小不等、未经胶结的一切松散物质。

土既可作为路基材料，又可作为无机结合料稳定类基层的主要材料。

（2）工业废渣。工业废渣是用作筑路材料的铁渣、钢渣和炉渣的总称。它主要包括火力发电厂排放的废渣——粉煤灰，冶金生产过程中由矿石、燃料和助溶剂中易熔硅酸盐化合而成的副产品——冶金矿渣和煤炭工业精选煤后剩余的废渣——煤矸石等。

粉煤灰和冶金矿渣经加工后既可作为水泥原料，又可以直接作为路面基层材料，也可作为水泥混凝土和沥青混合料中的掺合料。

（3）无机结合料。道路与桥梁工程中最常用到的无机结合料主要是石灰和水泥。

水泥是水泥混凝土的胶结材料，主要用于修筑水泥混凝土结构物、预应力混凝土结构和水泥混凝土路面等；无机结合料（水泥和石灰）稳定材料广泛用于道路路面基层结构；水泥（或水泥、石灰）砂浆是各种桥梁圬工结构物砌筑的重要结合料。

（4）砂石材料。矿质材料是指经人工开采的岩石或轧制得到的颗粒状碎石，以及地壳表层岩石经天然风化呈松散颗粒状的材料，又称之为矿质材料。

这类材料是道路与桥梁工程结构中使用量最大的一种材料。其中尺寸较大的块状石料经加工后，可以直接用于砌筑道路、桥梁工程结构及附属构造物；性能稳定的轧制碎石等可制成沥青混合料或水泥混凝土，也可用于生产无机结合料稳定材料。

（5）有机结合料。有机结合料主要是指沥青类材料，如石油沥青、煤沥青等。这类材料与不同颗粒粒径（大小）的碎石、石屑、砂等组成沥青混合料，可以修筑成各种类型的沥青路面。沥青混合料是现代路面建筑中极为重要的一种材料。

（6）钢材。钢材有型材、板材和线材之分，型材和板材是桥梁钢结构的重要材料，线材是钢筋混凝土和预应力钢筋混凝土结构的重要材料。

（7）土工合成材料。土工合成材料是土木工程应用的合成材料的总称。作为一种土木工程材料，它是以人工合成的聚合物（如塑料、化纤、合成橡胶等）为原料，制成各种类型的产品，置于土体内部、表面或各种土体之间，发挥加强或保护土体的作用。聚合物是指由一种或几种低分子化合物（单体）聚合而成的高分子有机物质。随着我国化学工业和高等级公路的发展，越来越多的高分子聚合物用于道路和桥梁工程中。工程高分子聚合物在道路和桥梁工程中主要用来改善沥青混合料或水泥混凝土的性能、路基或路面的结构性能等。

二、道路工程常用混合料

（1）矿质混合料。由各种大小不同粒级集料组成的混合料，当其级配符合技术规范的规定时，称其为级配型集料。级配型集料包括级配碎石、级配碎砾石（碎石和砂砾的混合料，也常将砾石中的超尺寸颗粒砸碎后与砂砾一起组成碎砾石）和级配砾石（或称级配砂砾）。

级配型集料可以用做沥青路面和水泥混凝土路面的基层和底基层，也可用做路基改善层。在排水良好的前提下，级配型集料可在不同气候区用于不同交通等级的道路上。在潮湿多雨地区使用级配型集料特别有利。

（2）无机结合料稳定材料混合料。在集料或粉碎的（或原来松散的）土中掺入一定量的无机结合料（包括水泥、石灰或粉煤灰等）和水，经拌和得到的混合料经压实与养生后，其抗压强度符合规定的要求时，称为无机结合料稳定类材料。

水泥稳定集料类材料适用于各级公路的基层和底基层。水泥土用于三级、四级公路的基层或二级及二级以上公路的底基层。

石灰粉煤灰稳定集料类材料适用于各级公路的基层和底基层。二灰土用于三级、四级公路的基层或二级及二级以上公路的底基层。

（3）水泥混凝土。由水泥、集料、水和外加剂按一定比例拌和而成的混合料称为水泥混凝土混合料或新拌混凝土；水泥混凝土混合料经浇注、振捣、硬化后形成的强度符合要求的固体材料称为水泥混凝土。

道路工程中的水泥混凝土路面及大部分桥梁、涵洞、构件等均是由水泥混凝土构成的。

（4）沥青混合料。由矿料与沥青结合料拌和而成的混合料的总称，其中矿料起骨架作用，沥青与填料起胶结和填充作用。

沥青混合料经摊铺、压实成型后成为沥青路面。

（5）建筑砂浆。建筑砂浆和混凝土的区别在于不含粗集料，它是由胶凝材料、细集料和水按一定的比例配制而成，有时也掺入某些掺合料。

建筑砂浆常用于砌筑砌体（如砖、石、砌块）结构，建筑物内外表面（如墙面、地面、顶棚）的抹面，大型墙板、砖石墙的勾缝，以及装饰材料的粘结等。

公路上常用的原材料、混合料及其关系如图 1-1 所示。

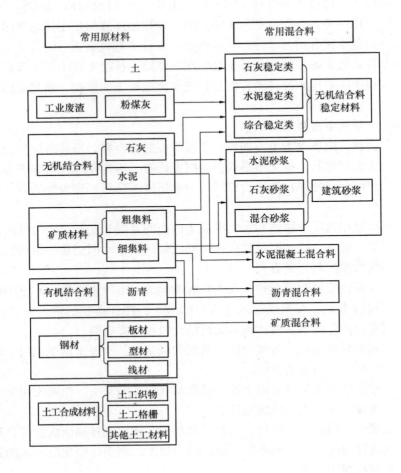

图 1-1 公路工程常用原材料及混合料关系图

第二节 道路材料的技术指标

道路与桥梁建筑物，不仅要受到车辆荷载复杂力系的作用，而且又受到各种复杂的自然因素的恶劣影响。用于道路与桥梁建筑的材料，既要具备一定的力学性能，又要保证在各种自然因素影响下，综合力学性能不会明显的下降。

道路建筑材料应具有的技术性能，通过适当的测试手段来进行。检验测定道路与桥梁用材料在实际结构物中的性质，通常采用试验室内原材料性能测定、试验室内模拟结构物检验测定，以及现场修筑试验性足尺寸结构物检验测定等方法。本课程着重于试验室内原材料性能和混合材料性能检验测定。为了保证道路与桥梁用建筑材料的综合力学性能和稳定性，要求对建筑材料的下列性能（性质）进行评价：

一、物理性质指标

材料的物理性质用物理指标有密度、含水率、细度、级配、吸水率等。物理常数是材料内部组成结构的反映，与力学性质之间有一定的相关性。

材料在使用过程中，其力学强度随温度和湿度等环境因素影响而改变。一般情况下，材料的强度随温度的升高或含水率的增加而降低。通常用材料的温度稳定性、水稳定性来表示其强度变化的程度。

材料的物理常数采用物理试验的方法测定。测定公路材料的物理常数，除了为混合料组成设计提供原始资料外，通过物理常数测定可以间接推断材料的力学性能。

二、力学性能指标

力学性能是材料抵抗车辆荷载复杂力系综合作用的性能。其性能指标不仅有抗压强度、抗拉强度、抗剪强度等能用试验机直接测试的静态指标，还有能反映材料在综合因素作用下抗冲击、抗磨耗、抗车辙等通过间接试验法评定的力学性能指标。

随着科学技术的发展，建筑材料的力学性质试验方法不断完善，对道路建筑材料在不同温度与不同荷载作用时间条件下动态的弹—黏—塑性性能试验已成为可能。可以相信，随着科学技术的发展，反映材料力学性能的指标和试验方法会越来越多，越来越接近工程实际的需要。

三、化学性质指标

化学性质主要是指材料抵抗周围各种环境因素对其化学作用的性能。道路与桥梁建筑材料除了受到周围介质（如桥墩在工业污水中）侵蚀外，还受到大气因素（如气温的交替变化、日光中紫外线、空气中的氧等）的综合作用，引起材料力学性质的衰变。材料自身的化学成分将影响材料及混合材料的性质，也影响结构物的使用性能。

对于材料化学性质的试验，通常只作材料简单化合物（如 CaO、MgO）含量或有害物质含量的分析。也可作某些材料（如沥青）的"组分"分析，初步地了解材料的组成与性能的关系。

四、工艺性质指标

工艺性质是指材料适合于一定工艺要求加工的性能。不同的材料其工艺性要求也不同，例如水泥混凝土在成型之前需要一定的流动性，以便浇筑制成一定形状的构件。

第三节 公路材料的试验方法

检验不同的技术指标，采用的试验方法也不同。从试验性质上讲主要有物理试验方法和化学试验方法；从技术指标反映技术性能直观性上讲有直接试验方法和间接试验方法。

直接试验方法直接对试样或试件进行质量、长度等方法进行测量，从而得到能直接反映试件或试样性能的量。如通过测定土的质量和体积可能求得土的密度，通过对钢筋拉伸，测出拉断力，再计算出断面直径即可求得钢筋的抗拉强度等。

间接试验方法往往用于影响因素多或无法直接测量的指标。它通过标准物质在标准条件下试验的数值作为标准，以非标准物质（试样）在标准条件下试验后的数值与标准值进行比较，来评价该物质的性能；或者根据工程实践和科学研究，以经验数值作为评价指标。如为测定土方路基施工的密度程度，工程上用现场土体的干密度标准击实试验测得的最大干密度的比值来表示；沥青的黏度不用黏度计而用沥青的针入度来表示等。

不管采用什么试验方法，试验一般都包括试验准备、试验操作、数据处理与试验报告等几个阶段。

一、试验准备

试验准备包括样品准备、环境准备和仪器准备三个方面的内容。试验准备是正确进行检验活动的前提。

（1）样品准备。样品是能够代表商品品质并用于产品质量检测的少量实物。样品准备包括取样（抽样）、样品制备、试件制备等方面，检测材料不同，所涉及的准备内容也不同。

常用的抽样方式有简单随机抽样、系统随机抽样、整群随机抽样、多阶段随机抽样、分层随机抽样等。

样本制备是将样本转化为试样的一组必要操作。经取样获得的样本一般要经过样本干燥、样本破碎、样本缩分等环节，才能形成试样。

试件制备是按规定将样本制作成具有一定形状试样的一组操作。不同的指标往往采用不同的试件形状，试件的形状既有立方体，也有圆柱体等其他形状等。

例如，《公路工程集料试验规程》JTG E42—2005 中"T 0327—2005 细集料筛分试验"中关于样本制备的描述为：

> 根据样品中最大粒径的大小，选用适宜的标准筛。通常为 9.5mm 筛（水泥混凝土用天然砂）或 4.75 mm 筛（沥青路面及基层用天然砂、石屑、机制砂等）筛除其中的超粒径材料然后将样品在潮湿状态下充分拌匀，用分料器法或四分法缩分至每份不少于 550g 的试样两份，在 105℃±5℃ 的烘箱中烘干至恒重，冷却至室温后备用。

（2）环境准备。筑路材料试验对试验环境有着极高的要求，特别是温度、湿度及周围的振动对试验结果都会产生极大的影响，在试验前，必须使试验环境满足该试验项目的要求。

例如，《公路工程水泥及水泥混凝土试验规程》JTG E30—2005 中"T0505—2005 水泥标准稠度用水量、凝结时间、安定性检验方法"对试验环境有如下规定：

> 4　温度与相对湿度
>
> 4.1 实验室的温度为 20℃±2℃，相对湿度大于 50%。
>
> 4.2 水泥试样、拌合水、仪器和用具的温度应与实验室内室温一致。

（3）仪器准备。仪器设备为实现测量过程所必需的测量仪器、软件、测量标准、标准物质或辅助设备或它们的组合，它不同于普通意义上的仪器设备。包括如容器、量具、天平、试剂、专用仪器、试验规程等。

试验仪器设备是正常进行试验检测的物质保证，规格、参数均应满足试验要求，同时设备运转情况应良好，以避免对试验结果产生影响。仪器准备就是根据试验要求准备所需仪器及物品，并保证这些仪器和物品的规格（如行程、量程、精度、转速等）符合要求，所有仪器设备运转正常。

例如，《公路工程水泥及水泥混凝土试验规程》JTG E30—2005 中"T0505—2005 水泥标准稠度用水量、凝结时间、安定性检验方法"对仪器有如下规定：

> 2 仪器设备
> (1) 水泥净浆搅拌机：符合 JC/T 729 的要求。
> ……
> (6) 量水器：分度值为 0.1mL，精度为 1％。
> (7) 天平：量程 1000g，感量 1g。

二、试验操作

试验操作是试验检测工作的主要组成部分，是一项技术性强、操作规范的技术活动，它是试验检测人员个人能力的具体体现，也是检测机构检测能力的具体体现。

例如，《公路工程水泥及水泥混凝土试验规程》JTG E30—2005 中"T0505—2005 水泥标准稠度用水量、凝结时间、安定性检验方法"对水泥净浆的拌制有如下规定：

> **5.2 水泥净浆拌制**
> 用水泥净浆搅拌机搅拌。搅拌锅和搅拌叶片先用湿布擦过，将拌和水倒入锅中，然后 5～10s 内小心将称好的 500g 水泥加入水中，防止水和水泥溅出；拌和时，先将锅放在搅拌机的锅座上，升至搅拌位置，启动搅拌机，低速转动 120s，停 15s，同时将叶片和锅壁上的水泥浆刮入锅中间，接着高速搅拌 120s 停机。

三、数据处理与报告

在试验检验过程中，会产生大量原始数据，这些数据要根据精度要求进行一定的修约，并根据一定的计算方法进行数据计算与取舍，最后根据规范的技术要求出具检验报告。

例如，《公路工程水泥及水泥混凝土试验规程》JTG E30—2005 中"T0553—2005 水泥混凝土立方体抗压强度试验方法"对试验数据处理有如下规定：

> **5.2** 以 3 个试件测值的算术平均值为测定值，计算精确至 0.1MPa。三个测值中的最大值或最小值中如有一个与中间值之差超过中间值的 15％，则取中间值为测定值。如最大值和最小值与中间值之差均超过中间值的 15％，则该组试验结果无效。

四、读数精度与平行试验

由于所用仪器精度不同，造成读数精度也不同，为保证不同单位的试验结果具有可比性，必须保证读数精度与结果精度的一致性。部分检测项目的读数精度及结果精度见表 1-1。

部分检测项目读数、平行差及修约要求

表 1-1

序号	检验项目	读数	平行差	精度（修约）
1	细集料筛分	0.5g	$m<1\%$ $M<0.2$	A、a，通过百分率：0.1％；M：0.01
2	细集料表观密度	0.1g	$<0.01g/cm^3$	精确至小数点后三位
3	细集料堆集密度	5g	无	0.1％
4	细集料含泥量	1g	$<0.5\%$	0.1％

序号	检验项目	读数	平行差	精度（修约）
5	细集料泥块含量	2g	<0.4%	0.1%
6	粗集料筛分	不大于试样质量的0.1%	m<0.5%	A、a，通过百分率：0.1%
7	粗集料表观密度	不大于称量的0.05%	<0.02	0.01%
8	粗集料堆集密度	不大于称量的0.1%	无	计算至小数点后两位
9	粗集料含泥量	不大于称量的0.1%	<0.2%	0.1%
10	粗集料泥块含量	不大于称量的0.1%	0.1%	0.1%
11	粗集料针片状含量	不大于称量的0.1%	无	0.1%
12	粗集料压碎值	1g	无	0.1%
13	水泥比表面积	0.001g	<2%	$1m^2/kg$
14	水泥胶砂强度	0.1MPa		0.1MPa
15	水泥密度	0.01g	$<20kg/m^3$	$10kg/m^3$
16	钢筋拉伸	伸长量0.25	—	强度1MPa 伸长率0.5%

测试结果或测量结果与真值间的一致程度叫准确度。测量结果或测试结果与真值的差叫误差。误差分系统误差和随机误差。其绝对值大小和符号方向保持恒定，或按一定规律变化，因此也称之为恒定误差。随机误差的出现完全是偶然的、无规律的，所以有时也称之为偶然误差。为使检测结果更接近真值，常采用多次试验的方法来进行试验，根据试验条件不同，分作重复性条件和再现性条件，两者的区别见表1-2。

重复性条件与再现性条件区别　　　　　　　　　　　　表 1-2

项目	重复性条件	再现性条件
测试方法	相同的测量程度和测试方法	相同的测量程度和测试方法
操作人员	同一操作人员	不同的操作人员
测试仪器	同一测量或测试设施	不同的测量或测试仪器
测试地点	同一地点	不同的地点
测量、测试对象	同一测量测试对象	相同的测量测试对象
持续时间	在短时间间隔内完成	独立的观测条件

重复性试验是对试验人员操作水平、取样代表性的检验，往往用作平行试验；再现性试验除了对操作人员、取样代表性的检验之个，还同时具有仪器检验的性能，往往用于对试验室进行认证，评价试验室的水平。部分检测项目的平行差要求见表1-1。

五、数值修约

数值修约是指通过省略原数值的最后若干位数字，调整保留的末位数字，使最后所得到的值最接近原数值的过程。

《数值修约规则与极限数值的表示和判定》GB/T 8170—2008规定"科学技术与生产活动中测试和计算得出的各种数值。当所得数值需要修约时，应按本标准给出的规则进行。"

与日常生活中使用的"四舍五入"规则不同，道路材料检测的各种数值均应按国标规定的数值修约规则进行，即"四舍六入五留双"的修约规则。其进舍规则如下：

（1）拟舍弃数字的最左一位数字小于5，则舍去，保留的各位数字不变。

（2）拟舍弃数字的最左一位数字大于5，则进一，即保留数字的末位数字加1。

（3）拟舍弃数字的最左一位数字是5，而其后跟有并非全部为0的数字时则进一，即保留数字的末位数字加1。

（4）拟舍弃数字的最左一位数字为5，且其后无数字或皆为0时，若所保留的末位数字为奇数（1，3，5，7，9）则进一，即保留数字的末位数字加1；若所保留的末位数字为偶数（0，2，4，6，8）则舍去。

（5）负数修约时，先将它的绝对值按上述规定进行修约，然后在所得值前面加上负号。

（6）不允许连续修约。

以上进舍规则可简记为"4舍6入5考虑，5后有数进上去，尾数为0向左看，左数奇进偶舍弃，修约一次要到位"。

随着计算机的普及，EXCEL在检测的应用越来越广泛，而EXCEL中只有四舍五入函数，为介于交流，以下提供一个数值修约宏函数，仅供参考。

```
Function njw (x, y) As Double
If Int (x * 10 ^ y) / 2 = Int (x * 10 ^ y / 2) Then
P=0.4999999
Else
P=0.5
End If
njw = Int (x * 10 ^ y + P) / 10 ^ y
End Function
```

六、结果判定

试验检测报告内容之一就是对检测对象进行评价，主要是通过检测值与标准值比较，从而判定检测对象是否满足要求。

《数值修约规则与极限数值的表示和判定》GB/T 8170—2008中关于判定规定有：

4.3.1.1 在判定测定值或其计算值是否符合标准要求时，应将测试所得的测定值或其计算值与标准规定的极限数值作比较，比较的方法可采用：

a) 全数值比较法； b) 修约值比较法。

4.3.1.2 当标准或有关文件中，若对极限数值（包括带有极限偏差值的数值）无特殊规定时，均应使用全数值比较法。如规定采用修约值比较法，应在标准中加以说明。

4.3.1.3 若标准或有关文件规定了使用其中一种比较方法时，一经确定，不得改动。

4.3.2 全数值比较法

将测试所得的测定值或计算值不经修约处理（或虽经修约处理，但应标明它是经舍、进或未进未舍而得），用该数值与规定的极限数值作比较，只要超出极限数值规定的范围（不论超出程度大小），都判定为不符合要求。

4.3.3 修约值比较法

4.3.3.1 将测定值或其计算值进行修约，修约数位应与规定的极限数值数位一致。

当测试或计算精度允许时，应先将获得的数值按指定的修约数位多一位或几位报出，然后按 3.2 的程序修约至规定的数位。

4.3.3.2 将修约后的数值与规定的极限数值进行比较，只要超出极限数值规定的范围（不论超出程度大小），都判定为不符合要求。

由上述规定，公路试验检测结果评定应采用修约值比较法进行判定。

例如：《建设用卵石、碎石》GB 14685—2011 中关于数值修约及判定的规定：

> 7.11.3.1 压碎指标值按式（8）计算，精确至 0.1%。
>
> 7.11.3.2 压碎指标值取三次试验结果的算术平均值，精确至 1%。
>
> 7.11.3.3 采用修约值比较法进行确定。

第二章　土

学习目标

◆ 了解土的组成及物理性质指标

◆ 了解土的分类方法、颗粒分析及液塑限试验

◆ 了解土的击实试验及 CBR 试验

1	公路土工试验规程	JTG E40—2007
2	公路路基施工技术规范	JTG F10—2006

第一节　概　　述

土是由地壳岩石经风化、剥蚀、搬运、沉积，形成由固态矿物、液态水和气体组成的一种集合体。在自然界中，土的物理风化和化学风化时刻都在进行，由于土的形成过程和自然环境的不同，其成分、结构和性质千变万化，工程性质也千差万别。

一、土的三相组成

土体是由固体土粒、液体水和气体三部分组成。土中的固体矿物颗粒构成土的主体部分，它是土的"骨架"，也称为"土粒"。骨架之间贯穿着大量孔隙，孔隙中充填着液体水和气体。随着环境的变化，土的三相比例也发生相应的变化，土体三相比例不同，土的状态和工程性质也随之各异，见表 2-1。

三相因素与土的状态关系　　　　　　　　　　　　　　　　　表 2-1

三相因素	名称	状　　态
固相＋气相	干土	黏质土呈干硬状态，砂类土呈松散状态
固相＋液相＋气相	湿土	黏质土多为可塑状态，砂类土具有一定的粘结性
固相＋液相	饱和土	黏质土多为流塑状态，砂类土仍呈松散状态，但遇强烈地震时可能产生液化，使工程结构物遭到破坏

土体的基本物理性质指标可以用各相之间的比例关系表示，通常测试的指标包括土的质量、密度、相对密度和含水率等。

二、土的物理性质

1. 土的含水率

土的含水率是指土体孔隙中所含水分的质量与干土颗粒质量的百分比。

土体的含水率愈大，表明土中的水分也愈多。土体的含水率测定方法有烘干法、酒精燃烧法和比重法等，标准的方法为烘干法，各方法的使用范围及原理见表 2-2。

含水率检测常用试验方法 表 2-2

方法	适用范围	原　理
烘干法	测定黏质土、粉质土、砂类土、砂砾石、有机质土和冻土的含水率	加热烘干
酒精燃烧法	快速简易测定细粒土（含有机质土除外）的含水率	加热烘干
比重法	仅适用于砂类土	已知砂类土相对密度的情况下利用水测出湿土的相对密度，两者做差求出水的质量

2. 土体的密度

土体的密度是指土体试样的总质量与其总体积的比值。根据土体孔隙中水分的情况可将土体的密度分为天然密度（ρ）、干密度（ρ_d）、饱和密度（ρ_f）和水下密度（ρ'），与筑路材料相关的密度是天然密度和干密度。

（1）土体的天然密度

土体的天然密度也称湿密度，是指天然状态下土体试样单位体积的质量。

土体的天然密度的试验方法见表 2-3。不同路用材料的体积的试验确定方法见表 2-4。

土体的天然密度的试验方法 表 2-3

方法	适用条件	原　理
环刀法	适用于细粒土	以环刀体积作为土体体积进行计算
电动取土器法	适用于硬塑土密度的快速测定	以套筒体积作为土体体积进行计算
蜡封法	适用于易破裂土和形态不规则的坚硬土	根据"阿基米德定律"求得蜡土封试件体积，用蜡封试件的体积减去石蜡体积作为土体的体积
灌水法	适用于现场测定粗粒土和巨粒土的密度	现场挖坑，向坑内灌水（用聚乙烯膜防止水损失）并测出水的质量，计算水的体积作为土体的体积
灌砂法	适用于现场测定细粒土、砂类土和砾类土的密度。试样的最大粒径一般不得超过 15mm，测定密度层的厚度为 150～200mm	现场挖坑，向坑内灌砂并测出砂的质量，计算砂的体积作为土体的体积

不同路用材料的体积的试验确定方法 表 2-4

类别	原　理	常见试验方法
限制体积法	用一个已知体积的容器将被测材料的体积进行限制，以此体积作为被测材料的体积	环刀法测土密度、电动取土器法测土密度、容量筒法测集料堆积密度、比重瓶法测沥青的密度
水中称重法	根据"阿基米德定律"求得蜡土封试件体积，用蜡封试件的体积减去石蜡体积作为土体的体积	蜡封法测土密度、蜡封法测沥青混合料密度等
排水法	以排开水的体积作为被测材料的体积	容量瓶法测细集料表观密度、李氏比重瓶测水泥密度、李氏比重瓶粉煤灰密度等
替代体积法	用一种已知密度的材料代替被测材料的体积，以此作为被测材料的体积	灌水法、灌砂法等

（2）土体的干密度

干燥状态下土体试样单位体积的质量称为干密度。即土体中固体土粒的质量与土样总体积的比值，可由湿密度与含水率求得。

第二节 土 的 分 类

一、土的粒度成分

自然界中的土是由大小不同的颗粒组成，土粒的大小称为粒度。土颗粒大小相差很大，为便于分析，工程上把大小相近的土粒合并为组，称为粒组。通常把自然界的土颗粒按照颗粒大小划分为不同的粒组，即分为漂石或块石、卵石或碎石、砾、砂粒、粉粒和黏粒等六大粒组，各粒组内还可以细分为若干亚组。我国《公路土工试验规程》JTG E40—2007 中的粒组划分类型见表 2-5。

粒组划分图 表 2-5

200	60	20	5	2	0.5	0.25	0.075	0.002	（mm）

巨粒组		粗粒组						细粒组	
石头（块石）	卵石（小石块）	砾（角砾）			砂			粉粒	黏粒
石头（块石）	卵石（小石块）	粗	中	细	粗	中	细	粉粒	黏粒

在土质学中，对于细粒土，也常以比表面积来表示土的粗细程度。比表面积可以用两种方法表征：其一是单位重量的土体中土颗粒的总表面积；其二是单位体积的土体中土颗粒的总表面积。比表面积越大表明土中颗粒越细。

二、土的分类原则和表示方法

1. 分类原则

关于土质的分类，世界各国、每个国家的各地区和各部门，大都是根据自己的传统与经验具有自己的分类标准。但总体上来看，国内外在分类的依据、分类的总体系逐渐趋近于一致，各分类法的标准也都大同小异。分类的一般原则是：

（1）按土的颗粒粒度将土分作巨粒土、粗粒土、细粒土；

（2）有机土和特殊土则分别单独各列为一类；

（3）巨粒土按巨粒组质量占总质量的比例进行细分；

（4）粗粒土按级配特征进行细分；

（5）细粒土按塑性指数和液限，即按塑性图法进行细分；

（6）对定出的土名给以明确含义的文字符号。

土的分类体系见图 2-1。

由上可知，土的分类通过两个关键试验来完成，一是颗粒分析试验——判断土的粒级及级配，二是土的界限含水率试验——判断土的塑性。

2. 土类名称的表示方法

国内外通用的表示土类名称的文字代号见表 2-6。

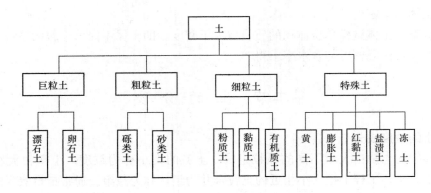

图 2-1 土的工程分类体系

工程土的分类符号表　　　　　　　　　　　表 2-6

土类及符号 特征	巨粒土	粗粒土	细粒土	特殊土
	符号			
成分	B——漂石 Ba——块石 C_b——卵石 Cba——小块石 Sl——（混合）土 （粗、细粒土的合称）	G——砾石 Ga——角砾 S——砂	M——粉土 C——黏土 F——细粒土 （C 和 M 合称） O——有机质土	Y——黄土 E——膨胀土 R——红黏土 St——盐渍土 Ft——冻土
级配或土性		W——良好级配 P——不良级配	H——高液限 L——低液限	

三、土的颗粒级配

1. 土的颗粒级配的概念

土的颗粒级配（也叫土的粒度成分）是指土中各种不同粒组的相对含量（以干土重量的百分比表示），或者说土是由不同的粒组以不同数量的配合。

2. 土的颗粒级配的分析方法

为了准确地测定土的颗粒级配（或粒度成分），所采用的各种手段统称为粒度成分分析或颗粒分析。其目的在于确定土中各粒组的相对含量。常用的颗粒分析方法见表 2-7。

《公路土工试验规程》JTG E40—2007 中颗粒分析方法　　　表 2-7

方法	适用粒径范围	原　　　理
筛分法	粒径 $d_i > 0.074$mm	利用筛孔限制不同粒径颗粒的通过
密度计法	粒径 $d_i < 0.074$mm	粒径为 d 的颗粒以速度 v 经过时间 t 后，下降距离为 $L=vt$，粒径大于 d 的下降距离肯定大于 L，所以 L 平面以上只有粒径小于 d 的颗粒，测出此处的比重与原来的比重相比较，即可求出粒径小于 d 的颗粒百分数（颗粒越大下沉越快）

方法	适用粒径范围	原　理
移液管法	粒径 $d_i < 0.074$mm，相对密度大	预先计算好 t_1、t_2、t_3……，然后按规定时间在虚线断面上吸取一定量的悬浮液（通常为 10mL），那么，第一次取出的悬浮液中已缺少粒径大于 d_1 的尘粒；第二次取出的悬浮液中已缺少大于 d_2 的尘粒，因此两次悬浮液中所含粉尘的质量差就是在 $d_1 \sim d_2$ 这个粒径范围内的尘粒质量。根据悬浮液中原始的粉尘质量，即可算出不同粒径尘粒的质量百分数

3. 粒度成分的表示方法

常用的粒度成分的表示方法有：表格法、累计曲线法和三角坐标法。

（1）表格法

是以列表的形式直接表达各粒组的相对含量。它用于粒度成分的分类是十分方便的。表格法有两种不同的表示方法，一种是以累计含量百分比表示，如表 2-8 所示；另一种是以粒组表示，如表 2-9 所示。累计百分含量是直接由试验求得的结果，粒组是由相邻两个粒径的累计百分含量之差求得的。

粒度成分的累计百分含量表示法　　　　　　　　　　表 2-8

粒径 d_i (mm)	粒径 $\leqslant d_i$ 的累计百分含量 P_i（%）			粒径 d_i (mm)	粒径 $\leqslant d_i$ 的累计百分含量 P_i（%）		
	土样 A	土样 B	土样 C		土样 A	土样 B	土样 C
10	100	100	100	0.1	9	20.6	92
5	100	75	100	0.075	0	19	89
2	98.9	55	100	0.01	0	9.9	51.4
1	92.9	42.7	100	0.005	0	6.7	40.3
0.5	76.5	34.7	100	0.001	0	2.5	21.4
0.25	35	28.5	100	<0.001	0	0	0

土的粒度成分分析结果　　　　　　　　　　表 2-9

粒组 (mm)	粒度成分（以质量%计）			粒组 (mm)	粒度成分（以质量%计）		
	土样 A	土样 B	土样 C		土样 A	土样 B	土样 C
10~5	0	25	0	0.1~0.075	9	1.6	3
5~2	1.1	20	0	0.075~0.01	0	9.1	37.6
2~1	6	12.3	0	0.01~0.005	0	3.2	11.1
1~0.5	16.4	8	0	0.005~0.001	0	4.2	18.9
0.5~0.25	41.5	6.2	0	<0.001	0	2.5	21.4
0.25~0.1	26	7.9	8				

（2）累计曲线法

累计曲线法是一种图示的方法，通常用半对数坐标纸绘制，横坐标（按对数比例尺）表示粒径 d_i；纵坐标表示小于某一粒径的土粒的累计百分数 P_i（注意：不是某一粒径的百分含量）。图 2-2 是根据表 2-8 提供的资料，在半对数坐标纸上点出各粒组累计百分数及粒径对应的点，然后将各点连成一条平滑的曲线，即得该土样的累计曲线。

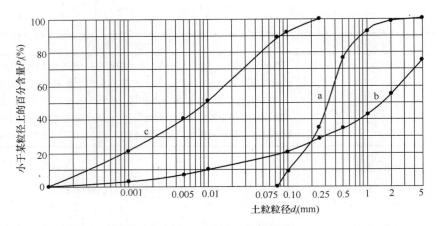

图 2-2　粒度成分累计曲线

在累计曲线可以直观地判断土中各粒组的分布情况：曲线 a 表示该土绝大部分是由比较均匀的砂粒组成的；曲线 b 表示该土是由各种粒组的土粒组成，土粒极不均匀；曲线 c 表示该土中砂粒极少，主要是由细颗粒组成的黏质土。

（3）三角坐标法

三角坐标法可用来表达黏粒、粉粒和砂粒三种粒组的百分含量。它是利用几何上的等边三角形中的任意点到三边的垂直距离之和恒等于三角形的高的原理，及 $h_1 + h_2 + h_3 = H$ 来表达粒度成分。如取三角形的高 $H = 100\%$，h_1 为黏土颗粒的含量，h_2 为砂土颗粒的含量，h_3 为粉土颗粒的含量，则图 2-3 中的 m 点即表示土样的粒度成分中黏粒、粉粒及砂粒的百分含量分别为 23%，47%，30%。

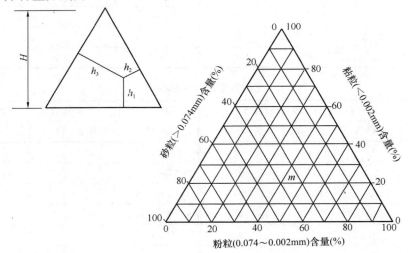

图 2-3　三角坐标法

上述三种方法各有其特点和适用条件。表格法能清楚地用数据说明土样的各粒组含量，但对于大量土样之间的比较就显得过于冗长，且无直观概念，使用比较困难。

累计曲线法能用一条曲线表示一种土的粒度成分，而且可以在一张图上同时表示多种土地粒度成分，能直观地比较其级配情况。

三角坐标法能用一点表示一种土的粒度成分，在一张图上能同时表示许多种土的粒度成分，便于进行土料的级配设计。三角坐标图中不同的区域表示土的不同组成，因而，还可以用来确定按粒度成分分类的土名。

4. 土的级配情况判定

级配良好的土，粗细颗粒搭配好，粗颗粒的孔隙由细颗粒填充，易被压实到较高的密度。因而渗透性和压缩小较好，强度较大，所以颗粒级配常作为路基填土的重要依据。为了衡量土的级配是否良好，常用不均匀系数 C_u 和曲率系数 C_c 两个判别指标，其计算公式见式（2-1）和式（2-2）。

由累计曲线可确定土粒的级配指标。可用计算。

$$C_u = \frac{d_{60}}{d_{10}} \tag{2-1}$$

$$C_c = \frac{d_{30}^2}{d_{10} \cdot d_{60}} \tag{2-2}$$

式中　d_{10}、d_{30}、d_{60}——土的特征粒径（mm），在土的粒径分布曲线上，小于该粒径的土粒质量分别为土总质量的 10%、30% 和 60%。

不均匀系数 C_u 反映不同大小粒组的分布情况。而曲率系数 C_c 描述累计曲线的分布范围，反映累计曲线的整体形状。用二者判别土的级配情况的方法列于表 2-10 中。

C_u 与 C_c 在土的级配情况判断中的应用　　　　　　　　　　表 2-10

指标	范围	判定结果	说明
C_u	$C_u < 5$	均粒土，级配不良	值愈大，表明土粒大小分布范围大，土的级配良好；值愈小，表明土粒大小相近似，土的级配不良
	$C_u \geqslant 5$	非均粒土，其级配良好	
C_c	$1 \sim 3$	级配良好	当累计曲线呈阶梯状时，说明粒度不连续，即主要由大颗粒和小颗粒组成，缺少中间颗粒，表明土的级配不好，其工程地质性质也较差
	<1 或 >3	级配不好	

在工程上，常利用累计曲线确定的土粒的两个级配指标值来判定土的级配情况。当同时满足不均匀系数 $C_u \geqslant 5$ 和曲率系数 $C_c = 1 \sim 3$ 这两个条件时，土为级配良好的土；若不能同时满足，土为级配不良的土。

四、黏质土的物理状态与界限含水率

1. 黏质土的物理状态

黏质土的含水率不同，它的物理性质和物理状态都不同。稠度是指黏质土随含水率多少而表现出的稀稠程度。黏质土随着含水率的不断增加，土体的状态变化情况为固态（干硬状态）→半固态（半干硬状态）→塑态（可塑状态）→液态（流动状态：滞流态、液流态）称为稠度状态。各状态下土的性质见表 2-11。

黏质土的状态与性质　　　　　　　　　　表 2-11

状态	固态	半固态	塑态		流态	
	干硬态	半干硬态	硬塑态	软塑态	滞流态	液流态
性质	具有固体性质，力学强度最高		具有可塑性，在硬塑态时有较好的力学性质，在软塑状态下的黏质土力学性质较差		性质完全遭到破坏，不能选作地基或路基填料	

2. 黏质土的界限含水率

由于含水率的变化，黏质土从一种稠度状态转变为另一种稠度状态的界限，称为稠度界限。稠度界限通常用含水率表示，因此，黏质土的稠度界限称为界限含水率，包括液限、塑限、缩限。

液限是指黏质土由可塑状态转变为流动状态时的界限含水率，用 w_L 表示。液限又称塑性上限或液性下限。

塑限是指黏质土由半干硬状态转变为可塑状态界限含水率，用 w_p 表示。塑限又称塑性下限。

缩限是指黏性土由半固态转为固态的界限含水率，用 w_s 表示。

土的稠度状态与界限含水率的关系见图 2-4。

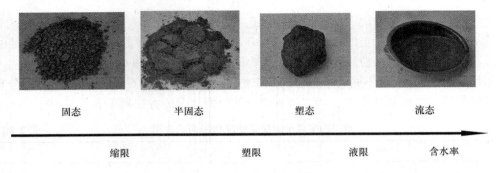

图 2-4　土的稠度与界限含水率

塑限、液限的检测方法有联合测定法、液限碟式仪法和塑限滚搓法。各方法的使用范围及原理见表 2-12。

界限含水率检测常用试验方法 表 2-12

方法	使用范围	原理
联合测定法	粒径不大于 0.5mm、有机质含量不大于试样总质量 5% 的土	一定质量的试锥锥入不同含水率的土时，其锥入深度不同
液限碟式仪法	粒径不大于 0.5mm、有机质含量不大于试样总质量 5% 的土	同一试样分成两份放同一土碟中进行坠击，土的含水率不同时，两份土合拢所需的坠击次数不同
塑限滚搓法	粒径不大于 0.5mm、有机质含量不大于试样总质量 5% 的土	人工将土条滚搓至一定长度，土样含水率不同时出现裂缝的长度不同

3. 黏质土的塑性指数及液性指数

黏质土自可塑状态起，逐渐增加含水率到滞流状态出现时止，若增加的含水率幅度大，说明该黏质土的吸水能力很强，有较大的保持塑性状态的能力，通常称这样的黏质土具有高塑性；如果由可塑状态转变到滞流状态所增加的含水率很小，则称这一类黏质土为低塑性。黏质土的塑性高低，通常用塑性指数 I_p 表示。塑性指数是指液限与塑限之差，按公式（2-3）计算：

$$I_p = w_L - w_p \tag{2-3}$$

塑性指数大的黏质土具有高塑性，塑性指数小的黏质土具有低塑性。塑性指数是反映黏质土中黏粒和胶粒含量的一个重要指标，塑性指数大的黏质土，表明土中黏粒和胶粒多。

　　黏质土的液限、塑限和塑性指数，都不是测定天然土物理性质的指标，而是评定黏质土物理性质的稠度指标。对于任何状态的黏质土应该用试验方法，先找出稠度状态变化时的含水率即液限或塑限，再与它的天然含水率比较，借以判定土的稠度状态。若土的天然含水率大于液限小于塑限，可以判断此土是处于塑性状态。

　　为了反映黏质土在天然情况下的稠度状态，可以用液性指数（I_L）来表示，即土的天然含水率和塑限之差与塑性指数的比值，按公式（2-4）计算：

$$I_L = \frac{w - w_p}{I_p} = \frac{w - w_p}{w_L - w_p} \qquad (2-4)$$

　　对于某种黏质土，认为其液限 w_L 和塑限 w_p 都是定值，土的天然含水率越大，液性指数越大，土越稀软。《公路桥涵地基与基础设计规范》JTG D63—2007 中按液性指数将黏性土分成 5 种状态，见表 2-13。

黏性土相对稠度状态　　　　　　　　　　　　　　　　　　表 2-13

液性指数值	$I_L \leq 0$	$0 < I_L \leq 0.25$	$0.25 < I_L \leq 0.75$	$0.75 < I_L \leq 1$	$I_L > 1$
稠度状态	坚硬	硬塑	可塑	软塑	流塑

　　用液性指数判断黏质土的干、湿程度或软、硬程度，有助于了解天然土的物理性能。

　　4. 界限含水率的测定

　　界限含水率的测定有液塑限联合测定法、碟式仪法和搓条法三种，最常用的是联合测定仪法。在此仅介绍联合测定仪法（100g 锥）。

　　（1）通过三个试样绘制锥入度与含水率关系图（图 2-5）

　　备样、温度、湿度、试验、含水率测定。

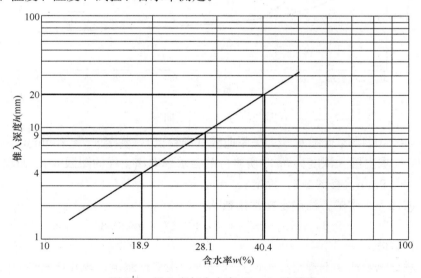

图 2-5　锥入度与含水率（h-w）关系图

　　如三点不在同一直线上，要通过 a 点与 b、c 两点连成两条直线，根据液限（a 点含水率）在 h_p-ω_L 图（图 2-6）上查得 h_p，以此 h_p 再在 h-w 图上的 ab 及 ac 两直线上求出相

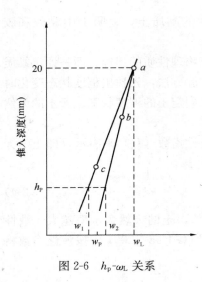

图 2-6 h_p-ω_L 关系

应的两个含水率，当两个含水率的差值小于 2％时，以该两点含水率的平均值（d 点）与 a 点连成一直线。当两个含水率的差值大于 2％时，应重做试验。

（2）液限的确定方法

在 h-w 图上，查得纵坐标入土深度 h＝20mm 所对应的横坐标的含水率 w，即为该土样的液限 w_L。从图上查得 w_L＝40.4％。

（3）塑限的确定方法

根据求出的液限 w_L，通过 h_p-w_L 关系曲线（图 2-7），查得 h_p。

查 h_p-w_L 关系图时，须先通过简易鉴别法及筛分法，把砂类土与细粒土区别开来，再按这两种土分别采用相应的 h_p-w_L 关系曲线；对细粒土，用双曲线确定 h_p 值；对砂类土，则用多项式曲线确定 h_p 值。

砂类土：粗粒土中砾粒组质量少于或等于砂粒组质量的土称砂类土。

细粒土：试样中细粒组土粒质量多于或等于总质量 50％的土称细粒土。

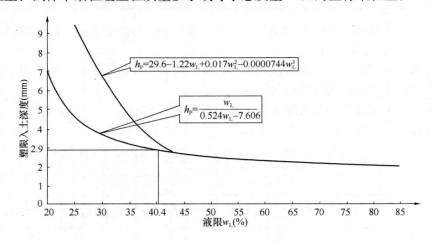

图 2-7　h_p-ω_L 关系曲线

因为 w_L ＝ 40.4％，查图 h_p-w_L 关系曲线（细粒土），确定 h_p ＝ 2.9mm。

再由图 2-5 求出锥入深度为 h_p 时所对应的含水率即该土样的塑限 w_p，如图 2-8 所示。

因为 h_p＝2.9mm，查图 2-7，确定 w_p＝17.6％。

（4）根据任务一中的方法确定塑性指数 I_P

$$I_P = w_L - w_p = 40.4 - 17.6 = 22.8$$

（5）平行试验

液塑限联合测定法 4.5 规定：本试验须进行两次平行测定，取其算术平均值，以整数（％）表示。其允许差为：高液限小于或等于 2％，低液限小于或等于 1％。

碟式仪法及搓条法均有平行测定要求。

（6）确定土名

64

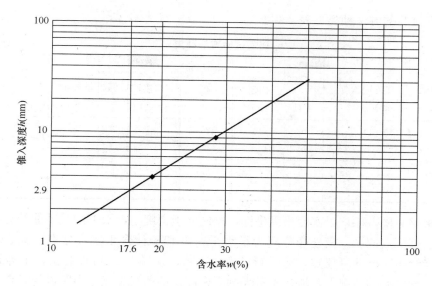

图 2-8　塑限的确定

由 I_P 和 w_L 确定该土样在塑性图中的位置如图 2-9 所示。从图中可以判定该土样为低液限黏土，土名为 CL。

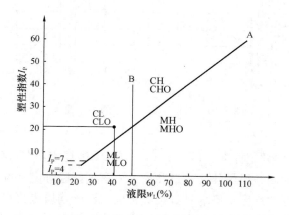

图 2-9　土样在塑性图中的位置

第三节　土的击实与 CBR

一、土的击实

1. 土的标准干密度确定方法

室内标准击实试验的基本方法是：对于同一种土，配置成不同含水率的试样（通常不少于 5 个含水率），试样分层装入标准击实仪的击实筒内，在相同的击实功（击实锤重量、落高、击实次数相同）作用下击实试样，分别测定每种含水率试样对应的干密度，绘制含水率-干密度关系曲线，在含水率-干密度关系曲线上确定其最佳含水率与最大干密度。

室内标准击实试验根据击实锤重量、落高和击实筒内径大小等分轻型击实和重型击实两种，击实试验的方法种类见表 2-14。

击实试验方法种类
表 2-14

试验方法	类别	锤底直径（cm）	锤重（kg）	落高（cm）	试筒尺寸			层数	每层击数	击实功（kJ/m²）	最大粒径（mm）
					内径（cm）	高（cm）	容积（cm³）				
轻型 Ⅰ法	Ⅰ.1	5	2.5	30	10	12.7	997	3	27	598.2	20
	Ⅰ.2	5	2.5	30	15.2	12	2177	3	59	598.2	40
重型 Ⅱ法	Ⅱ.1	5	4.5	45	10	12.7	997	5	27	2687	20
	Ⅱ.2	5	4.5	45	15.2	12	2177	3	98	2677.2	40

以含水率为横坐标，干密度为纵坐标，绘制的干密度与含水率的关系曲线如图 2-7 所示，曲线上峰值点的纵、横坐标分别为最大干密度和最佳含水率，分别用 ρ_0、w_0 表示。如曲线不能绘出明显的峰值点，应进行补点或重做。从图 2-10 可以看出，土等筑路材料只有在最佳含水率的情况下才能达到最大的干密度。如曲线不能给出明显的峰点，应进行补点或重做。

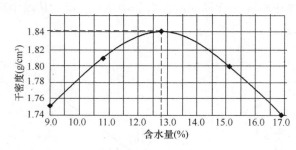

图 2-10 干密度与含水率的关系曲线

2. 平行试验

《公路工程质量检验评定标准》JTG F80/1—2004 中规定："B.0.1 对于标准试验组数，有些施工单位一般做一组最佳含水量和最大干密度试验确定标准密度。但是，标准密度值是衡量现场压实度的尺度，要求具有足够精度。对于均质土壤和材料，由于平行试验误差，一组试验求得的标准值难以如实反映试样的实际情况，为此，规定标准密度一般应作平行试验，以平均最大干密度作为标准密度值。"

3. 精度和平行差

最大干密度保留两位小数，含水率保留一位小数。

平行差可参照无机结合料稳定材料混合料击实要求。

二、路基土的强度指标（CBR）

1. 路基土强度评价指标

由于无法直接测定路基土的强度，工程上只能用间接试验方法来确定路基土的强度，目前最常用的指标是室内加州承载比（CBR）。

加州承载比是早年由美国加利福尼亚州（California）提出的一种评定土基及路面材料承载力的指标。承载能力以材料抵抗局部荷载压入变形的能力表征，并采用高质量标准碎石为标准，以它们的相对比值表示 CBR 值。不同贯入深度时的标准荷载强度和标准荷载见表 2-15。

不同贯入深度时的标准荷载强度和标准荷载　　　　　　表 2-15

贯入量（mm）	标准荷载强度（kPa）	标准荷载（kN）
2.5	7000	13.7
5.0	10500	20.3
7.5	13400	26.3
10.0	16200	31.8
12.5	18300	36.0

试件按路基施工时的含水率及压实度要求在试筒内制备，并在加载前在水中浸泡 4 昼夜。为了测定结构对土基的附加应力，在浸水过程中及贯入试验时，在试件顶面放置荷载板。

试验时，将浸水后的试件用一个端部直径为 50mm 的标准贯入杆，以 1～1.25mm/min 的速度压入土中，利用一个测力计百分表和两个贯入量百分表分别测得贯入压力与贯入深度之间的关系。将试验结果在常数坐标下绘制成曲线，通过曲线确定实际贯入量为 2.5mm 及 5.0mm 时所对应的标准荷载强度 P。被测材料的 CBR 值由公式（2-5）计算：

$$CBR = \frac{P}{P_s} \times 100 \tag{2-5}$$

式中　P——对应于某一贯入量的单位压力。

P_s——相应贯入度的标准荷载强度。

某试件的试验结果见表 2-16。

某试样贯入试验结果　　　　　　表 2-16

量力环校正系数 C（N/0.01mm）			44.17		贯入杆面积 A（cm²）	19.635
荷载测力计表读数 R	变形	单位压力 P（kPa）	百分表读数（0.01mm）		平均百分表读数（0.01mm）	贯入量 L（mm）
			左表读数	右表读数		
1	0	0	0	0	0	0
9.1	8.1	182	20	22	21	0.21
13.1	12.1	272	40	42	41	0.41
17.8	16.8	378	80	64	72	0.72
23.6	22.6	508	120	102	111	1.11
28.9	27.9	628	150	146	148	1.48
35.1	34.1	767	200	188	194	1.94
40.6	39.6	891	250	234	242	2.42
44.6	43.6	981	300	290	295	2.95
47.3	46.3	1042	350	340	345	3.45
49.7	48.7	1096	400	392	396	3.96
52.4	51.4	1156	450	440	445	4.45
54.7	53.7	1208	500	486	493	4.93
57.3	56.3	1266	550	538	544	5.44

2. 结果整理

（1）以单位压力（p）为横坐标，贯入量（l）为纵坐标，绘制 p-l 关系曲线，如图所示。图上曲线 1 是合适的。曲线 2 开始段是凹曲线，需要进行修正。修正时在变曲率点引一切线，与纵坐标交于 O' 点，O' 即为修正后的原点。如图 2-8 所示。

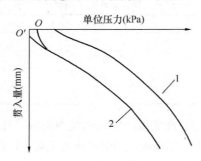

图 2-11　单位压力与贯入量关系图

（2）一般采用贯入量为 2.5mm 时的单位压力与标准压力之比作为材料的承载比（CBR）。即：

$$CBR = \frac{p}{7000} \times 100 \qquad (2-6)$$

式中　CBR——承载比（％），精确至 0.1；

　　　　p——单位压力（kPa）。

同时计算贯入量为 5mm 时的承载比：

$$CBR = \frac{p}{10500} \times 100 \qquad (2-7)$$

如贯入量为 5mm 时的承载比大于 2.5mm 时的承载比，则试验应重做。如结果仍然如此，则采用 5mm 时的承载比。

3. 精密度和允许差

如根据 3 个平行试验结果计算得的承载比变异系数 C_v 大于 12％，则去掉一个偏离大的值，取其余两个结果的平均值。如 C_v 小于 12％，且 3 个平行试验结果计算的干密度偏差小于 0.03g/cm³，则取 3 个结果的平均值。如 3 个试验结果计算的干密度偏差超过 0.03g/cm³，则去掉一个偏离大的值，取其两个结果的平均值。

承载比小于 100，相对偏差不大于 5％；承载比大于 100，相对偏差不大于 10％。

第三章 集 料

学习目标

◆ 了解集料的概念、用途

◆ 了解集料的密度及空隙率

◆ 了解集料的级配及筛分试验

◆ 了解集料的力学性质及压碎值试验

◆ 集料的其他性质

1	建设用卵石、碎石	GB/T 14685—2011
2	建设用砂	GB/T 14684—2011
3	普通混凝土用砂、石质量及检验方法标准	JGJ 52—2006
4	公路工程集料试验规程	JTG E42—2005
5	公路水泥混凝土路面施工技术细则	JTG/T F30—2014
6	公路沥青路面施工技术规范	JTG F40—2004
7	公路桥涵施工技术规范	JTG/T F50—2011
8	公路路面基层施工技术规范	JTJ 034—2000

第一节 概 述

一、集料

集料（又称骨料），是指在混合料中起骨架和填充作用的颗粒材料。集料是混凝土的主要组成材料之一，包括岩石经天然风化而成的砾石和砂等，以及由岩石经轧制而成的各种尺寸的碎石、机制砂、石屑等。

根据粒径大小不同，一般可将集料分为细集料和粗集料两种。根据集料来源不同，又可将集料分为天然集料和人工集料。天然集料包括砾石、天然砂（山砂、河砂、海砂等），人工集料包括碎石、人工砂、石屑等。

粒径是指集料颗粒尺寸的大小，以集料所通过标准筛的筛孔尺寸来表示。目前使用的标准筛为方孔筛，筛孔为正方形，筛孔尺寸从大到小依次为 75mm、63mm、53mm、37.5mm、31.5mm、26.5mm、19mm、16mm、13.2mm、9.5mm、4.75mm、2.36mm、1.18mm、0.6mm、0.3mm、0.15mm、0.075mm。

由于集料都是由不同粒径的矿料组成的混合物，如何表示集料的粒径呢？工程上根据集料通过筛孔的比例，集料粒径有两种常用称谓：

集料最大粒径：指集料的 100% 都要求通过的最小的标准筛筛孔尺寸。

集料的公称最大粒径：指集料可能全部通过或允许有少量不通过（一般容许筛余不超过 10%）的最小标准筛筛孔尺寸，通常比集料最大粒径小一个粒级。

如不特别说明，通常所说的粒径即是指集料的公称最大粒径。

在沥青混合料中，细集料是指粒径小于2.36mm的天然砂、人工砂（包括机制砂）及石屑，粗集料是指粒径大于2.36mm的碎石、破碎砾石、筛选砾石和矿渣等；在水泥混凝土中，细集料是指粒径小于4.75mm的天然砂、人工砂，粗集料是指粒径大于4.75mm的碎石、砾石和破碎砾石。各类集料又均以其粒径或粗细程度分级。

细集料包括天然砂、人工砂（包括机制砂）及石屑。粗集料包括碎石、砾石、卵石和砂砾。

二、矿质混合料

无论是天然集料还是人工集料，集料颗粒尺寸（粒径）都不是单一的，是多种粒径集料的组合。由于不同粒径的颗粒在集料中所占比例不同，其颗粒组成不能满足工程的要求，因此，天然集料或人工集料一般无法直接在工程上使用，必须通过设计，把两种或两种以上不同粒径的集料混合在一起，构成矿质混合料（也称集料混合料），简称矿料。

根据工程上混合料种类的不同，矿质混合料的应用主要用于以下几个方面：

（1）矿质混合料用作水泥混凝土的集料；

（2）矿质混合料用于沥青混合料的集料和填料；

（3）矿质混合料用作无机结合料稳定材料混合料的被稳定材料；

（4）矿质混合料直接用于路面基层和基础垫层。

三、矿料级配的表示方法

矿料级配可用表格法和图表法表示。前者用表格形式把分计筛余百分率、累计筛余百分率和通过百分率等级配参数表示出来，将表3-1中数据整理后，即得到某集料的级配，见表3-1。后者采用半对数坐标系，它以筛孔直径（对数）为横坐标，以通过百分率为纵坐标，将各筛孔的通过百分率以折线或曲线形式表示出来，如图3-1所示。

用表格法表示矿料级配 表3-1

筛孔尺寸（mm）	分计筛余（%）	累计筛余（%）	通过百分率（%）
4.75	0.0	0.0	100.0
2.36	31.3	31.3	68.7
1.18	22.1	53.4	46.6
0.6	18.4	71.9	28.1
0.3	10.1	82.0	18.0
0.15	9.1	91.1	8.9
0.075	6.0	97.1	2.9
筛底	2.9	100.0	0.0

混合料中各级颗粒的质量多少决定了集料混合料空隙率的大小和表观密度的大小。良好的级配指粗颗粒的空隙恰好由中颗粒填充，中颗粒的空隙恰好由细颗粒填充，如此逐级填充形成最密致的堆积状态，空隙率达到最小值，堆积密度达最大值。

根据混合料中各级颗粒质量的匹配情况，将矿质混合料分作以下两种级配类型。

（1）连续级配（图3-1）

某种矿质混合料在标准筛孔配成的套筛中筛分后，所得的级配曲线平顺圆滑，具有连续的性质。矿料颗粒由大到小，逐级粒径均有，并按比例互相搭配组成的矿质混合料，称为连续级配矿质混合料。

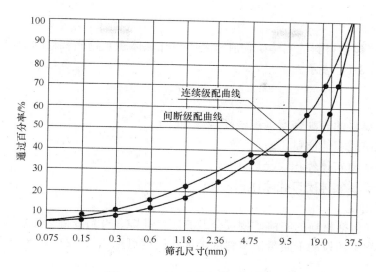

图 3-1 用图表法表示矿料级配

（2）间断级配（图 3-1）

在矿质混合料中剔除一个或几个分级的颗粒，形成一种不连续的混合料，称为间断级配矿质混合料。

第二节　集料密度及空隙率

一定质量的细集料是由不同粒径的颗粒堆积而成的集合体，其体积组成包括颗粒体积与颗粒间空隙体积，而颗粒体积则由矿质体积、闭口孔隙体积和开口孔隙三部分组成。矿质实体、闭口孔隙、开口孔隙和颗粒间空隙的示意图如图 3-2 所示，它们之间的质量与体积关系见图 3-3。

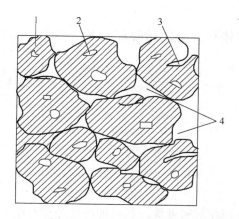

图 3-2　孔隙与空隙示意图

1—矿质实体；2—闭口孔隙；
3—开口孔隙；4—颗粒间空隙

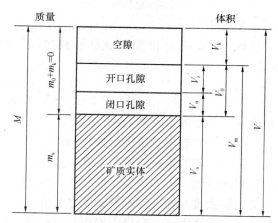

图 3-3　矿质质量与体积关系示意图

M—矿质堆积质量；m_s—矿质实体质量；

m_0—矿质孔隙质量；m_k—矿质空隙质量；

V_s—矿质实体体积；V_n—矿质闭口孔隙体积；

V_i—矿质开口孔隙体积；V_k—矿质空隙体积

1. 表观密度

单位体积（包括材料的实体矿物成分及闭口孔隙体积）物质颗粒的干质量。集料的表观密度可用式（3-1）表示。

$$\rho_a = \frac{m_s}{V_s + V_n} \tag{3-1}$$

式中　ρ_a——集料的表观密度（视密度），g/cm^3；

　　　m_s——矿质实体质量，g；

　　　V_s——矿质实体体积，cm^3；

　　　V_n——矿质实体闭口孔隙体积，cm^3。

2. 毛体积密度

单位体积（包括材料的实体矿物成分及其闭口孔隙、开口孔隙等颗粒表面轮廓线所包围的毛体积）物质颗粒的干质量。集料的毛体积密度可用式（3-2）表示。

$$\rho_b = \frac{m_s}{V_s + V_n + V_i} \tag{3-2}$$

式中　ρ_b——集料的毛体积密度，g/cm^3；

　　　V_i——矿质实体开口孔隙体积，cm^3。

3. 堆积密度

集料的堆积密度是指单位体积（含物质颗粒固体及其闭口、开口孔隙体积和颗粒间空隙体积）物质颗粒的干质量，用 ρ 表示（g/cm^3）。

根据集料堆积方式不同，细集料的堆积密度分为自然堆积密度和紧装堆积密度。集料的毛体积密度可用式（3-3）表示。

$$\rho = \frac{m_s}{V} \tag{3-3}$$

式中　ρ——集料的堆积密度，g/cm^3；

　　　V——集料的堆集体积，cm^3。

4. 空隙率

集料的空隙率是指集料试样颗粒之间的空隙体积占总体积的百分率。用式（3-4）表示。

$$n = \left(1 - \frac{\rho}{\rho_a}\right) \times 100 \tag{3-4}$$

式中　n——砂的空隙率，%；

　　　ρ_a——砂的表观密度，g/cm^3；

　　　ρ——砂的堆积或紧装密度，g/cm^3。

5. 相对密度

集料的密度与同温度水的密度之比值。

对应于上述密度，分别有表观相对密度、毛体积相对密度等。集料的密度与相对密度的关系用式（3-5）和式（3-6）表示。

$$\rho_a = (\gamma_a - \alpha_T) \times \rho_w \tag{3-5}$$

$$\rho_b = (\gamma_b - \alpha_T) \times \rho_w \tag{3-6}$$

式中　ρ_a——集料的表观密度，g/cm^3；

ρ_b——集料的毛体积密度，g/cm^3；

γ_a——集料的表观相对密度，无量纲；

γ_b——集料的毛体积相对密度，无量纲；

α_T——试验时水温对水密度影响的修正系数，见表3-2。

ρ_w——水在4℃时的密度，g/cm^3。

表干相对密度、毛体积相对密度与水密度的关系与此相同。

不同水温时水的密度 ρ_T 及水温度修正系数 α_T 表3-2

水温（℃）	15	16	17	18	19	20
水的密度 ρ_T（g/cm^3）	0.99913	0.99897	0.99880	0.99862	0.99843	0.99822
水温修正系数 α_T	0.002	0.003	0.003	0.004	0.004	0.005
水温（℃）	21	22	23	24	25	
水的密度 ρ_T（g/cm^3）	0.99802	0.99779	0.99756	0.99733	0.99702	
水温修正系数 α_T	0.005	0.006	0.006	0.007	0.007	

在进行密度测定时，质量采用天平可以很方便测得，但没有直接方法来测得矿质体积、开口孔隙体积、闭口孔隙体积及颗粒间空隙体积，因此集料密度的测定都采用相对密度与水密度乘积的方法来确定。《公路工程集料试验规程》JTG E42—2005 规定了各种密度的测定方法，其实质就是相同体积水的质量转换等体积集料，集料质量与等体积质量水的质量比值即为集料的相对密度，进而求得集料的密度。细集料密度的试验方法及测定原理见表3-3，粗集料密度的试验方法及测定原理见表3-4。

细集料密度的试验方法及测定原理   表3-3

密度指标	试验方法	测定原理
表观密度	容量瓶法 （T0328—2005）	将一定质量的干试样装入容量瓶中，定容后用水体积代表矿质体积和闭口孔隙体积
毛体积密度	坍落筒法 （T0330—2005）	将试样浸水后，用吹风机吹去集料表面多余水分，用坍落筒（饱和面干试模）确定试样处于饱和面干状态后，称取一定质量的试样装入容量瓶中，定容后用水的体积代表矿质体积、开口孔隙体积和闭口孔隙体积
堆集密度	容量筒法 （T0331—1994）	用水标定容量筒的容积，将试样按要求装入容量筒中，以容量筒的容积代表集料的矿质体积、开口孔隙体积、闭口孔隙体积和颗粒间空隙体积

粗集料的密度测定原理   表3-4

密度指标	试验方法	测定原理
表观密度 毛体积密度	网蓝法 （T0304—2005）	将试样浸水后，用静水天平称取试样水中质量；用干毛巾擦去集料表面水分后使其处于表干状态，称取表干质量；将试样烘干后称取干质量 烘干质量与水中质量之差为与矿质体积与闭口孔隙体积对应的水的质量；表干质量与水中质量之差为与矿质体积、开口孔隙、闭口孔隙对应的水的质量

密度指标	试验方法	测定原理
表观密度 毛体积密度	容量瓶法 (T0308—2005)	将试样浸水后，置入容量瓶中，加满水（用玻璃片确认），称取用瓶、水、集料、玻璃片总质量；用干毛巾擦去集料表面水分后使其处于表干状态，称取表干质量；称取用瓶、水、玻璃片总质量 其他同细集料的密度试验方法
堆积密度	容量筒法 (T0309—2005)	用水标定容量筒的容积，将试样按要求装入容量筒中，以容量筒的容积代表集料的矿质体积、开口孔隙体积、闭口孔隙体积和颗粒间空隙体积

粗集料的堆积密度包括自然堆积密度、振实密度和捣实密度三种，其区别在于试样装入容量筒时所采用的方式不同，其原理及计算方法与细集料堆积密度相同。

三种堆积密度的测定方法见表 3-5。

表 3-5

三种堆积密度的测定方法

名称	测定方法
自然堆积密度	用平头铁锹铲起试样，使石子自由落入容量筒内。此时，从铁锹的齐口至容量筒上口的距离应保持为 50mm 左右，装满容量筒并除去凸出筒口表面的颗粒，并以合适的颗粒填入凹陷空隙，使表面稍凸起部分和凹陷部分的体积大致相等
振实堆积密度	方法一：按堆积密度试验步骤，将装满试样的容量筒放在振动台上，振动 3min，其间不断添加集料并保持振动结束时集料高出容量筒口，用钢筋沿筒口边缘滚转，刮下高出筒口的颗粒，用合适的颗粒填平凹处，使表面稍凸起部分和凹陷部分的体积大致相等。 方法二：将试样分三层装入容量筒。装完一层后，在筒底垫放一根直径为 25mm 的圆钢筋，将筒按住，左右交替颠击地面各 25 下；然后装入第二层，用同样的方法颠实（但筒底所垫钢筋的方向应与第一层放置方向垂直）；然后再装入第三层，如法颠实。待三层试样装填完毕后，加料填到试样超出容量筒口。其余同方法一
捣实堆积密度	根据沥青混合料的类型和公称最大粒径，确定起骨架作用的关键性筛孔（通常为 4.75mm 或 2.36mm 等）。将矿料混合料中此筛孔以上颗粒筛出，作为试样装入符合要求规格的容器中达 1/3 的高度，由边至中用捣棒均匀捣实 25 次。再向容器中装入 1/3 高度的试样，用捣棒均匀地捣实 25 次，捣实深度约至下层的表面。然后重复上一步骤，加最后一层，捣实 25 次，使集料与容器口齐平。用合适的集料填充表面的大空隙，用直尺大体刮平，目测估计表面凸起部分与凹陷部分的容积大致相等

当粗集料用于不同的混合料时，其采用的空隙率指标也不相同。

（1）水泥混凝土用粗集料振实状态下的空隙率：

$$V_c = \left(1 - \frac{\rho}{\rho_a}\right) \times 100 \tag{3-7}$$

式中　V_c——水泥混凝土用粗集料的空隙率，%；

　　　ρ_a——粗集料的表观密度，t/m^3；

　　　ρ——按振实法测定的粗集料的堆积密度，t/m^3。

（2）沥青混合料用粗集料骨架捣实状态下的空隙率：

$$VCA_{DRC} = \left(1 - \frac{\rho}{\rho_b}\right) \times 100 \tag{3-8}$$

式中 VCA_{DRC} ——沥青混合料用粗集料的空隙率，%；

ρ_b ——粗集料的毛体积密度，t/m³；

ρ ——按捣实法测定的粗集料的堆积密度，t/m³。

第三节　集料的颗粒级配

一、颗粒级配

集料的颗粒级配是指集料中大小颗粒的相互搭配情况。

集料的级配通过筛分试验的方法确定。对于水泥混凝土用集料可采用干筛法筛分，如果需要也可采用水洗法筛分；对于沥青混合料及基层用集料必须采用水洗法筛分。

本节主要讲述细集料筛分。

干筛法筛分试验是将预先通过 9.5mm 孔径的干砂试样，称取约 500g 置于一套孔径分别为 4.75mm、2.36mm、1.18mm、0.6mm、0.3mm、0.15mm、0.075mm 的标准筛（方孔筛）上，摇筛后分别求出试样存留在各筛上的质量，然后计算其级配有关参数。

水洗法筛分试验是将预先通过 9.5mm 孔径（水泥混凝土用天然砂）或 4.75mm 孔径（沥青混合料及基层用天然砂、人工砂、石屑）的细集料干试样，称取约 500g 置于洁净容器中用洁净水冲洗，洗去小于 0.075mm 的颗粒后再将试样烘干称其质量，最后置于一套孔径分别为 4.75mm、2.36mm、1.18mm、0.6mm、0.3mm、0.15mm 的标准筛（方孔筛）上，摇筛后分别求出试样存留在各筛上的质量，然后计算其级配有关参数。

二、矿料的级配参数

矿质混合料是由多种粒径的颗粒组成的混合料，在某种混合料中，各级颗粒的质量占总质量的百分率称为级配。级配常用的参数有分计筛余百分率、累计筛余百分率和通过百分率。

集料的颗粒级配用筛分的方法进行确定，经过筛分得到分计筛余，以此为基础计算集料的级配参数。

（1）分计筛余

各号筛上存留筛余物的质量。

（2）分计筛余百分率

某号筛上的筛余质量占试样总质量的百分率，按式（3-9）计算：

$$a_i = \frac{m_i}{M} \times 100 \tag{3-9}$$

式中 a_i ——某号筛上的分计筛余百分率（简称分计筛余），%；

m_i ——存留在某号筛上的质量，g；

M ——试样的总质量，g。

（3）累计筛余百分率

某号筛的分计筛余百分率和大于该号筛的各号筛的分计筛余百分率之总和，可按式（3-10）计算：

$$A_i = a_1 + a_2 + \cdots + a_i \tag{3-10}$$

式中　　　A_i——累计筛余百分率（简称累计筛余），%；

a_1、a_2、$\cdots$、a_i——4.75mm、2.36mm······至计算的某号筛的分计筛余，%。

（4）通过百分率

通过某号筛的试样质量占试样总质量的百分率，即 100 与某号筛累计筛余百分率之差，按式（3-11）计算：

$$P_i = 100 - A_i \tag{3-11}$$

式中　　P_i——通过百分率，%；

A_i——累计筛余，%。

综上所述，分计筛余、累计筛余和通过量的关系可见表 3-6。

分计筛余、累计筛余和通过量关系表　　　　　　　　表 3-6

筛孔直径 （mm）	存留质量 m_i（g）	分计筛余 a_i（%）	累计筛余 A_i（%）	通过量 P_i（%）
4.75	$m_{4.75}$	$a_{4.75}$	$A_{4.75} = a_{4.75}$	$p_{4.75} = 100 - A_{4.75}$
2.36	$m_{2.36}$	$a_{2.36}$	$A_{2.36} = a_{4.75} + a_{2.36}$	$p_{2.36} = 100 - A_{2.36}$
1.18	$m_{1.18}$	$a_{1.18}$	$A_{1.18} = a_{4.75} + a_{2.36} + a_{1.18}$	$p_{1.18} = 100 - A_{1.18}$
0.60	$m_{0.60}$	$a_{0.60}$	$A_{0.60} = a_{4.75} + a_{2.36} + a_{1.18} + a_{0.60}$	$p_{0.60} = 100 - A_{0.60}$
0.30	$m_{0.30}$	$a_{0.30}$	$A_{0.30} = a_{4.75} + a_{2.36} + a_{1.18} + a_{0.60} + a_{0.30}$	$p_{0.30} = 100 - A_{0.30}$
0.15	$m_{0.15}$	$a_{0.15}$	$A_{0.15} = a_{4.75} + a_{2.36} + a_{1.18} + a_{0.60} + a_{0.30} + a_{0.15}$	$p_{0.15} = 100 - A_{0.15}$
<0.15	$m_{<0.15}$	$a_{<0.15}$	$A_{<0.15} = a_{4.75} + a_{2.36} + a_{1.18} + a_{0.60} + a_{0.30} + a_{0.15} + a_{<0.15}$	
	$\sum m_i = M$	$\sum a_i = 100$		

某集料中粒径为 1.18mm 的粒径级配参数计算见图 3-4。

总质量(g)	499.0			
筛孔尺寸(mm)	筛上重(g)	分计筛余(%)	累计筛余(%)	通过百分率(%)
4.75	0	0.0	0.0	100.0
2.36	156	31.3	31.3	68.7
1.18	110.5	22.1	53.4	46.6
0.6	92	18.4	71.9	28.1
0.3	50.5	10.1	82.0	18.0
0.15	45.5	9.1	91.1	8.9
0.075	30	6.0	97.1	2.9
筛底	14.5	2.9	100.0	0.0

分计筛余百分率　　　　累计筛余百分率　　　　通过百分率
110.5/499=22.1%　　　0.0+31.3+22.1=53.4　　100−53.4=46.6

图 3-4　集料级配参数计算示例

三、粗度

粗度是评价细集料粗细程度的一种指标。通常用细度模数表示。细度模数亦称细度模量，可按式（3-12）计算细度模数，准确至 0.01。

$$M_x = \frac{(A_{0.15} + A_{0.3} + A_{0.6} + A_{1.18} + A_{2.36}) - 5A_{4.75}}{100 - A_{4.75}} \tag{3-12}$$

式中　　　　　　M_x——细度模数；

$A_{0.15}$、$A_{0.30}$、…、$A_{4.75}$——分别为 0.15mm、0.30mm、…、4.75mm 各筛的累计筛余百分率，%。

细度模数愈大，表示细集料愈粗。我国现行标准《建设用砂》GB/T 14684—2011 规定砂的粗度按细度模数可分为下列三级：

M_x =3.7～3.1 为粗砂；M_x =3.0～2.3 为中砂；M_x =2.2～1.6 为细砂。

细度模数虽能表示砂的粗细程度，但不能完全反映出砂的颗粒级配情况，因为相同细度模数的砂可有不同的颗粒级配。因此，要全面表征砂的颗粒性质，必须同时使用细度模数和级配两个指标。

四、国标筛分方法与规程筛分方法的区别

《建设用砂》GB/T 14684—2011 与《公路工程集料试验规程》JTG E41—2005 关于砂（细集料）的筛分方法不同，区别主要表现在样品缩分、称量精度及修约方面，具体见表 3-7。

国标筛分方法与规程筛分方法的区别　　　　　　　　　　　　　　表 3-7

项　目	《建设用砂》GB/T 14684—2011	《公路工程集料试验规程》JTG E42—2005
样品缩分	先烘干、再缩分	先缩分、再烘干
样品数量	称取试样 500g，精确至 1g	称取试样约 500g，准确至 0.5g
筛余质量	每分钟筛出量小于试样质量 0.1%，且筛余质量满足公式要求，精确至 1g	每分钟筛出量小于试样质量 0.1%，准确至 0.5g，无筛余质量限制
计算精度	累计筛余 0.1%，细度模数 0.01	相同
结果精度	累计筛余 1%，细度模数 0.1	无要求
平行差	质量损失 1%，细度模量 0.20	质量损失 1%，细度模量 0.2

第四节　粗集料的力学性质

一、粗集料常用力学指标

粗集料力学性质的主要指标是压碎值和磨耗值，其次是新近发展起来的抗滑表层用集料的三项试验，即磨光值、道瑞磨耗值和冲击值。

1. 压碎值

集料压碎值用于衡量石料在逐渐增加的荷载下抵抗压碎的能力，它是衡量石料力学性质的指标之一，用以评价水泥混凝土、路面基层、底基层及沥青面层的粗集料品质。

2. 磨耗值

磨耗值是指按规定的方法测得的石料抵抗磨耗作用的能力，以磨耗损失（%）表示，反映了石料抵抗撞击、剪切和摩擦等综合作用的性能。

3. 磨光值

现代高度交通的行车条件对路面的抗滑性提出更高的要求，在车辆轮胎作用下，不仅要求具有高的抗磨耗性，而且要求具有高的抗磨光性。

磨光值是指按规定试验方法测得的石料抵抗轮胎磨光作用的能力，即石料被磨光后用摆式摩擦系数测定仪测得的摩擦系数，用 PSV 表示。

石料的磨光值愈高，表示其抗滑性愈好。用高磨光值的岩石来铺筑道路路面表层，可以提高路表的抗滑能力，保障车辆的安全行驶。

4. 集料磨耗值

道瑞法磨耗试验适用于评定公路路面表面层所用粗集料抵抗车轮撞击及磨耗的能力。

二、国标压碎值与规程压碎值辨析

1. 各标准规范的压碎值指标

(1)《建设用卵石、碎石》GB/T 14685—2011

用于水泥混凝土的粗集料按其技术性能要求分为Ⅰ、Ⅱ、Ⅲ类。其压碎值、坚固性的要求见表3-8。

碎石或卵石压碎值及坚固性指标 表 3-8

项 目	指 标		
	Ⅰ	Ⅱ	Ⅲ
碎石压碎值（%）	≤10	≤20	≤30
卵石压碎值（%）	≤12	≤14	≤16
坚固性（%）	≤5	≤8	≤12

(2)《公路桥涵施工技术规范》JTG/T F50—2011（表3-9）

粗集料技术指标（部分） 表 3-9

项 目	技术要求		
	Ⅰ	Ⅱ	Ⅲ
碎石压碎值（%）	≤18	≤20	≤30
卵石压碎值（%）	≤20	≤25	≤25

(3)《公路沥青路面施工技术规范》JTG F40—2004（表3-10）

沥青混合料用粗集料质量技术要求（部分） 表 3-10

指 标		单位	高速公路及一级公路		其他等级公路	试验方法
			表面层	其他层次		
石料压碎值	不大于	%	26	28	30	T 0316
洛杉矶磨耗损失	不大于	%	28	30	35	T 0317
表观相对密度	不小于	—	2.60	2.50	2.45	T 0304
吸水率	不大于	%	2.0	3.0	3.0	T 0304
坚固性	不大于	%	12	12	—	T 0314

(4)《公路路面基层施工技术规范》JTJ 034—2000（表3-11）

半刚性基层、底基层的集料压碎值（%）　　表 3-11

材料类型	结构层位	公路等级		
		高速公路、一级公路	二级公路	三、四级公路
水泥、石灰粉煤灰稳定类	基层 底基层	≤30	≤35	≤35
石灰稳定类	基层	—	≤30	≤35
	底基层	≤35	≤40	≤40

（5）《公路水泥混凝土路面施工技术规范》JTG F30—2003（表 3-12）

碎石、碎卵石和卵石技术指标　　表 3-12

项　　目	技术要求		
	Ⅰ级	Ⅱ级	Ⅲ级
碎石压碎值（%）	≤10	≤15	≤20
卵石压碎值（%）	≤12	≤14	≤16

2. 国标压碎值方法与规程压碎值方法的区别

《建设用卵石、碎石》GB/T 14685—2011 与《公路工程集料试验规程》JTG E42—2005 对压碎值的试验方法差别较大，主要表现在试样数量、成型方法、加荷等方面，其区别见表 3-13。

国标压碎值方法与规程压碎值方法的区别　　表 3-13

项　　目	《建设用卵石、碎石》（GB/T 14865—2011）	《公路工程集料试验规程》JTG E42—2005
试样粒径	9.5～19.0mm，剔除针片状颗粒	9.5～13.2mm
试样数量	3000g，装不下时以离试模上口 10cm 为准	以离度试查上口 10cm 为准，用容积为 1767cm³ 金属筒进行标定
密实方式	分两层装入，每层左右交替颠击地面 25 下	分三层装入，每层用圆头金属棒捣实 25 次
加荷速度	1kN/min	10min 加荷到 400kN
终极荷载	200kN，稳压 5s	400kN，稳压 5s
计算精度	0.1%	相同
结果精度	1%	无要求

3. 压碎值指标的选用

T 0316 以原 T 0316 为基础废除原 T 0315 方法。沥青路面、路面基层均以 T 0316 作为试验方法，但是，2003 年颁布的《水泥混凝土路面施工技术规范》中粗集料的压碎指标是以原 T 0315 为基准的，在该规范下次修订以前，可采用本方法 T 0316 试验后，利用图 T 0316-2 的相关关系式 $y=0.816x-5$ 换算得到。

第五节 集料的其他技术指标

一、细集料的其他性质

细集料中的有害杂质，主要包括泥土和泥块、云母、轻物质、硫酸盐和硫化物以及有机质等。

在这些因素中，含泥量和泥块含量对细集料质量的影响比较明显。存在于集料中或包裹在集料颗粒表面的泥土会降低水泥的水化反应速度，也会妨碍集料与水泥或沥青间的粘结能力，显著影响混合料的整体强度与耐久性。

1. 含泥量或石粉含量

含泥量是指天然砂中粒径小于 0.075mm 的颗粒含量；石粉含量是指人工砂中小于 0.075mm 的颗粒含量。

（1）砂当量（SE）

砂当量用于测定天然砂、人工砂、石屑等各种细集料中所含的黏性土或杂质的含量。

细集料砂当量试验是将通过 4.75mm 筛的颗粒（干燥试样 120g）装入透明、有刻度线的圆柱形试筒中，用配制的冲洗液（氯化钙、甘油、甲醛等）按规定的方法使矿粉、细砂与黏土分层沉淀。砂当量是指矿粉、细砂沉淀物的高度与絮凝物和沉淀物总高度的百分比，用 SE 表示。砂当量值越大，表明在小于 0.075mm 部分所含的矿粉和细砂比例越高，细集料越洁净。

（2）亚甲蓝值（MBV）

亚甲蓝试验适用于确定细集料中是否存在膨胀性黏土矿物，并测定其含量，以评定集料的洁净程度，以亚甲蓝值 MBV 表示。且适用于小于 2.36mm 或小于 0.15mm 的细集料，也可用于矿粉的质量检验；但是当细集料中的 0.075mm 通过率小于 3% 时，可不进行此项试验即作为合格看待。

2. 泥块含量

泥块含量是指细集料中原尺寸大于 1.18mm（粗集料中 4.75mm），但经水浸洗、手捏后小于 0.6mm（粗集料中 2.36mm）的颗粒含量。集料中的泥块主要以三种类型存在：由纯泥组成的团块；由砂、石屑与泥组成的团块；包裹在集料颗粒表面的泥。

细集料的技术性质的其他指标如含水率、吸水率、有机质含量、云母含量、坚固性、三氧化硫含量、压碎性等。

二、粗集料的其他性质

1. 针片状颗粒含量

一般情况下，对于水泥混凝土用的粗集料，颗粒的最大长度（或宽度）方向与最小厚度（或直径）方向的尺寸之比大于 6 倍的颗粒为针片状颗粒；对于沥青混合料用的粗集料，颗粒的最大长度（或宽度）方向与最小厚度（或直径）方向的尺寸之比大于 3 的颗粒为针片状颗粒。

针片状颗粒含量是指粗集料中细长的针状颗粒与扁平的片状颗粒质量占试样总质量的百分率，用 Q_e 表示。用于水泥混凝土的粗集料的针片状含量采用规准仪法，用于沥青混合料的粗集料的针状及片状颗粒含量采用游标卡尺法。

2. 坚固性

粗集料的坚固性是指集料在气候、环境变化或其他物理因素作用下抵抗碎裂的能力。其测定方法为硫酸钠溶液法。

3. 含泥量与泥块含量

含泥量与泥块含量与泥块含量的概念与测定方法与细集料相同。

粗集料的物理性质指标还有含水率、吸水率、有机物含量等。

第四章　水泥与水泥混凝土

◆了解水泥标准的变化及标准稠度用水量等的试验方法

◆了解后张预应力孔道压浆浆液技术要求

◆了解水泥混凝土强度评定标准

◆了解砂浆配合比设计及试验方法

1	公路工程水泥及水泥混凝土试验规程	JTG E30—2005
2	通用硅酸盐水泥	GB 175—2007
	通用硅酸盐水泥	GB 175—2007（修改单）
3	水泥标准稠度用水量、凝结时间、安定性检验方法	GB/T 1346—2011
4	水泥比表面积测定方法 勃氏法	GB/T 8074—2008
5	水泥胶砂流动度测定方法	GB/T 2419—2005
6	用于水泥和混凝土中的粒化高炉矿渣粉	GB/T 18046—2008
7	公路桥涵施工技术规范	JTG/T F50—2011
8	砌筑砂浆配合比设计规程	JGJ/T 98—2010
9	建筑砂浆基本性能试验方法标准	JGJ/T 70—2009
10	普通混凝土配合比设计规程	JGJ 55—2011
11	水泥基灌浆材料应用技术规范	GB/T 50448—2008
12	公路工程质量检验评定标准	JTG F80/1—2004
13	铁路后张法预应力混凝土梁管道压浆技术条件	TB/T 3192—2008

第一节　水　　泥

一、《通用硅酸盐水泥》GB 175—2007（修改单）

1. 增加了氯离子限量的要求

7.1　条化学指标中，氯离子含量不大于 0.06%。

2009 年 6 月 12 日，国家标准委员会发布第 1 号修改单，将"8.4 氯离子"中"按 JC/T 420 进行试验"改为"按 GB/T 176 进行试验"，即水泥化学分析方法。自 2009 年 9 月 1 日起实施。

2. 细度

不合格品判定中取消了细度指标，改为选择性指标。

硅酸盐水泥和普通硅酸盐水泥的细度以比表面积表示。矿渣硅酸盐水泥、火山灰硅酸盐水泥、粉煤灰硅酸盐水泥和复合硅酸盐水泥的细度以筛余表示。

3. 强度

将各强度等级的普通硅酸盐水泥的强度指标改为和硅酸盐水泥一致，将各强度等级复合硅酸盐水泥的强度指标改为和矿渣硅酸盐水泥、火山灰质硅酸盐水泥、粉煤灰硅酸盐水泥一致（原版 GB 12958—1999 中第 6.6 条，本版第 7.3.3 条）。

将"按 0.50 水灰比和胶砂流动度不小于 180mm 来确定用水量"的规定的适用水泥品种扩大为火山灰质硅酸盐水泥、粉煤灰硅酸盐水泥、复合硅酸盐水泥和掺火山灰质混合材料的普通硅酸盐水泥（原版 GB 1344—1999 第 7.5 条，本版第 8.5 条）。

强度试验方法：

按 GB/T 17671 进行试验。火山灰质硅酸盐水泥、粉煤灰硅酸盐水泥、复合硅酸盐水泥和掺火山灰质混合材料的普通硅酸盐水泥在进行胶砂强度检验时，其用水量按 0.50 水灰比和胶砂流动度不小于 180mm 来确定。当流动度小于 180mm 时，应以 0.01 的整倍数递增的方法将水灰比调整至胶砂流动度不小于 150mm。

胶砂流动度试验按 GB/T 2419 进行，其中胶砂制备按 GB/T 17671 规定进行。

二、《水泥标准稠度用水量、凝结时间、安定性检测方法》GB/T 1346—2011

本标准代替《水泥标准稠度用水量、凝结时间、安定性检验方法》GB/T 1346—2001，本标准与 GB/T 1346—2001 相比主要变化如下：

1. 将"每只试模应配备一个大于试模、厚度≥2.5mm 的平板玻璃底板或金属底板"改为"每个试模应配备一个边长或直径约 100mm、厚度 4mm～5mm 的平板玻璃底板或金属底板"（见 4.2，2001 年版的 4.2）。

2. 将量筒或滴定管的精度由"最小刻度 0.1mL，精度 1%"改为"精度±0.5mL"（见 4.7，2001 年版的 4.7）。

3. 将"拌和结束后，立即将拌制好的水泥净浆装人已置于玻璃底板上的试模中，用小刀插捣，轻轻振动数次，刮去多余的净浆"改为"拌和结束后，立即取适量水泥净浆一次性将其装入已置于玻璃底板上的试模中，浆体超过试模上端，用宽约 25mm 的直边刀轻轻拍打超出试模部分的浆体 5 次以排除浆体中的孔隙，然后在试模上表面约 1/3 处，略倾斜于试模分别向外轻轻锯掉多余净浆，再从试模边沿轻抹顶部一次，使净浆表面光滑。在锯掉多余净浆和抹平的操作过程中，注意不要压实净浆"（见 7.3，2001 年版的 7.3）。

4. 将"到达初凝或终凝时应立即重复测一次，当两次结论相同时才能定为到达初凝或终凝状态"改为"到达初凝时应立即重复测一次，当两次结论相同时才能确定到达初凝状态，到达终凝时，需要在试体另外两个不同点测试，结论相同时才能确定到达终凝状态"（见 8.5，2001 年版的 8.5）。

5. 将"每个雷氏夹需配备质量约 75g～85g 的玻璃板两块"改为"每个雷氏夹需配两个边长或直径约 80mm、厚度 4mm～5mm 的玻璃板"（见 9.1，2001 年版的 9.1）。

6. 将"另一只手用宽约 10mm 的小刀插捣数次，然后抹平"改为"另一只手用宽约 25mm 的直边刀在浆体表面轻轻插捣 3 次"（见 9.2，2001 年版的 9.2）。

第二节　后张预应力孔道压浆

一、压浆料的技术要求

《公路桥涵施工技术规范》JTG/T F50—2011（以下简称《桥规》）中关于后张预应力主要修改内容有：

前言（6）：在后张预应力管道材料中，增加了对塑料波纹管的有关规定；对后张预应力孔道压浆，拉高了压浆材料、浆液性能、制浆设备和压浆工艺的技术要求及质量标准。

后张预应力孔道压浆浆液材料性能指标见表4-1。

后张预应力孔道压浆浆液材料性能指标　　　　　　　　　　　　表 4-1

项　目		性能指标	检验试验方法
标准水胶比（%）		0.26～0.28	《水泥标准稠度用水量、凝结时间、安定性检验方法》GB/T 1346
凝结时间（h）	初凝	≥5	
	终凝	≤24	
流动度（25℃）（s）	初始流动度	10～17	附录 C3
	30min 流动度	10～20	
	60min 流动度	10～25	
泌水率（%）	24h 自由泌水率	0	附录 C4
	3h 钢丝间泌水率	0	
压力泌水率（%）	0.22MPa（孔道垂直高度≤1.8m 时）	≤2.0	附录 C5
	0.36MPa（孔道垂直高度＞1.8m 时）		
自由膨胀率（%）	3h	0～2	附录 C4
	24h	0～3	
充盈度		合格	附录 C7
抗压强度（MPa）	3d	≥20	《水泥胶砂强度检验方法（ISO 法）》GB/T 17671
	7d	≥40	
	28d	≥50	
抗折强度（MPa）	3d	≥5	
	7d	≥6	
	28d	≥10	

二、浆液制备要求

《桥规》中"7.9.4"关于制浆设备的规定：

（1）搅拌机的转速应不低于 1000r/min，搅拌叶的形状应与转速相匹配，其叶片的线速度不宜小于 10m/s，最高线速度宜限制在 20m/s 以内，且应能满足在规定的时间内搅拌均匀的要求。

（2）用于临时储存浆液的储料罐亦应具有搅拌功能，且应设置网格尺寸不大于 3mm的过滤网。

三、试验室浆液制备

1. 孔道压浆剂浆液高速搅拌机（图 4-1）

这是按《公路桥涵施工技术规范》JTG/T F50—2011 和《铁路后张法预应力混凝土梁管道压浆技术条件》TB/T 3192—2008 要求制作的专用仪器。

搅拌叶片尺寸	56mm	扇叶线速度	15m/s
搅拌叶运转直径	120mm	搅拌筒容量	10L
搅拌叶转速	1000 转以上/min	搅拌筒额定容量	（出料）5～7L
搅拌筒内径	245mm		

图 4-1　孔道压浆剂浆液高速搅拌机

2. 行星式胶砂搅拌机

这是《铁路后张法预应力混凝土梁管道压浆技术条件》TB/T 3192—2008 中的搅拌方法。其要求是：应使用行星式胶砂搅拌机，采用手动搅拌方式。

管道压浆料：称取 3kg 压浆料粉料，放入搅拌锅内，倒入 80％的拌和水，慢速搅拌 2min，搅拌均匀后，快速搅拌 1min；然后再慢速搅拌，同时浆剩余的拌和水完全倒入，再慢速搅拌 1min。

管道压浆剂：按压浆剂的配比掺量，水泥和压浆剂共称 3kg 粉剂，放入搅拌锅中搅拌 1min，然后加水搅拌，搅拌方法同管道压浆剂。

第三节　水泥混凝土强度评定方法

《公路桥涵施工技术规范》JTG/T F50—2011 中水泥凝土强度评定采用了《混凝土强度检验评定标准》GB/T 50107—2010（以下简称《评定标准》），而《公路工程质量检验评定标准》JTG F80/1—2004 采用的是老标准《混凝土强度检验评定标准》GBJ 107 —87。《公路工程水泥及水泥混凝土试验规程》JTG E30—2005 部分内容也不满足新评定标准的要求。

新标准修订的主要内容是：

（1）增加了术语和符号；

（2）补充了试件取样频率的规定；

（3）增加 C60 及以上高强混凝土非标准尺寸试件确定折算系数的方法；

（4）修改了评定方法中标准差已知方案的标准差计算公式；

（5）修改了评定方法中标准差未知方案的评定条文；

（6）修改了评定方法中非统计方法的评定条文。

一、一般要求

立方体抗压强度标准值应为按标准方法制作和养护的边长为 150cm 的立方体试件，

用标准试验方法在 28d 龄期测得的混凝土抗压强度总体分布中的一个值，强度低于该值的概率应为 5%。

每次取样应至少制作一组标准养护试件。

每组 3 个试件应由同一盘或同一车的混凝土中取样制作。

当一组试件中强度的最大值和最小值与中间值之差均超过中间值的 15% 时，该组试件的强度不应作为评定的依据。

注：对掺矿物按合料的混凝土进行强度评定时，可根据设计规定，可采用大于 28d 龄期的混凝土强度（试验规程无此要求）。

当混凝土强度等级不低于 C60 时，宜采用标准尺寸试件；使用非标准尺寸试件时，尺寸折算系数应由试验确定，其试件数量不应少于 30 对组（试验规程无此要求）。

二、强度评定方法

公路工程混凝土强度评定只采用偏差系数未知的统计方案（试件数量大于或等于 10）和非统计方法（试件数量小于 10）方案。统计方法方案的区别见表 4-2，非统计方法方案的区别见表 4-3。

《桥规》和《评定标准》评定方案（统计方法）比较　　　　　　表 4-2

标准	《公路桥涵施工技术规范》 JTG/T F50—2011			《公路工程质量检验评定标准》 JTG F80/1—2004		
判定条件	$m_{f_{cu}} \geqslant f_{cu,k} + \lambda_1 \cdot s_{f_{cu}}$ $f_{cu,min} \geqslant \lambda_2 \cdot f_{cu,k}$ $s_{f_{cu}} = \sqrt{\dfrac{\sum\limits_{i=1}^{n} f_{cu,i}^2 - n m_{f_{cn}}^2}{n-1}}$ $s_{f_{cu}}$ 最小值 $0.06 f_{cu,k}$			$m_{f_{cu}} - \lambda_1 \cdot s_{f_{cu}} \geqslant 0.9 f_{cu,k}$ $f_{cu,min} \geqslant \lambda_2 \cdot f_{cu,k}$ $s_{f_{cu}} = \sqrt{\dfrac{\sum\limits_{i=1}^{n} f_{cu,i}^2 - n m_{f_{cn}}^2}{n-1}}$ $s_{f_{cu}}$ 最小值 2.5MPa		
判定系数	n	10～14	15～19	$>$20	n	10～14	15～24	$>$25
	λ_1	1.15	1.05	0.95	λ_1	1.70	1.65	1.60
	λ_2	0.90	0.85		λ_2	0.90	0.85	

《桥规》和《评定标准》评定方案（非统计方法）比较　　　　　　表 4-3

标准	《公路桥涵施工技术规范》 JTG/T F50—2011			《公路工程质量检验评定标准》 JTG F80/1—2004	
判定条件	$m_{f_{cu}} \geqslant \lambda_3 \cdot f_{cu,k}$ $f_{cu,min} \geqslant \lambda_4 \cdot f_{cu,k}$			$m_{f_{cu}} \geqslant \lambda_3 \cdot f_{cu,k}$ $f_{cu,min} \geqslant \lambda_4 \cdot f_{cu,k}$	
判定系数	混凝土强度等级	$<$C60	$\geqslant$C60	混凝土强度等级	各等级
	λ_3	1.15	1.10	λ_3	1.15
	λ_4	0.95		λ_4	0.95

通过比较发现，采用统计方法时，对于强度等级小于 C30 的混凝土，新标准是放松了，但对于 C30 以上混凝土，新标准是严格了；对于非统计方法，新标准对 C60 以上混凝土是放松了。

第四节 砂 浆

一、砂浆配合比设计

《砌筑砂浆配合比设计规程》JGJ/T 98—2010，自 2011 年 8 月 1 日起实施。原《砌筑砂浆配合比设计规程》JGJ 98—2000 同时废止。

修订的主要技术内容是：

（1）增加了粉煤灰水泥砂浆和预拌砌筑砂浆配合比设计的内容；

（2）根据新型墙体材料性能，对砌筑砂浆施工稠度进行了调整；

（3）在砂浆强度等级上去掉了 M2.5，增加了 M25 和 M30 两个等级；

（4）取消了分层度指标，增加了砂浆保水率的要求；

（5）根据不同气候区提出了砌筑砂浆抗冻性要求；

（6）增加了根据砂浆表观密度实测值及理论值校正砂浆配合比的步骤；

（7）将砂浆试配强度计算公式修改为 $f_{m,0} = kf_2$。

当砂浆的实测表观密度值与理论表观密度值之差的绝对值不超过理论值的 2% 时，可将按本规程第 5.3.4 条得出的试配配合比确定为砂浆设计配合比；当超过 2% 时，应将试配配合比中每项材料用量均乘以校正系数后，确定为砂浆设计配合比。

二、砂浆试验

《建筑砂浆基本性能试验方法标准》JGJ/T 70—2009 修订的主要内容是：（1）增加了保水性试验、拉伸粘结强度试验，含气量试验、吸水率试验、抗渗性能试验；（2）立方体抗压强度试验中，每组试块的数量由 6 块变为 3 块、试块底模材质由砖底模变为钢底模。

7.0.1 保水性试验应使用下列仪器和材料：

1. 金属或硬塑料圆环试模：内径应为 100mm，内部高度应为 25mm；

2. 可密封的取样容器：应清洁、干燥；

3. 2kg 的重物；

4. 金属滤网：网格尺寸 45μm，圆形，直径为 110±1mm；

5. 超白滤纸：应采用现行国家标准《化学分析滤纸》GB/T 1914 规定的中速定性滤纸，直径应为 110mm，单位面积质量应为 200g/m²；

6. 2 片金属或玻璃的方形或圆形不透水片，边长或直径应大于 110mm；

7. 天平：量程为 200g，感量应为 0.1g；量程为 2000g，量应为 1g；

8. 烘箱。

7.0.2 保水性试验应按下列步骤进行：

4. 用金属滤网覆盖在砂浆表面，再在滤网表面放上 15 片滤纸，用上部不透水片盖在滤纸表面，以 2kg 的重物把上部不透水片压住。

注：滤纸是关键，当单位面积质量不满足要求时应进行换算。

三、砂浆强度

1. 试模：应为 70.7mm×70.7mm×70.7mm 的带底试模，应符合现行行业标准《混凝土试模》JG 237 的规定选择，应具有足够的刚度并拆装方便。试模的内表面应机械加工，其不平度应为每 100mm 不超过 0.55mm，组装后各相邻面的不垂直度不应超过

$\pm 0.5°$。

2. 试件从养护地点取出后应及时进行试验。试验前应将试件表面擦拭干净,测量尺寸,并检查其外观,并应计算试件的承压面积。当实测尺寸与公称尺寸之差不超过 1mm 时,可按照公称尺寸进行计算。

3. 砂浆立方体抗压强度应按下式计算:

$$f_{m,cu} = K \frac{N_u}{A}$$

式中　K——换算系数,取 1.35。

4. 立方体抗压强度试验的试验结果应按下列要求确定:

(1) 应以三个试件测值的算术平均值作为该组试件的砂浆立方体抗压强度平均值,精确至 0.1MPa;

(2) 当三个测值的最大值或最小值中有一个与中间值的差值超过中间值的 15% 时,应把最大值及最小值一并舍去,取中间值作为该组试件的抗压强度值;

(3) 当两个测值与中间值的差值均超过中间值的 15% 时,该组试验结果应为无效。

第五章　沥青与沥青混合料

◆ 了解沥青及沥青混合料试验规程的主要修改内容
◆ 了解沥青及沥青混合料的常用试验

1	公路工程沥青及沥青混合料试验规程	JTG E20—2011
2	公路沥青路面施工技术规范	JTG F40—2004
3	沥青路面施工及验收规范	GB 50092—1996
4	公路沥青路面设计规范	JTG D50—2006

第一节　概　　述

《公路工程沥青及沥青混合料试验规程》JTG E20—2011 自 2011 年 12 月 1 日开始实施，新规程进行了较大的修改。本次修订对原规程共修订 43 项，增补 13 项，删除 2 项，主要修订内容有：

（1）修改完善了部分沥青及沥青混合料试验方法的适用范围、仪具与材料技术要求、方法与步骤等。

（2）在沥青混合料理论最大相对密度测定方法中，取消了汽空度标准，统一采用负压标准，同时对试验步骤中的细节进行了修订。

（3）对沥青混合料试件密度的测定方法、体积参数计算方法进行了补充完善，同时对沥青混合料试件的保存条件提出了要求。

（4）增补了沥青弯曲蠕变劲度试验（弯曲梁流变仪法）。

（5）增补了沥青流变性质试验（动态剪切流变仪法）。

（6）增补了沥青断裂性能试验（直接拉伸法）。

（7）增补了压力老化容器加速沥青老化试验。

（8）增补了乳化沥青与水混合稳定性试验。

（9）增补了沥青混合料中沥青含量试验（燃烧炉法）。

（10）增补了沥青混合料旋转压实试件制作方法（SGC 方法）。

（11）增补了沥青混合料旋转压实和剪切性能试验（GTM 方法）。

（12）增补了沥青了混合料单轴压缩动态模量试验。

（13）增补了沥青混合料四点弯曲疲劳寿命试验。

（14）增补了稀浆混合料车辙变形试验。

（15）增补了稀浆混合料拌和试验。

（16）增补了稀浆混合料配伍性等级试验。

（17）删除了 T 0723 沥青混合料中沥青含量试验（回流式抽提仪法）、T 0724 沥青混合料中沥青含量试验（脂肪抽提器法）。

第二节　沥　青　试　验

道路石油沥青给出的技术指标有 14 个，其中老化前 10 个，老化后 4 个。涉及的试验方法有 9 个，其中闪点、燃点为生产安全性指标，而 60℃动力黏度、密度为生产（试验）指导性指标，与沥青质量密切相关的是针入度、软化点、各种温度条件下的延度及含蜡量等。

一、沥青取样方法

1. 目的与适用范围

本方法适用于在生产厂、储存或交货验收地点为检查沥青产品质量而采集各种沥青材料的样品。

进行沥青性质常规检验的取样数量为：黏稠或固体沥青不少于 1.5kg；液体沥青不少于 1L；沥青乳液不少于 4L。

进行沥青性质非常规检验及沥青混合料性质试验所需的沥青数量，应根据实际需要确定。

2. 仪具与材料

盛样器：根据沥青的品种选择。液体或黏稠沥青采用广口、密封带盖的金属容器（如锅、桶等）；乳化沥青也可使用广口、带盖的聚氯乙烯塑料桶；固体沥青可用塑料袋，但需有外包装，以便携运。

沥青取样器：金属制、带塞、塞上有金属长柄提手。

3. 方法与步骤

1）从储油罐中取样

（1）无搅拌设备的储罐

① 液体沥青或经加热已经变成流体的黏稠沥青取样时，应先关闭进油阀和出油阀，然后取样。

② 用取样器按液面上、中、下位置（液面高各为 1/3 等分处，但距罐底不得低于总液面高度的 1/6）各取 1～4L 样品。每层取样后，取样器应尽可能倒净。当储罐过深时，亦可在流出口按不同流出深度分 3 次取样。对静态存取的沥青，不得仅从罐顶用小桶取样，也不能仅从罐底阀门流出少量沥青取样。

③ 将取出的 3 个样品充分混合后取 4kg 样品作为试样，样品也可分别进行检验。

（2）有搅拌设备的储罐

将液体沥青或经加热已经变成流体的黏稠沥青充分搅拌后，用取样器从沥青层的中部取规定数量试样。

2）从槽车、罐车、沥青洒布车中取样

（1）设有取样阀时，可旋开取样阀，待流出至少 4kg 或 4L 后再取样。

（2）仅有放料阀时，放出全部沥青的一半时再取样。

（3）从顶盖处取样，可用取样器从中部取样。

3）在装料或卸料过程中取样

在装料或卸料过程中取样时，要按时间间隔均匀地取至少 3 个规定数量样品，然后将这些样品充分混合后取规定数量样品作为试样。样品也可分别进行检验。

4）从沥青储存池中取样

沥青储存池中的沥青应待加热熔化后，经管道或沥青泵流至沥青加热锅之后取样。分间隔每锅至少取 3 个样品，然后将这些样品充分混匀后再取 4.0kg 作为试样，样品也可分别进行检验。

5）从沥青运输船取样

沥青运输船到港后，应分别从每个沥青舱取样，每个舱从不同的部位取 3 个 4kg 样品，混合在一起，作为一个舱的沥青样品供检验用。在卸油过程中取样时，应根据卸油量，大体均匀的分间隔 3 次从卸油口或管道途中的取样口取样，然后混合作为一个样品供检验用。

6）从沥青桶中取样

（1）当能确认是同一批生产的产品时，可随机取样。如不能确认是同一批生产的产品时，应根据桶数按照表 5-1 规定或按总桶数的立方根数随机选出沥青桶数。

选取沥青样品桶数 表 5-1

沥青桶总数	选取桶数	沥青桶总数	选取桶数
2～8	2	217～343	7
9～27	3	344～512	8
28～64	4	513～729	9
65～125	5	730～1000	10
126～216	6	1001～1331	11

（2）将沥青桶加热使桶中沥青全部熔化成流体后，按罐车取样方法取样。每个样品的数量，以充分混合后能满足供检验用样品的规定数量不少于 4.0kg 要求为限。

（3）若沥青桶不便加热熔化沥青时，亦可在桶高的中部将桶凿开取样，但样品应在距桶壁 5cm 以上的内部凿取，并采取措施防止样品散落地面沾有尘土。

7）固体沥青取样

从桶、袋、箱装或散装整块中取样，应在表面以下及容器侧面以内至少 5cm 处采取。如沥青能够打碎，可用一个干净的工具将沥青打碎后取中间部分试样；若沥青是软塑的，则用一个干净的热工具切割取样。

当能确认是同一批生产的样品时，应随机取出一件按本条的规定取 4kg 供检验用。

8）在验收地点取样

当沥青到达验收地点卸货，应尽快取样。所取样品为两份：一份样品用于验收试验；另一份样品留存备查。

4. 试样的保护与存放

（1）除液体沥青、乳化沥青外，所有需加热的沥青试样必须存放在密封带盖的金属容器中，严禁灌入纸袋、塑料袋中存放。试样应存放在阴凉干净处，注意防止试样污染。装有试样的盛样器应加盖、密封，外部擦拭干净，并在其上标明试样来源、品种、取样日期、地点及取样人。

（2）冬季乳化沥青取试样要注意采取妥善防冻措施。

（3）除试样的一部分用于检验外，其余试样应妥善保存备用。

（4）试样需加热采取时，应一次取够一批试验所需的数量装入另一盛样器，其余试样密封保存，应尽量减少重复加热取样。用于质量仲裁检验的样品，重复加热的次数不得超过两次。

二、沥青试样准备方法

1. 适用范围

（1）适用于道路石油沥青、改性沥青等需要加热才能进行试验的沥青试样；

（2）按此方法准备的沥青应立即进行试验。

2. 试样准备过程

1）当沥青中含有水分时

（1）盛样容器带盖放入 80℃烘箱至全部熔化；

（2）放在可控温的砂浴、油浴或电热套上加热脱水；

（3）脱水不超过 30min，并用玻璃棒轻轻搅拌；

（4）在不超过 100℃条件下脱水至无泡沫；

（5）最后加热至不超过软化点以上 100℃。

2）沥青中不含有水分时

（1）盛样容器带盖放入软化点以上 90℃烘箱，道路石油沥青 135℃，改性沥青 163℃；

（2）加热至充分流动；

（3）将沥青通过 0.6mm 滤筛；

（4）浇模或分装至数个盛样容器。

3. 注意事项

（1）加热沥青时盛样容器应带盖并不可过紧。

（2）最好不要采用电炉加热。

（3）时间控制在加热到充分流动状态的最短时间。

（4）搅动沥青不可过快，避免混入气泡。

（5）反复加热次数不得超过 2 次。

三、针入度试验

1. 针入度试验的要点和注意事项

针入度是表征黏稠沥青的一种条件黏度指标。针入度属于多条件试验项目，基本条件有温度、锥入时间、针连杆质量。

标准针需经计量检定部门检验，检验指标有洛氏硬度、表面粗糙度、针尖夹角。附带砝码需经计量检定部门校准。

所用试样不得重复加热以免老化。

室温应控制在 15～30℃，恒温水槽容积不小于 10L，控温的准确度为 0.1℃。

将试样注入盛样皿中，并为盛样皿加盖，以防灰尘落入。盛有试样的盛样皿在室温中冷却不少于 1.5h（小试样，原为 1～1.5h）、2h（大试样，原 1.5～2h）后，移入保持规定试验温度±0.1℃的恒温水槽中，并应保温不少于 1.5h（小盛样皿，原为 1～1.5h）、2h（大盛样皿，原为 1.5～2h）。

按试验条件准备针入度仪，用溶剂清洗标准针并擦干。

2. 试验步骤

取出达到恒温的盛样皿和试样，移入水温控制在试验温度±0.1℃（可用恒温水槽中的水）的平底玻璃皿中的三角支架上，试样以上的水深不少于 10mm。

将平底玻璃皿置于针入度仪平台上，缓慢放下针连杆，用适当位置的反光镜或灯光反射观察，使针尖恰好与试验表面接触，（此步骤为关键点，此时千万不要用手去触摸试探）。将位移计或刻度盘指针复位为零。

按下释放键，这时计时与标准针贯入试样同时开始，至 5s 时自动停止。

读取贯入读数，准确至 0.1mm。

同一试样平行试验至少 3 次，测点之间、测点与盛样皿边缘的距离应不小于 10mm。每次试验后应将盛有试样的盛样皿放入恒温水槽，以保持试验温度。每次试验后应换一根标准针，或将标准针取下用蘸有三氯乙烯的棉花清洗并擦干。

同一试样的 3 次平行试验结果的最大值与最小值之差（极差）在规定范围之内时，计算平均值并取整数作为针入度试验结果，以 0.1mm 计。极差不符合要求时应重新试验。（注意：不得舍去数据）

用 3 个以上不同温度条件下测试的针入度值回归一元一次方程 $y＝a+bx$ 并求得系数 a 和 b，并验算相关性，依次延伸计算出针入度指数 IP，当量软化点 T_{800} 和当量脆点 $T_{1.2}$，以此评价沥青的温度敏感性。

四、延度试验

1. 延度试验的要点及注意事项

延度是表征沥青抵抗外力所引起的塑性变形的能力指标。

将制备好的试样注入涂抹过隔离剂（甘油：滑石粉＝2：1）的试模中。

在室温中冷却不少于 1.5h，刮平，将试件连同底板一同放入达到试验温度（如 25℃、15℃、10℃、5℃、0℃，下同）的恒温水槽中 1.5h。

准备延伸仪，使水槽中的水温达到规定的试验温度±0.1℃。

将保温后的试件连同底板一起移入延伸仪水槽中，将试件从底板上取下，将试模两端的孔分别套在滑板及固定端的金属柱上，并取下侧模。水面至试件表面应不小于 25mm。

使水槽中的水保持静止。开动延伸仪，按规定的拉伸速度进行拉伸试验。试验中沥青丝若有沉浮，应用酒精和盐水调整延伸仪水槽中水的密度，使其接近沥青密度。（建议将事先调制好的高浓度盐水和高纯度酒精存放于规定试验温度的恒温水槽中，以保证勾兑时不改变延伸仪水槽中的水温）。

试件拉断时读取指针所指标尺上的读数，以 cm 计。试验如有异常应在实验记录中注明。

同一样品，每次平行试验（重复性试验）不少于 3 个，如三个试件的试验结果均大于100cm，试验结果记作"＞100cm"，有要求时也可记录实测值。3 个结果中有小于 100cm

的值时，按相对误差（最大值或最小值与平均值之差除以平均值，用百分数表示）不大于20％为合格，此时取3个试验结果的平均值，若平均值大于100cm，记作"＞100cm"；若相对误差大于20％，试验应重新进行。

再现性的允许误差（相对误差）为30％。

2. JTG E20—2011相对于原规程修改的主要内容有：

(1) 延度仪的测量长度不宜大于150cm。

(2) 原规程规定试件在室温中冷却不少于30～40min后移入规定试验温度±0.1℃的恒温水槽中，保持30min后取出刮平，再放入恒温水槽中1～1.5h。现修改为室温中冷却不少于1.5h，刮平，将试件连同底板一同放入达到试验温度的恒温水槽中1.5h。

(3) 原规程规定延伸仪中水温应保持在试验温度±0.5℃，现改为±0.1℃。

五、软化点试验

软化点是反映沥青温度敏感性的主要指标。

软化点（80℃以下）的试验要点：

测定沥青软化点的温度计（量程0至100℃，分度值0.5℃）须经计量检定部门检定或校准。

试样环的直径与钢球的质量须经校验，所使用的校验仪器应具有溯源性。

将试样环置于涂有隔离剂（甘油：滑石粉＝2：1）的试样底板上（注意：勿使隔离剂污染试样环内侧壁），再将制备好的沥青样品浇入试样环内并略高出试样环。

试样在室温下冷却30min后用热刮刀刮去环面以上的多余沥青。

将装有试样的试样环连同底板放入5℃±0.5℃的恒温水槽中，至少15min，同时将钢球、金属支架、钢球定位环等一同放入恒温水槽中。

向烧杯中注入经煮沸并已冷却至5℃的蒸馏水或纯净水至略低于规定高度。

安置试样和温度计，调整水面至规定深度，并使水温保持在5℃±0.5℃。

将烧杯安置在放有石棉网的炉具上，然后将钢球放置在定位环中间的试样中央，立即开动电磁振荡搅拌器，使水微微震荡，并开始加热，使杯中水温在3min之内调节至维持每分钟上升5℃±0.5℃。在加热过程中应记录每分钟温度上升值，如温度上升超出此范围，则试验应重做。

试样受热软化下坠，至与下层底板表面接触时，立即读取温度，准确至0.5℃。

允许误差：重复性试验1℃，再现性试验4℃。同一试样平行试验两次（两个环球，一杯试水），两次测定值的差符合重复性试验允差（1℃），取其平均值作为软化点试验结果。再现性试验是指两次不同地点、不同操作者或不同仪器的不同试验条件下对同一样品的试验操作。再现性允差是对两次试验结果的比较。再现性试验过程中产生的两个试验值应遵从重复性允差要求。（注意：重复性是对两次试验值的比较。）

第三节　沥青混合料试验

一、沥青混合料的基本知识

1. 沥青混合料

沥青混合料是由矿质混合料（包含粗、细集料，矿粉）和沥青组成，有时还有外加剂，其性能好坏与其组成材料有关。

2. 分类

（1）根据矿质混合料的级配类型进行划分

连续密级配沥青混凝土混合料分作连续半开级配沥青混合料、开级配沥青混合料、间断级配沥青混合料。

（2）按矿料的公称最大粒径分类

沥青混合料一般按公称最大粒径的大小可分为特粗式、粗粒式、中粒式、细粒式和砂粒式。

（3）根据结合料的类型分类

根据沥青混合料中所用沥青结合料的不同，可分为石油沥青混合料和煤沥青混合料，但煤沥青对环境污染严重，一般工程中很少采用煤沥青混合料。

（4）根据沥青混合料拌合与铺筑温度分类

可以将沥青混合料分为热拌热铺沥青混合料和常温沥青混合料。热拌热铺沥青混合料主要采用黏稠石油沥青作为结合料，需要将沥青与矿料在热态下拌合、热态下摊铺碾压成型；常温沥青混合料则采用乳化沥青、改性乳化沥青或液体沥青在常温下与矿料拌合后铺筑。

（5）根据强度形成原理分类

沥青混合料的组成材料不同，其强度形成原理也不同，分为沥青贯入式、沥青表处和沥青碎石等。

（6）按制造工艺分

可分为热拌沥青混合料、冷拌沥青混合料和再生沥青混合料。

3. OGFC、SMA 的特点

（1）OGFC 的特点

结构特点：采用连续开级配，粗集料含量高，彼此相互接触形成骨架；但细集料含量很少，不能充分填充粗集料件的空隙，形成所谓的"骨架-空隙"结构。

力学特点：大颗粒形成骨架，内摩阻力 ϕ 值较大；小颗粒与沥青胶浆含量不充分，黏结力 C 值较低。

路用性能特点：粗集料的骨架作用，使之高温稳定性好；由于细集料含量少，空隙未能充分填充，耐水害、抗疲劳和耐久性能较差，所以一般要求采用高黏稠沥青，以防止沥青老化和剥落。

（2）SMA 的特点

结构特点：采用间断级配，粗、细集料含量较高，中间料含量很少，使得粗集料能形成骨架，细集料和沥青胶浆又能充分填充骨架间的空隙，形成"骨架-密实"结构。

力学性能特点：粗集料的骨架作用，内摩阻力 ϕ 值较大；小颗粒与沥青胶浆含量充分，黏结力 C 值也较大，综合力学性能较优。

路用性能特点：该类混合料高低温性能均较好，具有较强的疲劳耐久特性；但间断级配在施工拌合过程中易产生离析现象，施工质量难以保证，使得混合料很难形成"骨架-密实"结构。随着施工技术的发展，这类结构得以普遍使用，但一定防止混合料拌合生产、运输和摊铺等施工过程中防止混合料产生离析。

二、沥青混合料马歇尔稳定度试验

1. 目的与适用范围

适用于马歇尔稳定度试验和浸水马歇尔稳定度试验，以进行沥青混合料的配合比设计或沥青路面施工质量检验。浸水马歇尔稳定度试验（根据需要，也可进行真空饱水马歇尔试验）供检验沥青混合料受水损害时抵抗剥落的能力时使用，通过测试其水稳定性检验配合比设计的可行性。

适用于按规程 T 0702 成型的标准马歇尔试件圆柱体和大型马歇尔试件圆柱体。

2. 仪具与材料

（1）沥青混合料马歇尔试验仪：符合国家标准《马歇尔稳定度试验仪》JT/T 119 技术要求的产品，分为自动式和手动式。对用于高速公路和一级公路的沥青混合料宜采用自动马歇尔试验仪，用计算机或 X-Y 记录仪记录荷载~位移曲线，自动测定荷载与试件垂直变形的传感器、位移计，能自动显示和存储或打印试验结果等功能。手动式由人工操作，试验数据通过操作者目测后读取数据。

当集料公称最大粒径小于或等于 26.5mm 时，宜采用 $\phi101.6mm\times63.5mm$ 的标准马歇尔试件，试验仪最大荷载不小于 25kN，读数准确度 100N，加载速率应能保持 50mm/min±5mm/min。钢球直径 16mm±0.05mm，上下压头曲率半径为 50.8mm ±0.08mm。

当集料公称最大粒径大于 26.5mm 时，宜采用 $\phi152.4mm\times95.3mm$ 大型马歇尔试件，试验仪最大荷载不得小于 50kN，读数准确度为 100N。上下压头的曲率内径为 152.4mm±0.2mm，上下压头间距 19.05mm±0.1mm。

（2）恒温水槽：控温准确度为 1℃，深度不小于 150mm。

（3）真空饱水容器：包括真空泵及真空干燥器。

（4）烘箱。

（5）天平：感量不大于 0.1g。

（6）温度计：分度值 1℃。

（7）卡尺。

（8）其他：棉纱，黄油。

3. 标准马歇尔试验方法

1）准备工作

（1）制作符合要求的马歇尔试件，标准马歇尔尺寸应符合直径 101.6mm±0.2mm、高 63.5mm±1.3mm 的要求。对大型马歇尔试件，尺寸应符合直径 152.4mm±0.2mm，高 95.3mm±2.5mm 的要求。一组试件的数量最少不得少于 4 个。

（2）量测试件的直径及高度：用卡尺测量试件中部的直径，用马歇尔试件高度测定器或用卡尺在十字对称的 4 个方向量测离试件边缘 10mm 处的高度，准确至 0.1mm，并以其平均值作为试件的高度。如试件高度不符合 63.5mm±1.3mm 或 95.3mm±2.5mm 要求或两侧高度差大于 2mm 时，此试件应作废。

（3）按规定方法测定试件的密度，并计算空隙率、沥青体积百分率、沥青饱和度、矿料间隙率等物理指标。

（4）将恒温水槽调节至要求的试验温度，对黏稠石油沥青或烘箱养生过的乳化沥青混合料为 60℃±1℃，对煤沥青混合料为 33.8℃±1℃，对空气养生的乳化沥青或液体沥青混合料为 25℃±1℃。

2）试验步骤

（1）将试件置于已达规定温度的恒温水槽中保温，保温时间对标准马歇尔试件需30～40min，对大型马歇尔试件需 45～60min。试件之间应有间隔，底下应垫起，离容器底部不小于 5cm。

（2）将马歇尔试验仪的上下压头放入水槽或烘箱中达到同样温度。将上下压头从水槽或烘箱中取出擦拭干净内面。为使上下压头滑动自如，可在下压头的导棒上涂少量黄油。再将试件取出置于下压头上，盖上上压头，然后装在加载设备上。

（3）在上压头的球座上放妥钢球，并对准荷载测定装置的压头。

（4）当采用自动马歇尔试验仪时，将自动马歇尔试验仪的压力传感器、位移传感器与计算机或 X-Y 记录仪正确连接，调整好适宜的放大比例。调整好计算机程序或将 X-Y 记录仪的记录笔对准原点。

（5）当采用压力环和流值计时，将流值计安装在导棒上，使导向套管轻轻地压住上压头，同时将流值计读数调零。调整压力环中百分表，对零。

（6）启动加载设备，使试件承受荷载，加载速度为 505mm/min±5mm/min。计算机或 X-Y 记录仪自动记录传感器压力和试件变形曲线并将数据自动存入计算机。

（7）当试验荷载达到最大值的瞬间，取下流值计，同时读取压力环中百分表读数及流值计的流值读数。

（8）从恒温水槽中取出试件至测出最大荷载值的时间，不得超过 30s。

4. 浸水马歇尔试验方法

浸水马歇尔试验方法与标准马歇尔试验方法的不同之处在于，试件在已达规定温度恒温水槽中的保温时间为 48h，其余均与标准马歇尔试验方法相同。

5. 真空饱水马歇尔试验方法

试件先放入真空干燥器中，关闭进水胶管，开动真空泵，使干燥器的真空度达到 98.3kPa（730mmHg）以上，维持 15min，然后打开进水胶管，靠负压进入冷水流使试件全部浸入水中，浸水 15min 后恢复常压，取出试件再放入已达规定温度的恒温水槽中保温 48h，其余均与标准马歇尔试验方法相同。

6. 试验结果计算

1）试件的稳定度及流值

（1）当采用自动马歇尔试验仪时，将计算机采集的数据绘制成压力和试件变形曲线，或由 X-Y 记录仪自动记录的荷载-变形曲线（图 5-1），按图 5-1 所示的方法在切线方向延长曲线与横坐标相交于 O_1，将 O_1 作为修正原点，从 O_1 起量取相应于荷载最大值时的变形作为流值（FL），以 mm 计，准确至 0.1mm。最大荷载即为稳定度（MS），以 kN 计，准确至 0.01kN。

（2）采用压力环和流值计测定时，根据压力环标定曲线，将压力环中百分表的读数换算为荷

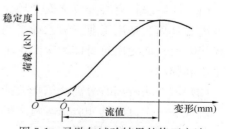

图 5-1 马歇尔试验结果的修正方法

载值，或者由荷载测定、装置读取的最大值即为试样的稳定度（MS），以 kN 计，准确至 0.01kN。由流值计及位移传感器测定装置读取的试件垂直变形，即为试件的流值（FL），以 mm 计，准确至 0.1mm。

2）试件的马歇尔模数按式（5-1）计算

$$T = \frac{MS}{FL} \tag{5-1}$$

式中　T——试件的马歇尔模数，kN/mm；

　　　MS——试件的稳定度，kN；

　　　FL——试件的流值，mm。

3）试件的浸水残留稳定度按式（5-2）计算。

$$MS_0 = \frac{MS_1}{MS} \times 100 \tag{5-2}$$

式中　MS_0——试件的浸水残留稳定度，%；

　　　MS_1——试件浸水 48h 后的稳定度，kN。

4）试件的真空饱水残留稳定度按式（5-3）计算。

$$MS'_0 = \frac{MS_2}{MS} \times 100 \tag{5-3}$$

式中　MS'_0——试件的真空饱水残留稳定度，%；

　　　MS_2——试件真空饱水后浸水 48h 后的稳定度，kN。

7. 注意问题

（1）从恒温水槽中取出试件至测出最大荷载值的时间，不得超过 30s。

（2）当一组测定值中某个测定值与平均值之差大于标准差的 k 倍时，该测定值应予舍弃，并以其余测定值的平均值作为试验结果。当试件数目 n 为 3、4、5、6 个时，k 值分别为 1.15、1.46、1.67、1.82。

（3）采用自动马歇尔试验时，试验结果应附上荷载-变形曲线原件或自动打印结果，并报告马歇尔稳定度、流值、马歇尔模数，以及试件尺寸；试件的密度、空隙率、沥青用量、沥青体积百分率、沥青饱和度、矿料间隙率等各项物理指标。

三、沥青混合料中沥青含量试验（燃烧炉法）

《沥青混合料中沥青含量试验（T0735，燃烧炉法）》是一种相对简单快捷且安全环保的沥青混合料中沥青含量的测定方法，此前虽没有编入早期版试验规程，但大部分高速公路工地试验室和一些等级试验室都在使用这种方法。其优点表现在以下几个方面：

（1）燃烧法较离心分离法安全环保

离心分离法是用工业三氯乙烯将混合料中沥青溶解。三氯乙烯属于有毒有害物质，试验操作人员长期使用对身体健康产生不利影响。同时三氯乙烯极易挥发，对周围环境也会产生不利影响。

（2）燃烧法较离心分离法简单快捷，便于及时指导施工

燃烧法一次试验约 40min，两次平行试验一般应不超过 2h。而离心分离法需三次平行试验，且需对矿粉损失进行校正，一次试验约需 6～8h。

（3）影响燃烧法试验准确度的因素相对于离心分离法要少得多

如果都不考虑试料称量所产生的误差，影响燃烧法试验结果的只有矿料的烧失量，而矿料烧失量基本上可以按照常数考虑，属于系统试验误差，通常加系数修正即可消除。而离心分离法则要考虑沥青清洗干净程度、剩余矿料及滤纸烘干程度，甚至还必须考虑离心机中残留了多少含沥青和矿粉的残液。事实上，有些试验室因嫌麻烦而不做矿粉校正试验，因而试验精度更无从谈起。

第六章 无机结合料稳定材料混合料

 学习目标

◆ 了解《规程》中试验方法仪器与规范要求的区别

◆ 了解击实试验应注意的问题

| 1 | 公路工程无机结合料稳定材料试验规程 | JTG E51—2009 |
| 2 | 公路路面基层施工技术规范 | JTJ 034—2000 |

第一节 原 材 料 试 验

修订后的规程由 5 章（35 个试验方法）、2 个附录构成，主要修订内容有：

1. 本规程统一采用方孔筛；明确了无机结合料稳定材料粗、中、细粒土的分界。

2. 为保证试验结果的可靠性，提高了相关试验的精度要求。

3. 修订了含水量试验方法、水泥或石灰稳定材料中水泥或石灰剂量测定方法（ED-TA 滴定法）及石灰稳定材料中石灰剂量测定方法（直读式测钙仪法）3 个试验方法。

4. 增加了石灰细度、石灰未消化残渣含量测定等 22 个试验方法。

一、粗、中、细粒土的划分

《公路工程无机结合料稳定材料试验规程》JTG E51—2009（以下简称《规程》）与《公路路面基层施工技术规范》JTJ 034—2000（以下简称《规范》）关于稳定材料的粒径划分有所不同，其区别见表 6-1。

《规程》与《规范》关于粒径的区别   表 6-1

粒径	《公路工程无机结合料稳定材料试验规程》JTG E51—2009	《公路路面基层施工技术规范》JTJ 034—2000
粗粒土	颗粒最大粒径不大于 53mm，公称最大粒径大于 19mm 不大于 37.5mm 的土或集料，包括砂砾土、碎石土、级配砂砾、级配碎石等	颗粒的最大粒径小于 37.5mm，且其中小于 31.5mm 的颗粒含量不少于 90%（如砂砾石、碎石土、级配砂砾、级配碎石等）
中粒土	颗粒最大粒径不大于 26.5mm，公称最大粒径大于 2.36mm 且不大于 19mm 的土或集料，包括砂砾土、碎石土、级配砂砾、级配碎石等	颗粒的最大粒径小于 26.5mm，且其中小于 19mm 的颗粒含量不少于 90%（如砂砾土、碎石土、级配砂砾、级配碎石等）
细粒土	颗粒最大粒径不大于 4.75mm，公称最大粒径不大于 2.36mm 的土，包括各种黏质土、粉质土、砂和石屑等	颗粒的最大粒径小于 9.5mm，且其中小于 2.36mm 的颗粒含量不少于 90%（如塑性指数不同的各种黏性土、粉性土、砂性土、砂和石屑等）

二、石灰细度、未消角残渣含量

《规范》中技术指标要求筛孔尺寸与《规程》中尺寸不一致。规范中规定尺寸见表6-2。

表 6-2

石灰的技术指标

技术指标	钙质生石灰			镁质生石灰			钙质消石灰			镁质消石灰		
	等　　　　级											
	I	II.	III	I	II	III	I	II	III	I	II	III
有效钙加氧化镁含量（%）	≥85	≥80	≥70	≥80	≥75	≥65	≥65	≥60	≥55	≥60	≥55	≥50
未消化残渣含量（5mm圆孔筛的筛余，%）	≤7	≤11	≤17	≤10	≤14	≤20						
含水率（%）							≤4	≤4	≤4	≤4	≤4	≤4
细度　0.71mm方孔筛的筛余（%）							0	≤1	≤1	0	≤1	≤1
细度　0.125mm方孔筛的累计筛余（%）							≤13	≤20	—	≤13	≤20	—
钙镁石灰的分类界限，氧化镁含量（%）	≤5			>5			≤4			>4		

石灰细度试验方法（T 0814—2009）中为"试验筛：0.6mm、0.15mm，1套。"

石灰未消化残渣含量测定方法（T 0815—2009）中为"方孔筛：2.36mm、16mm。"

第二节　击　实　试　验

一、击实时间要求

《规程》T 0804—1994 第4.2.4条要求：

将所需要的稳定剂水泥加到浸润后的试样中，并用小铲、泥刀或其他工具充分拌和到均匀状态。水泥应在土样击实前逐个加入。加有水泥的试样拌和后，应在1h内完成下述击实试验。拌和后超过1h的试样，应予作废（石灰稳定材料和石灰粉煤灰稳定材料除外）。

条文解释：水泥遇水就要开始水化作用。从加水拌和到进行击实试验间隔的时间愈长，水泥的水化作用和结硬程度就愈大。它会影响水泥混合料所能达到的密实度，间隔时间愈长，影响愈大。例如，一种水泥砂砾混合料加水拌和后立即进行击实试验，得其干密度为 $2.37g/cm^3$；拌和后间隔1h进行同样的击实试验，得干密度为 $2.30g/cm^3$；间隔4h，所得干密度为 $2.18g/cm^3$；间隔8h，所得干密度只有 $2.10g/cm^3$。间隔时间从 1~8h，所得干密度分别只有无间隔时间的 97%、92%、89%。因此，加有水泥的试样拌和后应在1h内完成击实试验。据施工经验，石灰土（特别是稳定黏土类土）击实最大干密度在7d以内其数值是逐渐减小的，因此应注意击实试验的时间。

二、试件的体积

《规程》T 0804—1994 第3.7节要求：

在试验前用游标卡尺准确测量试模的内径、高和垫块的厚度，以计算试筒的容积。

三、平行试验和平行差

《规程》第 6.1 节要求：

应做两次平行试验，取两次试验的平均值作为最大干密度和最佳含水量。两次重复性试验最大干密度的差不应超过 0.05g/cm³（稳定细粒土）和 0.08g/cm³（稳定中粒土和粗粒土），最佳含水量的差不应超过 0.5%（最佳含水量小于 10%）和 1.0%（最佳含水最大于 10%）。超过上述规定值，应重做试验，直到满足精度要求。

四、精度要求

《规程》第 6.2 节要求：

混合料密度计算应保留小数点后 3 位有效数字，含水量应保留小数点后 1 位有效数字。

第三节 无机结合料稳定材料振动压实试验方法

以水泥稳定碎石为代表的半刚性基层是我国各级公路中最常用的基层类型。以往的水泥稳定碎石中细集料含量偏多，造成基层易开裂且抗冲刷能力不足。随着对水泥稳定碎石结构和强度形成原理的深入研究，粗集料含量较多的骨架密实结构水泥稳定碎石表现出抗裂性好，抗冲刷能力强的特点，并逐渐得到认可。室内重型击时试验不太适合粗集料含量较多的骨架密实结构水泥稳定碎石，且随着压路机的不断发展，为更好地模拟施工现场，振动压实试验方法逐渐得到了推广。用振动法优化的级配和配合比可以增加水泥稳定碎石强度，提高抗裂性能，减少水泥用量，与重型击实法相比，利用振动法压实水泥稳定碎石过程中粗集料破碎现象明显减少。

一、试验准备

对集料进行筛分，按预定级配配好集料。如果集料的最大公称粒径不大于 37.5mm，则直接备料；如果大于 37.5mm 的粒径含量超过 10%，则过 37.5mm 筛备用，筛后记录超尺寸颗粒的百分率。

在预定做击实试验的前一天，取有代表性的试料测定其风干含水量。对于细料，试样应不少于 100g；对于中粒料，试应不少于 1000g；对于粗粒料，试样应不少于 2000g；同时测定石灰和水泥的含水量。

二、振动压实试验机

振动压实机依照振动压路机的压实原理设计，分为上车和下车系统，下车质量/整车质量应在 0.6 左右。一般选用上车配重为 3 块，下车配重为 6 块（上车配重块约 4.5kg/个，下车配重块约 5.5kg/个），也可以根据试验确定。主要技术指标：振动频率 0～50Hz（可调）；振动力 0～9800N（可调）；静压力 0～14700N（可调）。

调节振动压实机上下车的配重块数、偏心块夹角和变频器的频率。对无机结合料稳定粒料一般选用面压力约为 0.1MPa，激振力约 6800N（该值为计算值，采用偏心夹角为 60°，振动频率为 28～30Hz 时计算获得，实测激振力与被压实材料有关，一般大于该值，也可以根据试验确定）。

三、结果整理

混合料密度计算应保留小数点后 3 位有效数字，含水量应保留小数点后 1 位有效数字。应做两次平行试验，两次试验最大干密度的差不应超过 0.05g/cm³（稳定细粒土）和 0.08g/cm³（稳定中粒土和稳定粗粒土），最佳含水量的差不应超过 0.5％（最佳含水量小于 10％）和 1.0％（最佳含水量大于 10％）。

采用振动压实的方法与其他方法比较，具有模拟现场施工状况，不破坏级配，压实的密实度高等优点，是优选的设计和使用方法。一般来说，振动压实试验确定的最佳含水量小于击实试验确定的最佳含水量，最大干密度大于击实试验确定的最大干密度。

第七章 钢筋及钢筋连接

学习目标

◆ 了解钢筋常用试验及应注意事项
◆ 了解钢筋焊接接头质量评定标准的变化情况
◆ 了解钢筋机械连接接着的质量评定及试验方法

1	钢筋混凝土用钢 第1部分：热轧光圆钢筋	GB 1499.1—2008
2	钢筋混凝土用钢 第1部分：热轧光圆钢筋	GB 1499.1—2008（修改单）
3	钢筋混凝土用钢 第2部分：热轧带肋钢筋	GB 1499.2—2007
4	金属材料 拉伸试验 第1部分：室温试验方法	GB/T 228.1—2010
5	金属材料 弯曲试验方法	GB/T 232—2010
6	钢筋焊接及验收规程	JGJ 18—2012
7	钢筋机械连接技术规程	JGJ 107—2010
8	钢筋焊接接头试验方法标准	JGJ/T 27—2014

第一节 钢 筋 试 验

国家标准委于 2012 年 12 月 13 日批准发布《钢筋混凝土用钢 第 1 部分：热轧光圆钢筋》GB 1499.1—2008 国家标准第 1 号修改单，自 2013 年 1 月 1 日起实施，主要内容是删除了 HPB235 的技术要求。

一、重量偏差

《混凝土结构工程施工质量验收规范》GB 50204—2002（2010 年版）于 2011 年 8 月 1 日起实施。规定 5.2.1 和 5.2.2 为强制性条文，必须严格执行。

1. GB 50204—2002（2010 年版）5.2.1 条文内容

钢筋进场时，应按国家现行相关标准的规定抽取试件作力学性能和重量偏差试验，试验结果必须符合有关标准的规定。

检查数量：按进场的批次和产品的抽样检验方案确定。

检验方法：检验产品合格证、出厂检验报告和进场复验报告。

2. 重量偏差取样与检验方法

测量钢筋重量偏差时，试样应从不同根钢筋上截取，数量不少于 5 支，每支试样长度不小于 500mm。长度应逐支测量，应精确到 1mm。测量试样总重量时，应精确到不大于总重量的 1%。

3. 修值修约与结果判定

检验结果的数值修约与判定应符合 YB/T 081 的规定。

材料的尺寸测量，应将结果按产品标准规定数值所标识的数位进行修约。

二、拉伸试验

1. 金属原材的拉伸试验

试验方法采用《金属材料 拉伸试验 第 1 部分：室温试验方法》GB/T 228.1—2010，检验结果的数字修约与判定应符合 YB/T 081 的规定。

2. 钢筋焊接接头拉伸试验

试验方法《钢筋焊接接头试验方法标准》JGJ/T 27—2014，抗拉强度试验结果数值应修约到 5MPa，修约方法应按现行国家标准《数值修约规则》GB 8170 的规定进行。

3. 钢筋机械连接接头拉伸试验

《钢筋机械连接技术规程》JGJ 107—2010 中未明确抗拉强度试验结果数值修约方法，故钢筋机械接头抗拉强度的试验结果数值修约应按《金属材料 拉伸试验第 1 部分：室温试验方法》GB/T 228.1—2010 的规定执行，抗拉强度修约至 1MPa。

4. GB/T 228.1—2010 中试验结果数值的修约规定

试验测定的性能结果数值应按照相关产品标准的要求进行修约。如未规定具体要求，应按照如下要求进行修约：

——强度性能值修约至 1MPa；

——屈服点延伸率修约至 0.1%，其他延伸率和断后伸长率修约至 0.5%；

——断面收缩率修约至 1%。

5. 钢筋断后伸长率

钢筋伸长量测定，准确至 0.25mm。

三、弯曲试验

试验方法：《金属材料 弯曲试验方法》GB/T 232—2010 及《钢筋焊接接头试验方法标准》JGJ/T 27—2014。

1. 弯曲压头直径

常用弯曲压头直径见表 7-1。

常用弯曲压头直径   表 7-1

分类	0~20	21~40	41~60	61~80	81~100	>100
钢筋直径 6~32 弯心倍数 1d~5d	6	22	42	64	84	110
	8	24	44	66	88	112
	10	25	48	70	90	120
	12	28	50	75	96	125
	14	30	56	80	100	128
	16	32	60			140
	18	36				150
	20	40				160
数量	8	8	6	5	5	8
合计	40					

当没有合适的弯曲压头直径时，应选用小于规定值最接近的弯曲压头直径。

2. 支点间距

《金属材料 弯曲试验方法》GB/T 232—2010 中关于支辊式弯曲装置的支点间距要求：除非另有规定，支点间距离 l 应按照式（7-1）确定（图 7-1）：

$$l = (D + 3a) \pm \frac{a}{2} \tag{7-1}$$

此距离在试验期间应保持不变。

注：此距离在试验前期保持不变。对于 180°弯曲试样此距离会发生变化。

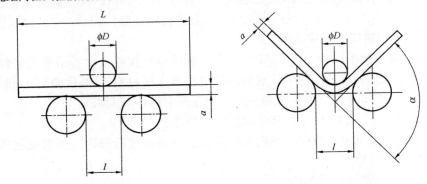

图 7-1　支点间距确定

3. 弯曲角度

《金属材料 弯曲试验方法》GB/T 232—2010 附录 B 介绍了通过弯曲压头位移测定弯曲角度的方法。

由于直接测弯曲角度比较困难，因此，推荐使用通过测弯曲压头位移计算弯曲角度的方法（图 7-2）。需要时可参考附录 B。

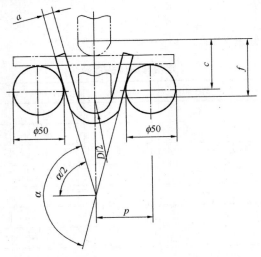

图 7-2　通过测弯曲压头位移测定弯曲角度

4. 焊接接头弯曲试验

《钢筋焊接接头试验方法标准》JGJ/T 27—2014 中弯心直径根据钢筋直径不同采用不

106

同的弯心直径 D，即当钢筋直径大于 25mm 时，弯心直径增大 $1d$。钢筋接头弯曲试验参数见表 7-2。

焊接接头弯曲试验参数

表 7-2

序号	钢筋级别	钢筋牌号	弯心直径（D）		弯曲角度
	JGJ/T 27—2014	JGJ 18—2012	$d\leqslant 25$mm	$d>25$mm	（°）
1	Ⅰ	HPB300	$2d$	$3d$	
2	Ⅱ	HRB335、HRBF335	$4d$	$5d$	
3	Ⅲ	HRB400、HRBF400、RRB400W	$5d$	$6d$	90
4	Ⅳ	HRB500、HRBF500	$7d$	$8d$	

第二节　钢筋焊接及质量评定

一、《钢筋焊接及验收规程》JGJ 18—2012

《钢筋焊接及验收规程》JGJ 18—2012（以下简称《规程》），自 2012 年 8 月 1 日起实施。其中，第 3.0.6、4.1.3、5.1.7、5.1.8、6.0.1、7.0.4 条为强制性条文，必须严格执行。原行业标准《钢筋焊接及验收规程》JGJ 18—2003 同时废止。

1.《规程》3.0.6——原材料要求

施焊的各种钢筋、钢板均应有质量证明书；焊条、焊丝、权气、溶解乙炔、液化石油气、二氧化碳气体、焊剂应有产品合格证。

钢筋进场时，应按国家现行相关标准的规定抽取试件并作力学性能和重量偏差检验。检验结果必须符合国家现行有关标准的规定。

检验数量：按进场的批次和产品的抽样检验方案确定。

检验方法：检查产品合格证、出厂检验报告和进场复验报告。

2.《规程》4.1.3——工艺试验

在钢筋工程焊接开工之前，参与该项工程施焊的焊工必须进行现场条件下的焊接工艺试验，应经试验合格后，方准于焊接生产。

3.《规程》5.1.7——合格评定

钢筋闪光对焊接头、电弧焊接头、电渣压力焊接头、气压焊接头、箍筋闪光对焊接头、预埋件钢筋 T 形接头的拉伸试验，应从每一检验批接头中随机切取三个接头进行试验并应按下列规定对试验结果进行评定：

1）符合下列条件之一，应评定该检验批接头拉伸试验合格：

（1）3 个试件均断于钢筋母材，呈延性断裂，其抗拉强度大于或等于钢筋母材抗拉强度标准值。

（2）2 个试件断于钢筋母材，呈延性断裂，其抗拉强度大于或等于钢筋母材抗拉强度标准值；另一试件断于焊缝，呈脆性断裂，其抗拉强度大于或等于钢筋母材抗拉强度标准值的 1.0 倍。

注：试件断于热影响区，呈延性断裂，应视作与断于钢筋母材等同；试件断于热影响区，呈脆性断裂，应视作与断于焊缝等同。

2）符合下列条件之一，应进行复验：

（1）2 个试件断于钢筋母材，呈延性断裂，其抗拉强度大于或等于钢筋母材抗拉强度标准值；另一试件断于焊缝，或热影响区，呈脆性断裂，其抗拉强度小于钢筋母材抗拉强度标准值的 1.0 倍。

（2）1 个试件断于钢筋母材，呈延性断裂，其抗拉强度大于或等于钢筋母材抗拉强度标准值；另 2 个试件断于焊缝或热影响区，呈脆性断裂。

（3）3 个试件均断于焊缝，呈脆性断裂，其抗拉强度均大于或等于钢筋母材抗拉强度标准值的 1.0 倍，应进行复验。当 3 个试件中有 1 个试件抗拉强度小于钢筋母材抗拉强度标准值的 1.0 倍，应评定该检验批接头拉伸试验不合格。

3）复验时，应切取 6 个试件进行试验。试验结果，若有 4 个或 4 个以上试件断于钢筋母材，呈延性断裂，其抗拉强度大于或等于钢筋母材抗拉强度标准值，另 2 个或 2 个以下试件断于焊缝，呈脆性断裂，其抗拉强度大于或等于钢筋母材抗拉强度标准值的 1.0 倍，应评定该检验批接头拉伸试验复验合格。

4）《规程》5.1.8——弯曲质量评定（略）。

5）《规程》6.0.1——焊工考核（略）。

6）《规程》7.0.4——焊区防火安全（略）。

二、《公路桥涵施工技术规范》JTG/T F50—2011（以下简称《桥规》）

1.《桥规》4.3.3 钢筋的焊接接头规定

（1）钢筋的焊接接头宜采用闪光对焊，或采用电弧焊、电渣压力焊或气压焊，但电渣压力焊仅可用于竖向钢筋的连接，不得用作水平钢筋和斜筋的连接。钢筋焊接的接头形式、焊接方法和焊接材料应符合现行行业标准《钢筋焊接及验收规程》JGJ 18 的规定，质量验收标准按本规范附录 A1 执行。

（2）每批钢筋焊接前，应先选定焊接工艺和焊接参数，按实际条件进行焊接，并检验接头外观质量及规定的力学性能，试焊质量经检验合格后方可正式施焊。焊接时，对施焊场地应有适当的防风、雨、雪、严寒的设施。

2. 附录 A1.1.5 接头拉伸试验结果要求

（1）3 个热轧钢筋接头试件的抗拉强度均不得小于该牌号钢筋规定的抗拉强度；RRB400 钢筋接头试件的抗拉强度均不得小于 570MPa。

（2）至少应有 2 个试件断于焊缝之外，并应呈延性断裂。

（3）当达到上述两项要求时，应评定该批接头为抗拉强度合格。

（4）当试验结果有 2 个试件抗拉强度小于钢筋规定的抗拉强度，或 3 个试件均在焊缝或热影响区发生脆性断裂时，则一次判定该批接头为不合格品。

（5）当试验结果有 1 个试件的抗拉强度小于规定值，或 2 个试件在焊缝或热影响区发生脆性断裂，其抗拉强度均小于钢筋规定抗拉强度的 1.10 倍时，应进行复验。复验时，应再切取 6 个试件。复验结果，当仍有 1 个试件的抗拉强度小于规定，或有 3 个试件断于焊缝或热影响区呈脆性断裂，其抗拉强度小于钢筋规定抗拉强度的 1.10 倍时，应判定该批接头为不合格品。

（6）当接头试件虽断于焊缝或热影响区，呈脆性断裂，但其抗拉强度大于或等于钢筋规定抗拉强度的 1.10 倍时，可按延性断裂（断于焊缝或热影响区之外）同等对待。

108

3.《规程》和《桥规》的区别

（1）不合格评定，《规程》为有 1 个试件抗拉强度小于母材抗拉强度标准值 1.0 倍，《桥规》为 2 个试件抗拉强度小于母材抗拉强度规定值。

（2）当 3 个试件均断于焊缝时，当抗拉强度大于或等于母材抗拉强度标准值 1.0 倍时，《规程》应进行复验，《桥规》则评定为不合格。

（3）复验时，《规程》按母材抗拉强度标准值控制，而《桥规》按母材抗拉强度 1.10 倍进行控制。

（4）等效方式不同，《规程》将断于热影响区、延性断裂视为断于母材，将断于热影响区、脆性断裂视为断于焊缝；《桥规》将断于焊缝或热影响区，呈脆性断裂，但抗拉强度大于或等于母材规定强度的 1.10 倍时，可按延性断裂（断于焊缝或热影响区之外）同等对待。

第三节　钢筋机械连接及质量评定

一、《钢筋机械连接技术规程》JGJ 107—2010

《钢筋机械连接技术规程》JGJ 107—2010 于 2010 年 10 月 1 日起实施，本规程修订的主要内容是：

（1）将原行业标准《带肋钢筋套筒挤压连接技术规程》JGJ 108—96、《钢筋锥螺纹接头技术规程》JGJ 109—96 中有关接头的加工与安装等专门要求纳入本规程，同时纳入了镦粗直螺纹钢筋接头和滚轧直螺纹钢筋接头的现场加工和安装要求；

（2）修改了不同等级钢筋机械接头的性能要求及其应用范围；

（3）用残余变形代替非弹性变形作为接头的变形性能指标；

（4）补充了型式检验报告的时效规定和型式检验中对接头试件的制作要求；

（5）现场工艺检验中增加了测定接头残余变形的要求，修改了抗拉强度检验的合格标准；

（6）增加了型式检验与现场检验试验方法的要求；

（7）修改了接头疲劳性能相关要求。

二、《公路桥涵施工技术规范》JTG/T F50—2011 中关于机械连接的规定

《桥规》中关于钢筋机械连接的规定基本与《钢筋机械连接技术规程》一致，下面进行一些简单介绍：

1. 一般规定（4.3.4）

钢筋的机械连接宜采用镦粗直螺纹、滚轧直螺纹或套筒挤压连接接头。墩粗直螺纹和滚轧直螺纹连接接头适用于直径大于或等于 25mm 的 HRB335、HRB400 级热轧带肋钢筋；套筒挤压连接接头适用于直径 16~40mm 的 HRB335、HRB400 级热轧带肋钢筋。各类接头的性能均应符合现行行业标准《钢筋机械连接技术规程》JGJ 107 的规定，并应符合下列规定：

（1）钢筋机械连接接头的等级应选用Ⅰ级或Ⅱ级，接头的性能指标应符合本规范附录 A2 的规定。

（2）钢筋机械连接接头的材料、制作、安装施工及质量检验和验收，应符合现行行业标准《镦粗直螺纹钢筋接头》JG 171、《滚轧直螺纹钢筋连接接头》JC 163 或《钢筋机械连接技术规定》JGJ 107 的规定。

2. 施工现场接头的检验与验收

（1）技术提供单位应向使用单位提交有效的型式检验报告。

（2）钢筋连接工程开始前及施工过程中，应对第一批进场钢筋进行接头工艺试验。进行工艺试验时，每种规格钢筋的接头试件不应少于 3 个，3 个接头试件的抗拉强度和残余变形的均应满足本规范附录 A2（表 7-3）的要求。

（3）现场检验应进行外观质量检查和单向拉伸强度试验。

（4）接头的现场检验应按验收批进行。同一施工条件下采用同一批材料的同等级、同型式、同规格接头，应以 500 个为一个验收批进行检验与验收，不足 500 个也应作为一个验收批。

（5）对接头的每一验收批，必须在工程结构中随机截取 3 个接头试件作抗拉强度试验，按设计要求的接头等级进行评定。当 3 个接头试件的抗拉强度符合相应等级的强度要求时，该验收批应评为合格。如有 1 个试件的抗拉强度不合格，应再取 6 个试件进行复检，复检中如仍有 1 个试件的抗拉强度不合格，则该验收批应评为不合格。

（6）现场检验连续 10 个验收批，其全部试件抗拉强度试验一次抽样均合格时，验收批接头数量可扩大 1 倍。

钢筋接头性能　　　　　　　　　　　　　　表 7-3

接头等级			Ⅰ级	Ⅱ级
抗拉强度			$f_{mst}^0 \geqslant f_{stk}$ 断于钢筋 或 $f_{mst}^0 \geqslant 1.10 f_{stk}$ 断于接头	$f_{mst}^0 \geqslant f_{stk}$
单向拉伸	残余变形 （mm）	$D \leqslant 32$	$U_0 \leqslant 0.10$	$U_0 \leqslant 0.14$
		$D > 32$	$U_0 \leqslant 0.14$	$U_0 \leqslant 0.16$
	最大伸长率（%）		$A_{sgt} \geqslant 6.0$	
高应力反复拉压	残余变形（mm）		$U_{20} \leqslant 0.3$	
大变形反复拉压	残余变形（mm）		$U_4 \leqslant 0.3 ; U_8 \leqslant 0.6$	

注：f_{mst}^0——接头试件实测抗拉强度；

　　f_{stk}——钢筋抗拉强度标准值；

　　D——钢筋公称直径；

　　U_0——接头试件加载至 $0.6 f_{yk}$ 并卸载后在规定标距内的残余变形；

　　f_{yk}——钢筋屈服强度标准值；

　　A_{sgt}——接头试件的最大力总伸长率。

3. 接头试验加载制度

按照施工现场接头的检验与验收规定，工艺试验应进行接头的单向拉伸试验，以测定接头的残余变形和抗拉强度，而现场检验只用测定其抗拉强度。

（1）单向拉伸试验加载制度

按照《钢筋机械连接技术规定》JGJ 107 A1.3 中规定，单向拉伸试验加载制度为：0

→$0.6f_{yk}$→0（测量残余变形）→最大拉力（记录抗拉强度）→0（测定最大力总伸长率），在进行残余变形测定时，可用$0.012A_s f_{stk}$的拉力作为名义上的零荷载。

（2）施工现场随机抽检接头拉伸试验

按照《钢筋机械连接技术规定》JGJ 107 A2.2 中规定，采用零到破坏的一次加载制度。

第三篇　公　路　工　程

第一章　公路工程质量检验与评定体系简介

学习目标

◆ 了解《公路工程质量检验评定标准》和《公路工程质量鉴定办法》的适用范围
◆ 熟悉试验方法标准的有效性以及试验方法标准与产品标准之间的关系

第一节　概　　述

公路工程从施工到交工运营，质量检测与评定活动大致可分为两个阶段。第一个阶段为施工阶段质量检测与中间交工验收。该阶段的检测、试验活动以指导施工、监督质量为主，重在减少质量事故的发生，最大限度降低工程质量隐患。其作用主要有以下五点：

（1）通过试验手段选择符合要求的原材料；

（2）通过材料组成设计，提供性能优越的混合料配合比；

（3）通过质量检测指导施工工艺调整；

（4）通过质量评定确定工程能否进入下道工序、是否符合施工质量要求；

（5）通过中间交工验收检查确定分项工程能否被监理和业主所接收，完成中间交工程序。

第二个阶段为交（竣）工验收阶段。该阶段以施工企业提交交工申请书为标志性节点，以鉴定工程质量为目的。交工的基本条件是：

（1）施工企业完成了与发包人签订的施工合同约定的全部工作内容；

（2）施工企业依照《公路工程质量检验评定标准》规定的方法和程序经自检、逐级评定分项、分部、单位工程，达到合格标准；

（3）经监理工程师评定，工程质量达到合格标准；

（4）质量监督机构按照《公路工程质量鉴定办法》对工程进行了质量检测，并出具了具体检测意见；

（5）完成了竣工资料的编制；

（6）施工、监理单位完成了本合同段的工作总结。

交（竣）工验收工作的基本流程是：交工验收申请应报监理单位审查，监理单位根据监理抽检资料逐级评定分项、分部、单位工程确定达到合格标准后，报项目法人核查并组织交工验收。交工验收之前，项目法人应报该项目质监机构（或由质监机构委托有资质的试验检测机构）对拟交工的工程实体进行交工前的质量检测，以鉴定工程质量是否合格，是否满足交工验收基本条件，并出具结论性意见。

缺陷责任期结束后，具备竣工验收条件的，由项目法人向行政主管部门提出竣工验收申请。竣工验收工作根据管辖权限应由交通行政主管部门组织，验收前对抽查项目目录中

带"*"的项目进行复测。

第二节　施工阶段工程质量检验与质量评定

一、检验方法标准的最新有效性

我们经常接触到的标准主要有施工工艺标准，如《公路沥青路面施工技术规范》、《公路桥涵施工技术规范》等；产品质量标准，如《通用硅酸盐水泥》GB 175—2007、《钢筋混凝土用钢 第二部分：热轧带肋钢筋》GB 1499.2—2007 等；质量检验方法标准，如《含水量试验方法》T0801—2009、《水泥标准稠度用水量、凝结时间、安定性检验方法》GB/T 1346—2011 等。

施工工艺类标准是产品质量标准的支撑和补充，通常具有产品质量标准的一般属性。如《公路沥青路面施工技术规范》约定了纵、横向接缝的施工工艺，但接缝的成功与失败却需要用"平整度"这个产品质量标准来衡量。因此，各类公路施工技术规范又可看作是"公路"这个产品的质量标准。

检验方法标准的有效性应服从产品标准的有效性。检验方法标准存在的唯一目的是为产品标准提供度量依据。产品中的技术指标检验方法是由产品标准约定的，脱离了产品标准，检验方法标准并无独立存在意义可言。反之亦然，当一项产品标准没有唯一规定检验方法，则该项指标也无法被社会公众所认可。因此在产品标准中大都对检验方法标准进行了约定，使之成为产品标准的一部分。例如《钢筋混凝土用钢 第二部分　热轧带肋钢筋》：GB 1499.2—2007 规范性引用文件约定如下："下列文件中的条款通过本部分的引用而成为本标准的条款。凡是注明日期的引用文件，其随后所有的修改单（不包括勘误的内容）或修订版均不适用于本标准，然而，鼓励根据本标准达成协议的各方研究是否可使用这些文件的最新版本。凡是不注日期的引用文件，其最新版本适用于本标准"。显然，其中引用的试验方法标准只要是带年号的，就只能与产品标准"共存亡"，除非供需双方共同约定可以使用最新版的试验方法标准。再如《通用硅酸盐水泥》GB 175—2007 规范性引用文件规定："下列文件中的条款通过本标准的引用而成为本标准的条款。凡是注明日期的引用文件，其随后所有的修改单（不包括勘误的内容）或修订版均不适用于本标准，然而，鼓励根据本标准达成协议的各方研究是否可使用这些文件的最新版本。凡是不注日期的引用文件，其最新版本适用于本标准"。

由此可知，《金属材料 室温拉伸试验方法》GB/T 228.1—2010、《金属材料　弯曲试验方法》GB/T 232—2010 以及《水泥标准稠度用水量、凝结时间、安定性检验方法》GB/T 1346—2011，尽管都有了最新版本，但旧版本现时在某些情况下仍然有效，例如在产品质量产生争议时，应该使用产品生产时所适用的试验方法。

公路工程施工技术规范中所使用的原材料及引用的特殊工艺方法，也都会给出明确指向，如《公路桥涵施工技术规范》JTG/T F50—2011 中"公路桥涵工程采用的水泥应符合现行国家标准《通用硅酸盐水泥》GB 175"、"普通混凝土配合比可按照现行行业标准《普通混凝土配合比设计规程》JGJ 55 的规定进行计算，并应通过试配确定"等等，通过引用，这些标准也就成了公路施工技术规范的一部分，当没有注明年号时，其最新版本适用于本规范。

试验方法标准的使用是一个严肃的问题，如有不当可能引起经济纠纷，甚至引起法律诉讼。下面我们沿着"热拌沥青混合料施工中沥青的检验方法"这条主线探求一下正确引用试验方法标准的路径。

交通运输部《公路工程标准施工招标文件》是公路工程施工合同主体文件的一部分，是合同双方必须遵守和执行的。《公路工程标准施工招标文件》（2009 年版）101.04 "标准与规范"规定：

"在工程实施全过程中，所引用的标准或规范如果有修改或新颁，应由发包人决定是否采用新标准或规范，承包人应在监理人的监督下按发包人的决定执行。采用新标准新规范所增加的费用由发包人承担"。第 309 节热拌沥青混合料面层："沥青材料的技术要求应符合《公路沥青路面施工技术规范》JTG F40—2004 表 4.2.1-2 的规定。……进场沥青每批都应重新进行取样和试验。取样和试验应符合《公路工程沥青及沥青混合料试验规程》JTG E20—2011 的规定"。

《公路工程沥青路面施工技术规范》JTG F40—2004 "道路石油沥青技术要求"、"道路用乳化沥青技术要求"、"道路用液体石油沥青技术要求"、"道路用煤沥青技术要求"、"聚合物改性沥青技术要求"、"改性乳化沥青技术要求"的每一项指标都明确了检验方法标准（如 T0604，针入度试验方法），其中"道路石油沥青技术要求"备注 1 中明确规定"试验方法按照现行《公路工程沥青及沥青混合料试验规程》JTJ 052—2000 规定的方法执行"，其他沥青品种并没有相似规定，可视为试验方法无年号约束。

事实上，公路工程专业施工技术规范在这方面的约定并不完善，也称不上严谨，以至于造成盲目使用最新版本的倾向，如处置不当，因此可能造成业主经济损失或法律纠纷。

一般情况下，所检材料（或产品）检验合格，很少会有人追究使用了什么版本的检验方法，一旦检验不合格或处于临界值状态，这一问题就显得突出和重要了。因此我们使用的标准不仅仅是最新，还要考虑是否有效，"最新且有效"才是必须遵守的。

二、施工阶段质量评定的依据

1.《公路工程质量检验评定标准》JTG F80/1 的适用范围

《公路工程质量检验评定标准》总则中明确："本标准适用于四级及四级以上公路新建、改建工程的质量检验评定；适用于公路工程施工单位、监理单位、建设单位、质量检测机构和质量监督部门对公路工程质量的管理、监控和检验评定"。

2.《公路工程质量检验评定标准》JTG F80/1 的质量评价体系

工程质量检验评分以分项工程为基本单元，采用 100 分制评定。在分项工程评分基础上，再根据赋予工程重要程度的权值，按加权平均的方法逐级计算各分部工程、单位工程评分值。

分项、分部、单位工程、合同段和建设项目工程的质量评定等级分为合格与不合格两个等级。

《公路工程质量检验评定标准》JTG F80/1—2004 与《公路工程质量鉴定办法》（交公路发〔2010〕65 号附件）约定的检验评定体系是有所不同的。（1）检验的阶段不同，前者评定的是施工阶段，后者评定的是验收阶段。（2）目的不同，前者以指导施工、控制施工质量为目的，后者以检验评定施工质量是否合格为目的。（3）评价主体有别。前者将合同工程逐级划分为单位工程、分部工程、分项工程，并以分项工程为基本单元对工程质量进行逐级评定，确定各级工程是否合格。后者以分部工程为基本单元只评价分部工程和单位工程两级。（4）分部工程的划分原则不一致。前者按1～3km路段长度划分，后者是以标段总长度划分。

公路工程项目的工程划分（摘自《公路工程质量检验评定标准》JTG F80/1—2004附录A）见表1-1。

路基路面工程划分表 表1-1

单位工程	分部工程	分项工程
路基工程 （每10km或每标段）	路基土石方工程（1～3km路段）	土方路基，石方路基，软土地基，土工合成材料处治层等
	排水工程（1～3km）	管节预制，管道基础及管节安装，检查（雨水）井砌筑，土沟，浆砌排水沟，盲沟，跌水，急流槽，水簸箕，排水泵站等
	小桥及符合小桥标准的通道，人行天桥，渡槽（每座）	基础及下部构造，上部构造预制、安装或浇筑，桥面，栏杆，人行道等
	涵洞、通道（1～3km）	基础及下部构造，主要构件预制、安装或浇筑，填土，总体等
	……	……
路面工程 （每10km或每标段）	路面工程（1～3km）	底基层，基层，面层，垫层，联结层，路缘石，人行道，路肩，路面边缘排水系统等

第三节　交、竣工阶段质量检验与评定

交工验收前，施工、监理单位应依照《公路工程质量检验评定标准》的有关规定对工程质量实施检测，并对分项、分部、单位工程逐级进行评定合格。质量监督部门依据《公路工程质量鉴定办法》对工程质量进行鉴定抽查。

一、鉴定抽查的依据

《公路工程交（竣）工验收办法》第八条（四）："质量监督机构按照交通部规定的公路工程质量鉴定办法对工程质量进行检测，并提出具体检测意见"。

二、质量鉴定的组织

由建设项目的质量监督机构，或竣工验收单位指定的质量监督机构负责组织。

三、单位工程和分部工程的划分

每个合同段范围内的路基工程、路面工程、交安设施等作为一个单位工程。每一个合同段的路基土石方、排水、小桥、涵洞、支挡、路面面层等作为一个分部工程。

四、工程质量等级划分：

工程质量按分部工程、单位工程、合同段、建设项目逐级进行评定。

分部工程质量等级分为合格、不合格两个等级。

单位工程、合同段工程质量分为优良、合格、不合格三个等级。

分部工程得分大于或等于 75 分为合格，否则不合格，计算公式如下：

$$分部工程实测得分 = \frac{\Sigma[抽查项目合格率 \times 权值]}{\Sigma 权值} \times 100$$

$$分部工程得分 = 分部工程实测得分 - 外观扣分$$

单位工程所含分部工程全部合格，且单位工程得分大于等于 90 分，评定质量等级为优良；所含各分部工程全部合格，得分大于或等于 75 分，小于 90 分，质量等级为合格；否则为不合格。计算公式如下：

$$单位工程实得分 = \frac{\Sigma[分部工程得分 \times 权值]}{\Sigma 权值}$$

五、实体工程检测

1. 抽查频率

路基工程压实度、边坡每公里抽查不少于 1 处，每个合同段路基压实度抽查不少于 10 点。路基弯沉检测，高速、一级公路以每半幅每公里为评定单元，其他等级公路以每公里为评定单元。

排水工程的断面尺寸每公里抽查 1～2 处，铺砌厚度按合同段抽查不少于 3 处。

小桥抽查不少于总数的 20%，且每种类型不少于 1 座。

涵洞抽查不少于总数的 10%，且每种类型不少于 1 道。

支挡工程抽查不少于总数的 10%，且每种类型不少于 1 处。

路面工程的弯沉、平整度检测，高速、一级公路以每半幅每公里为评定单元，其他等级公路以每公里为评定单元。其他抽查项目每公里不少于 1 处。

2. 抽检项目

路基、路面质量鉴定抽查项目（摘自《公路工程竣（交）工验收办法实施细则》，交公路发〔2010〕65 号）见表 1-2。

公路工程质量鉴定抽查项目　　　　　　　　　　　　表 1-2

单位工程	分部工程	抽查项目	权值	备 注	权值
路基工程	路基土石方	压实度	3	每处每车道不少于 1 点	3
		弯沉	3	每评定单元检测不少于 40 点，各车道交替检测	
		边坡	1	每处两侧各测不少于两个坡面	
	排水工程	断面尺寸	1	每处抽不少于 2 个断面	1
		铺砌厚度	3	每处开挖不少于 1 个断面	
	小桥	混凝土强度	3	每座用回弹仪或超声波测上、下部结构各不少于 10 个测区	2
		主要结构尺寸	1	每座抽 10～20 个	
	涵洞	混凝土强度	3	每处用回弹仪或超声波测不少于 10 个测区	1
		结构尺寸	2	每道 5～10 个	
	支挡工程	混凝土强度	3	每处用回弹仪或超声波测不少于 10 个测区	2
		结构尺寸	3	每处开挖检查不少于 1 个断面	

单位工程	分部工程	抽查项目	权值	备　　注	权值
路面工程	路面工程	沥青路面压实度	3	每处不少于 1 点	1
		沥青路面弯沉 *	3	每评定单元检测不少于 40 点，各车道交替检测	
		沥青路面车辙 *	1	允许偏差≤10mm；每处每车道至少测 1 个断面	
		沥青路面渗水系数	2	每处不少于 1 点	
		混凝土路面强度	3	每处不少于 1 点	
		混凝土相邻板高差 *	1	每处测膨胀缝位置相邻板高差不少于 3 点	
		平整度 *	2	高、一级公路连续检测	
		抗滑 *	2	高、一级公路检测摩擦系数、构造深度	
		厚度	3	每处不少于 1 点	
		横坡	1	每处 1~2 个断面	

注：表中带"＊"的实测项目为竣工验收阶段应复测的抽查项目。

第四节　本　章　小　结

　　公路工程施工阶段的质量检测与评定活动大致可分为两个阶段：第一阶段为施工过程中的工序检测、中间交工验收质量检测与评定，由施工单位自检，监理抽检，目的是指导施工，监督质量；第二阶段以标段提出交工申请为初始节点，由质量监督部门在交工验收前组织质量抽查（质量鉴定），在竣工验收前对规定项目进行复测，目的是评定工程是否符合交（竣）工条件。

　　需要强调的是，所采用的检测方法不能只强调最新版本，还应考虑其有效性。检测方法标准是否有效，由产品标准和施工技术规范是否引用决定的。是否最新版本可通过查新确定，可查询工标网，网址是：www.csres.com。

第二章　路基质量的检验与评定

学习目标

◆ 了解自动弯沉仪和落锤式弯沉仪检测路基路面回弹弯沉的操作要点
◆ 熟悉灌砂法现场检测路基、路面基层压实度的方法标准
◆ 掌握《公路路基施工技术规范》（JTG F10—2006）中路基压实度的检验频率与评定方法
◆ 掌握路基弯沉、沥青路面弯沉的检测要点，熟悉沥青路面弯沉温度修正方法

　　路基工程是公路工程的重要组成部分，用于承受路面所传递的外部荷载及自身荷载。路基工程应具有足够的稳定性、耐久性和足够的承载力。路基的稳定性除与地基承载能力有关外，还与路堤所使用的填料强度、理化性质、密实度（空隙率）等因素有关。弯沉值是表示路基承载能力的常用指标。在现行沥青路面设计规范中，路表弯沉值仍是柔性路面的设计指标之一。路表弯沉所反映的是路面各结构层与土基的回弹总变形，且路基回弹变形是路表弯沉变形的主要影响因素。从这一点看，路基弯沉又在很大程度上影响着路面验收弯沉。路基弯沉值的大小，又分别受到路基填料强度、压实度以及地基所固有的承载能力的影响，因此，对于土质路基而言，足够的填料强度（CBR）和压实度是提高路基弯沉的基本保障。

　　在《公路工程质量检验评定标准》JTG F80/1—2004 中，路基压实度、弯沉值均被确定为实测项目中的关键项目，足见这两个参数在路基施工质量控制过程中的地位和重要性。限于篇幅，本章只对路基路面弯沉检测和路基压实度检测、试验进行深入的学习和探讨。

第一节　路基填料的质量标准和基本要求

一、土质路基填料的基本要求

　　（1）含生活垃圾、草皮树根、腐殖土严禁使用。

　　（2）粉性土、高液限黏土、自由膨胀率高于 40% 的土、含有有机质、易溶盐的土不得直接使用，必须使用时，需采取技术措施加以改善。

　　（3）填料强度和粒径应符合表 2-1 规定。填料强度与填料压实度（密度）呈增函数关系，压实度越高，CBR 值越大。这里所指的填料强度（CBR，%）应为表 2-2 所对应压实度条件下的 CBR 值，通常通过试验室所建立的压实度（或密度）-强度（CBR）关系曲线确定。

路基填料最小强度和最大粒径要求（摘自 JTG F10—2006）　　　表 2-1

填料应用部位（路床顶面以下深度）(cm)		填料最小强度（CBR）(%)			填料最大粒径(mm)
		高速、一级公路	二级公路	三、四级公路	
路堤	上路床（0～30）	8	6	5	100
	下路床（30～80）	5	4	3	100
	上路堤（80～150）	4	3	3	150
	下路堤（＞150）	3	2	2	150
零填及挖方路基	0～30	8	6	5	100
	30～80	5	4	3	100

注：1. 表列强度按《公路土工试验规程》规定的浸水 96h（4 昼夜）的 CBR 试验方法测定。

2. 表中上、下路堤填料最大粒径 150mm 的规定不适用于填石路堤和土石路堤。

二、土质路基的压实度标准

路基压实度应符合表 2-2 规定。

土质路基压实度质量标准（摘自 JTG F10—2006）　　　表 2-2

填挖类型		路床顶面以下深度(m)	压实度（%）	
			高速、一级公路	二级公路
路堤	上路床	0～0.3	≥96	≥95
	下路床	0.3～0.8	≥96	≥95
	上路堤	0.8～1.5	≥94	≥94
	下路堤	＞1.5	≥93	≥92
零填及挖方路基		0～0.3	≥96	≥95
		0.3～0.8	≥96	≥95

注：1. 表列压实度以《公路土工试验规程》重型击实试验方法为准。

2. 路堤基底的压实度应不小于 90%（不在路床范围之内，否则，按路床标准执行）。

三、土质路堤的质量验收标准

路基分项工程中间交工验收，施工企业、监理单位在标段交工验收前的质量评定应按表 2-3 执行。

土质路堤的质量标准（摘自《公路工程质量检验评定标准》JTG F80/1—2004）　表 2-3

项次	检查项目	规定值或允许偏差		检查方法和频率
		高速、一级公路	其他公路	
1△	压实度	符合规定	符合规定	按规范附录 B 检查
2△	弯沉	不大于设计值		按规范附录 I 检查
3	纵断高程（mm）	+10，−15	+10，−20	水准仪：每 200m 测 4 个断面
4	中线偏位（mm）	50	100	经纬仪：每 200m 测 4 点，弯道加 HY、YH 两点
5	宽度	不小于设计	不小于设计	米尺：每 200m 测 4 处
6	平整度（mm）	15	20	3m 直尺：每 200m 测 2 处×10 尺
7	横坡（%）	±0.3	±0.5	水准仪：每 200m 测 4 个断面
8	边坡	不陡于设计	不陡于设计	尺量：每 200m 抽查 4 处

注："△"表示主控项目。

第二节　路基压实度试验检测与评定方法

一、几种常用的压实度检测方法

土质路基压实度检测方法中，常用的有环刀法、灌砂法、水袋法以及核子密湿度仪法。环刀法为直接体积法，该方法简单快捷，但不适合高液限黏土和含粒料的土。

鉴于路基土压实层的压实度形成过程和压实方式，压实度有上高下低的一般性规律。用环刀法检测压实度时，环刀的取样位置应在压实层厚的中间部位，使环刀中的土样压实度正好为整层压实度的平均值。

灌砂法和水袋法均为间接体积法。灌砂法是用量砂体积置换试坑体积，水袋法则是用水的体积置换试坑体积。通过称量试坑中挖出的试样质量，求算出试样湿密度，再通过含水量试验求出试样干密度，进而求出压实度。这两种试验方法的优点是取样可以达到压实层整层厚度，因此能够反映整层压实情况，并且能够适应含有石质粒料的土。缺点是试验步骤和环节较多，易产生偶然误差。

量砂和水在灌砂法和水袋法中充当了标准物质的角色，特别是灌砂法中所使用的量砂，其粒径大小、干湿程度以及所标定的松方密度的准确度，对压实度结果都会产生直接影响。量砂的品质和密度标定也是不可忽视的重要因素。

核子密湿度仪法简便快捷效率高，对指导施工有利，但必须以灌砂法为参照进行比对，找出同种填料的修正系数，修正后才能使用。核子密实湿度仪检测结果不能用于质量评定和质量仲裁。

二、关注两个版本灌砂试验方法

灌砂法是检测土质路基压实度的典型试验方法。

灌砂法在当前的行业标准中存在两个版本：其一，《公路土工试验规程》JTG E40—2007，方法标准号为 T0111—1993；其二，《公路路基路面现场测试规程》JTG E60—2008，方法标准号为 T 0921—2008。工程实践中究竟该执行哪一个方法标准？有必要进行探讨和研究。

1. 两种方法标准的适用范围（表 2-4）

两种击实方法的适用范围　　　　　　　　　　表 2-4

规程名称及标准号	试验方法标准号	目的和适用范围
《公路土工试验规程》 JTG E40—2007	T0111—1993	适用于现场测定细粒土、砂类土和粒类土的密度。试样的最大粒径一般不得超过 15mm，测定密度层的厚度为 150mm～200mm。 注：①在测定细粒土的密度时，可以采用 Φ100mm 的小型灌砂筒； ②如最大粒径超过 15mm，则应用相应的最大灌砂筒和标定罐的尺寸，例如粒径达 40～60mm 的粗粒土，灌砂筒和现场试坑的直径应为 150～200mm
《公路路基路面现场测试规程》 JTG E60—2008	T0921—2008	适用于现场测定基层（或底基层）、砂石路面及路基土的各种材料压实层的密度和压实度检测。但不适用于填石路堤等有大孔洞或大孔隙的材料压实层的压实度检测

表中可以看出，T0111—1993 只适用于土的密度检测，而不针对压实度检测。因此，该方法更倾向于原状土的密度调查。T0921—2008 则明确地表明了适用于场测定基层（或底基层）、砂石路面及路基土的各种材料压实层的密度和压实度检测。

2.两种试验方法的缜密性

研究两种方法还发现，前者所使用的质量称量器具为台秤，称量 10～15kg，感量 5g。而试验方法中则要求称量准确至 1g，这是难以实现的（感量 5g 的台秤，称量 1g 时只能是估读值，因此不可能是准确值）。而后者的计量器具则要求天平或台秤，量程为 10～15kg，感量不大于 1g，试验过程中称量要求准确至 1g 是合适的。

综上所述，根据对两种试验方法的试验目的及适用范围的比较，以及试验方法编写的缜密性、严谨性，在现场测定基层、底基层、砂石路面、各种土质路基压实层的压实度时，建议采用《公路路基路面现场测试规程》T0921 方法。

三、土质路基压实度的质量评定

路基压实度检测分施工过程中的质量检测、评定和分项工程中间交工质量检测、评定两个层次。对施工过程中的分层压度检测，《公路路基施工技术规范》JTG F10—2006 对压实度的检验频率和评定方法都作了具体规定：

压实度的检测频率：不小于 2 点/1000m^2，不足 1000m^2 也检 2 点。（旧版施工技术规范规定不少于 8 点/2000m^2。）

压实度必须点点大于规定值。在《公路工程质量检验评定标准》中，路基压实度给出了代表值、合格值（标准值减 2 个百分点）和极值（标准值减 5 个百分点），而施工技术规范只给出了标准值，因此每一点都必须大于或等于标准值。

在分项工程中间交工验收阶段，代表值 K 可由下式计算。

$$K = \overline{K} - S \times t_a / \sqrt{n} \geqslant K_0$$

式中　　K——压实度代表值（%）；

　　　　$\overline{K}$——评定路段内，n 个压实度检测值的平均值；

　　　　S——检测值的标准差；

　　　　t_a——t 分布表中随测点数和保证率（或置信度 a）而变的系数，通过查表求得；

　　　　n——评定路段内的总测点数；

　　　　K_0——压实度标准值（或设计值）。

第三节　路基、路面弯沉检测

一、贝克曼梁法弯沉检测

1.一般规定

（1）使用贝克曼梁测量路基路面弯沉时，每一双车道评定路段（不超过 1km）检查 80～100 点。两台弯沉仪同时进行左右轮测量时，按两个独立测点计。

（2）弯沉代表值为弯沉测量值的上波动界限，计算公式如下：

$$L = L_{平均} + Z_a S$$

式中　　L——弯沉代表值（0.01mm）；

　　　　$L_{平均}$——实测弯沉值的平均值（0.01mm）；

S——标准差；

Z_a——与保证率有关的系数，高速、一级公路沥青路面 1.645，二、三级公路沥青路面 1.5；高速、一级公路路基、柔性基层 2.0，二、三级公路路基、柔性基层 1.645。

（3）当路基和柔性基层、底基层的弯沉代表值不符合要求时，可将超出 $L_{平均}\pm$（2～3）S 的弯沉特异值舍去，重新计算平均值和标准差。对舍去的大值点应找出周围界限，进行局部处理。

若在非不利季节测定时，应考虑季节影响系数。

2. 弯沉值测量的重点与要点

（1）用贝克曼梁测定弯沉，采用 BZZ-100 的标准车，参数应满足表 2-5 要求。

BZZ-100 的标准车技术参数　　　　　　　　　　表 2-5

标准轴载等级	BZZ-100
后轴标准轴载（kN）	100±1
一侧双轮荷载（kN）	50±0.5
轮胎充气压力（MPa）	0.70±0.05（0.65～0.75）
单轮传压面当量圆直径（cm）	20.3±0.5
轮隙宽度	满足试验要求

（2）测定沥青面层弯沉时应进行温度修正。当沥青层厚度小于等于 50mm 时，或路面平均温度在 20±2℃ 范围内时，可不进行温度修正。

为了获得沥青路面的平均温度，需同步检测沥青路面表面的即时温度，测定路表温度时应采用接触式路表温度计（端部为平头），分度值不大于 1℃。

（3）弯沉检测前应按表 2-5 测定轴载和轮胎接地面积。测定轮胎接地面积应在坚实平整的地面上进行（也可使用厚度 10mm 左右的钢板）。用千斤顶顶起后轴，在轮胎接地处的正下方铺一张新的复写纸，复写纸下面放一张方格坐标纸，轻轻落下千斤顶，方格纸上即可印上轮胎印痕，用求积仪或数格的方式求取轮胎接地面积，换算成当量圆直径，准确至 0.1cm。

（4）测定沥青路面弯沉时，路表温度应同步测量，随时记录。前 5d 的平均气温可通过当地气象台了解，也可通过网络查询（日最高气温与最低气温的平均值）。

（5）弯沉仪测头应置于一侧双轮轮隙的中间，并按车的前进方向向前放置约 3～5cm，当汽车向前移动时，百分表随路面变形增大而持续向前转动。当达到最大值时迅速读取初读数，之后随着汽车的继续前行，表针开始反转，直到汽车使出弯沉影响区，汽车继续前行，这时表针已经稳定，可读取终读数。

（6）当采用 3.6m 弯沉仪测定半刚性基层沥青路面时应进行支点变形修正。

3. 弯沉检测容易被忽视的问题

（1）使用不规范或达不到标准要求的汽车检测弯沉（贝克曼梁法）。一些单位并不把弯沉车当主要检测设备看待，不配备专用弯沉检测车，需要时随时租用社会运输车辆。测量前只注重后轴重的校准，其他指标和参数很少顾及。

（2）使用 3.6m 弯沉仪检测半刚性基层沥青路面时不测支点修正系数。半刚性基层因为刚度大，弯沉盆半径也较大，使用 3.6m 弯沉仪时，支点距测点位置（弯沉盆中心点）为 2.4m。当弯沉盆半径大于 2.4m 时，就会产生支点位移，影响弯沉值精度，必要时应加以修正。

4. 关于沥青路面弯沉值温度修正方法的思考

1）基于路基路面现场测试规程规定的方法进行温度修正

沥青路面弯沉温度修正过程比较复杂，《路基路面现场测试规程》T 0951—2008 的修正程序为：检测弯沉时应同时检测并记录路表温度，之后应调查、搜集前 5 天平均气温，接下来查图并计算沥青层平均温度 $t = (t_{25} + t_m + t_e)/3$（符号意义见 T 0951—2008），再根据柔性或半刚性路面基层的不同情况查出温度修正系数 K，沥青路面回弹弯沉值可由下式求得。

$$L_{20} = L_t \times K$$

式中　K——温度修正系数；

　　L_{20}——换算为 20℃的沥青路面回弹弯沉值（0.01mm）；

　　L_t——测定时沥青面层的平均温度为 t 时的回弹弯沉值（0.01mm）。

现场测试规程在条文说明中解释为：

根据检测数据，按照《公路工程质量检验评定标准》JTG F80/1—2004 的规定计算评定路段的代表弯沉值，公式如下：

$$L_r = L_{平均} + Z_a S$$

式中　L_r——一个评定路段的代表弯沉（0.01mm）；

　　$L_{平均}$——一个评定路段内经各项修正后的个测点弯沉的平均值（0.01mm）；

　　Z_a——与保证率有关的系数；

　　S——一个评定路段内经各项修正后的全部测点弯沉的标准差（0.01mm）。

由此可知，温度修正系数是针对每个测点弯沉值进行修正，而不是对平均值或者代表值进行修正，因此工作量大且十分繁杂。

现场测试规程条文说明中还明确：温度修正也可以参考现行《公路沥青路面设计规范》JTG D50 的公式执行。

2）基于公路沥青路面设计规范规定的方法进行温度修正

《公路沥青路面设计规范》JTG D50—2006 第 9.2.3 条：（沥青路面加铺层）各路段应采用 BZZ-100 标准轴载汽车，用贝克曼梁测定原有路面的弯沉值，……各路段的计算弯沉值 L_0 按下式计算：

$$L_0 = (L_{平均} + Z_a S) K_1 K_2 K_3$$

式中　L_0——路段内实测路表弯沉代表值（0.01mm）；

　　$L_{平均}$——路段内实测路表弯沉平均值（0.01mm）；

　　S——路段内实测路表弯沉标准差（0.01mm）；

　　Z_a——与保证率有关的系数，高、一级公路取 1.645，其他公路取 1.5；

　　K_1——季节影响系数，根据当地经验确定；

　　K_2——湿度影响系数，根据当地经验确定；

　　K_3——温度影响系数，温度修正方法：可按照《公路路基路面现场测试规程》中的规定进行或根据条文说明或当地的实测资料进行修正。

不难看出，《公路沥青路面设计规范》JTG D50—2006 明确给出了实测弯沉值经计算平均值、标准差后进行温度修正的工作流程。

《公路沥青路面设计规范》JTG D50—2006 条文说明第 8.0.15 条规定温度修正可按下列方法进行：

(1) 测定时的沥青面层平均温度 T 按下式计算：

$$T = a + bT_0$$

式中　T——测定时沥青面层平均温度（℃）；

　　　a——系数，$a = -2.65 + 0.52h$；

　　　b——系数，$b = 0.62 - 0.008h$；

　　　T_0——测定时路表温度与前 5 日平均温度之和（℃）；

　　　h——沥青面层厚度（cm）。

(2) 沥青路面弯沉的温度修正系数 K_3 按下式计算：

当 $T \geq 20$℃时，$K_3 = e^{(\frac{1}{T} - \frac{1}{20})h}$

当 $T \leq 20$℃时，$K_3 = e^{0.002(20-T)h}$

这一公式化的温度修正系数较《公路路基路面现场测试规程》T 0951 查图法更加简单快捷。

综上所述，设计规范规定的温度修正方法便于操作和计算。一是先进行实测代表值计算，后进行温度修正，修正计算量小；二是修正系数公式化，误差小，便于计算机计算，提高工作效率。

二、自动弯沉仪测定路面弯沉检测方法简介

贝克曼梁法是检测路基路面回弹弯沉值的典型方法。在我国，采用贝克曼梁法所测回弹弯沉值目前仍是柔性路面结构厚度的设计参数之一，同时也是路基路面验收弯沉检测的主要手段。但限于其工作效率低、劳动强度大、测试精度不易保证的缺点，我国从 20 世纪 80 年代又陆续引进了自动弯沉仪技术和落锤式弯沉仪技术，弯沉检测自动化程度大大提高，特别是在旧路面弯沉调查、高等级公路路面弯沉验收工作中发挥了极其重要的作用。

我国从国外引进的自动弯沉仪多为英国或法国生产的 lacrooix 型，国产自动弯沉仪与引进型自动弯沉仪工作原理相似。

自动弯沉仪和贝克曼梁弯沉仪所测弯沉值均属于静态弯沉值。全自动弯沉仪利用了贝克曼梁弯沉仪检测原理，并且实现了数据的自动采集和连续检测，其检测车型和标准条件与贝克曼梁弯沉车一致。

尽管自动弯沉仪检测值和贝克曼梁弯沉检测值都属于静态弯沉，但贝克曼梁弯沉值为回弹弯沉值，而全自动弯沉仪测值为总弯沉值，两者是有区别的。而我国不论是路面设计参数还是路面竣工验收指标，均要求采用回弹弯沉值。因此，使用自动弯沉仪检测弯沉值，就必须与贝克曼梁弯沉值（回弹弯沉值）建立换算关系，即修正系数。

修正系数是两种不同检测方法，按相同条件、测点一一对应，经对比试验、数据采集、数据回归分析取得的。不同的路面结构和路面干湿条件对弯沉值有影响，因此，应将所在地区自动弯沉仪可能检测的路段，按照路面结构情况和路基干湿类型划分成若干种基本情况（4～5种），通过对比试验，分别取得修正系数，以便根据情况随时采用。

测定修正系数对比试验时，应满足以下条件：

（1）对比路段长度宜为300～500m。

（2）对比路段的路面应清洁干燥，温度应在10～35℃范围内，并且选择温度变化不大的时间段，宜选择晴天无风的天气条件，试验路段附近没有重型交通和震动。

（3）必须点对点检测，自动弯沉仪以3.5km/h速度采集数据，工作人员每隔3个步距或20m左右标记出贝克曼梁弯沉测点。

（4）自动弯沉仪检测过后需等待30min，贝克曼梁按照标记的点逐点检测。

需要强调的是，无论是进口自动弯沉仪还是国产自动弯沉仪，都必须与贝克曼梁同路段条件对比修正，否则所测数据无效。

三、落锤式弯沉仪（FWD）测定弯沉试验方法简介

1. 工作原理

落锤式弯沉仪（FWD）是在标准质量的重锤下落一定高度所发生的冲击荷载作用下，使路基路面表面产生瞬时变形，经安置在梁架不同部位上的位移传感器采集变形数据，检测动态荷载作用下产生的动态弯沉及弯沉盆。

2. 适用范围

可根据动态弯沉反算出路基路面动态弹性模量，作为设计参数使用；通过修正系数转换成回弹弯沉值，可用于评定道路承载能力，也可用于调查水泥混凝土路面接缝的传力效果，探查路面板下空洞等（即混凝土路面面板脱空调查）。

3. 荷载发生装置

重锤质量一般为200kg，通过控制重锤提升高度，限定产生的冲击荷载为50kN±2.5kN，作用于直径为300mm的承载板上。

4. 弯沉检测装置

弯沉检测装置由一组高精度位移传感器组成，以承载板中心（重锤锤击点中心）为零点，沿道路纵向隔开一定距离设置一只传感器，传感器总数一般不少于7个（如为1个传感器，且设在承载板中心，则只能检测单点总变形而无法检测弯沉盆。单传感器多见于国产简易型）。7个传感器的布置位置至少应包括0、30、60、90cm四点，最远点为250cm。

5. 牵引装置

合适的车辆。牵引弯沉检测装置时行驶速度不宜超过50km。

6. 检测

承载板中心位置对准测点，承载板自动落下，放下弯沉装置的各个传感器。启动落锤装置，落锤瞬即自由下落，冲击力作用于承载板上，又立即自动提升至原来位置固定。与此同时，传感器检测结构层表面变形值，计算机自动采集、处理数据，得到峰值，即路面动态弯沉（当输入与贝克曼梁修正系数后输出回弹弯沉）。如配置有足够的传感器数量，可同时得到弯沉盆的有关参数。

每一测点应重复检测不少于3次，舍去第一个测值，取第一次以后的测定值的平均值作为计算依据。

7. 与贝克曼梁的对比试验

由于FWD测定的是动态弯沉，与贝克曼梁检测原理并不一致，鉴于两者在一定条件

下具有相关性，因此也将 FWD 作为回弹弯沉的一种检测方法。因此，和自动弯沉仪法一样，使用前也需要进行相关性对比试验，取得回归方程式，以获得回弹弯沉值。

应对不同的路面结构形式分别进行对比试验。对比试验路段长度 300～500m，弯沉值应有一定的变化幅度。

对比试验应点对点试验，两种方法测点的位置偏差不得超过 30mm；两种仪器测试时间间隔不应超过 10min。

第四节 本 章 小 结

一、灌砂法

灌砂法存在两个版本。一个版本是公路土工试验规程中的 T 0111—1993，适用于现场测定细粒土、砂类土和粒类土的密度，主要用于原状土密度调差。另一个版本是公路路基路面现场测试规程中的 T 0921—2008，适用于现场测定基层（或底基层）、砂石路面及路基土的各种材料压实层的密度和压实度检测。

二、土质路基压实度

土质路基压实度在不同阶段采用的评定方法不同。施工过程中的分层压实评定（施工企业自检、监理抽检）应点点合格；路基分项工程中间交工验收质量评定则应通过数理统计方法计算代表值，当代表值合格、按应扣分的单点计算合格率大于 90%（压实度为实测项目中的关键项目），且所有单点检测值均不小于极值，才能判定该分项工程压实度合格，否则为不合格。

三、贝克曼梁法

贝克曼梁法是回弹弯沉检测的典型方法，使用自动弯沉仪、FWD 等间接方法应与贝克曼梁法作对比，并找出修正关系。

四、JTG E60—2008 与 JTG D50—2006 的比较

路基路面现场测试规程 JTG E60—2008 规定的沥青路面弯沉温度修正系数求取及计算方法相对复杂，工作量大，查图易产生误差。《公路沥青路面设计规范》JTG D50—2006 给出的修正方法较为简单易行，便于使用计算机计算，工作效率高。

第三章　沥青路面施工质量检验与控制要点

学习目标

◆了解工程级配范围与规范级配范围的区别
◆熟悉沥青混合料（AC）施工配合比设计程序和要点
◆掌握沥青路面压实度标准密度的确定方法

　　我国90％以上公路路面为沥青路面。沥青路面具有施工方便快捷，便于大规模机械化施工，开放交通早，维修简单，行车舒适，材料可以循环利用，节能环保等优点，在公路建设过程中被大量采用。将沥青混合料作为路面磨耗层，配合半刚性基层组成"强基薄面"路面结构，在充分利用半刚性路面材料较强的承载能力的同时，保留了沥青路面的行车舒适性和耐磨性的优点，可大幅度降低工程造价。这一模式在河南省路网项目中被长期大量使用。将柔性基层与多层沥青面层合理组合，可以形成"长寿命沥青路面"，大大延长翻修周期，提高公路的社会服务水平。这一模式正在成为高速公路等高等级公路的基本路面结构组合形式。

　　一条高水平的沥青路面的产生，需要通过周密规划、科学设计、规范施工和规范化管理来实现。合理选择混合料类型、科学设计矿料工程级配范围和混合料公称最大粒径、规范沥青混合料配合比设计方法、严格生产过程中的质量检测和管控，是沥青路面从原材料到沥青压实面层的重要环节。本章将就这些问题展开讨论。

第一节　沥青混合料类型的选择

　　热拌沥青混合料（HMA）适用于各种等级公路的沥青路面。其种类按集料公称最大粒径、矿料级配、空隙率分类见表3-1。

热拌沥青混合料种类（摘自《公路沥青路面施工技术规范》JTG F40—2004）　表 3-1

混合料类型	密集配		间断级配	开级配		半开级配	公称最大粒径（mm）	最大粒径（mm）
	连续级配		间断级配	间断级配				
	沥青混凝土	沥青稳定碎石	沥青玛蹄脂碎石	排水式沥青磨耗层	排水式沥青碎石基层	沥青碎石		
特粗式	—	ATB-40	—	—	ATPB-40	—	37.5	53.0
粗粒式	—	ATB-30	—	—	ATPB-30	—	31.5	37.5
	AC-25	ATB-25	—	—	ATPB-25	—	26.5	31.5
中粒式	AC-20	—	SMA-20	—	—	AM-20	19	26.5
	AC-16	—	SMA-16	OGFC-16	—	AM-16	16	19

| 混合料类型 | 密集配 | | | 开级配 | | 半开级配 | 公称最大粒径(mm) | 最大粒径(mm) |
| | 连续级配 | | 间断级配 | 间断级配 | | 沥青碎石 | | |
	沥青混凝土	沥青稳定碎石	沥青玛蹄脂碎石	排水式沥青磨耗层	排水式沥青碎石基层			
细粒式	AC-13	—	SMA-13	OGFC-13	—	AM-13	13.2	16
	AC-10	—	SMA-10	OGFC-10	—	AM-10	9.5	13.2
砂粒式	AC-5	—	—	—	—	AM-5	4.75	9.5
设计空隙率(%)	3～5	3～6	3～4	>18	>18	6～12	—	—

　　一条公路的沥青路面面层选择什么样的混合料类型，如何确定公称最大粒径，要根据公路所在气候分区中高温区（气温最高月份的日最高气温的平均值）、低温区（一年内极端最低气温值）、雨量分区（年降雨量）、交通环境（交通量、轴载、是否渠化交通等）、压实层厚度以及沥青面层所在层位等因素综合确定。这一过程通常由工程设计给出，当无工程设计时，则应在材料设计阶段根据上述原则自行确定。

第二节　确定个性的工程级配

　　工程级配也称作工程设计级配，一般是由工程设计文件或招标文件给出。设计级配的级配范围应根据公路等级、工程性质、气候条件、交通条件、材料品种等因素，通过对条件大体相当的已建工程使用情况进行调查研究后调整确定。

一、调整工程设计级配的原则（以 AC 为例）

　　(1) 夏季温度高、高温持续时间长、重载交通多、坡道长的路段宜选用粗型(AC-C)，并取较高的空隙率（接近上限）。冬季气温低且低温持续时间长的地区，或者重载交通较少的路段，宜选用细型密级配混合料（AC-F），并取较小的空隙率（接近下限）。

　　(2) 兼顾高温抗车辙性能和低温抗裂性能的需要，配合比设计时宜适当减少公称最大粒径附近的粗集料用量，减少 0.6mm 以下部分细粉料的用量，使中等粒径集料较多，形成 S 形级配曲线，并取得中等偏高水平的设计空隙率。

　　(3) 确定各层的工程设计级配范围时应考虑不同层位的功能需要，经组合设计的沥青路面应能满足耐久性、稳定、密水、抗滑等技术性能要求。

　　(4) 根据公路等级和施工设备的控制水平，确定的工程设计级配范围应比规范级配范围窄，其中 4.75mm、2.36mm 通过率的上下限差值宜小于 12%。

　　(5) 沥青混合料的配合比设计应充分考虑施工工艺性要求，使沥青混合料容易摊铺和压实。

二、工程级配示例

　　图 3-1 为沥青路面施工技术规范给定级配范围（AC-20）与某高速公路采用的工程级配范围（AC-20C）。不难看出，工程级配范围在级配曲线的中段较规范给定级配范围窄，在级配的后段（细集料部分）较规范给定中值粗。而前段（粗集料部分）则与规范规定范围大体一致。这是一个抗车辙性能比较好的矿料级配示例。

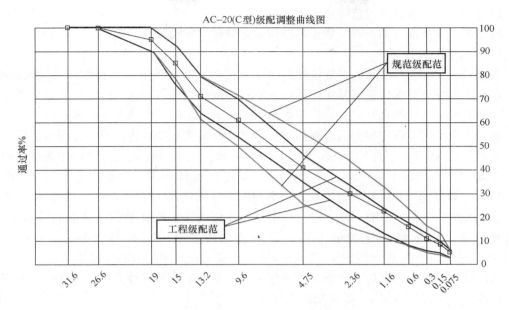

图 3-1　沥青混合料工程级配示例

第三节　沥青混凝土配合比设计

热拌沥青混合料配合比设计共分三个阶段：第一阶段是目标配合比设计阶段；第二阶段是生产配合比设计阶段；第三阶段是生产配合比验证阶段。

一、目标配合比设计

目标配合比设计的目的：为验证拟用于工程的原材料按照规定的方法、规定的温度和工艺拌制的混合料所呈现的高温抗车辙性能、低温抗裂性能、水稳定性能以及抗渗性能等技术性能与施工技术规范（或设计）的一致性的技术操作。换言之，目标配合比阶段就是为了证明现有的材料经配合比设计和技术性能验证能否达到施工技术规范中设定的指标要求，在各项指标均满足施工技术规范的前提下，优选矿料级配、确定最佳沥青用量（或油石比），以此作为目标配合比，供生产配合比设计时拌和机确定各冷料仓的供料比例、进料速度和油石比选择的参考目标。

1. 材料准备

目标配合比设计所使用的原材料应采用拟用于工程的原材料，一般应取自于拌和站，如拌和站尚未存料，则应从生产厂家取样，但前提是供需双方已签订了采购协议。原材料供货商应保证在生产期间持续稳定供货，防止频繁更换原材料。如混合料生产期间该换了原材料品种，且因此影响了混合料的质量性能和技术指标，则应重新设计配合比。

原材料取样应保证具有代表性。各种集料（含矿粉）按要求缩分至试验要求数量，并按照公路工程集料试验规程规定方法进行单粒级配筛分析试验，各种密度试验，以及施工技术规范要求的其他物理指标试验。单一规格的集料的某项指标可能不合格，但经不同粒径规格按比例组合后的集料混合料指标符合要求时，规范规定允许使用。

胶结材料（沥青）应符合规范要求的等级标准、技术指标，以及设计要求的标号。

填料质量标准应符合规范（或设计）要求。

添加剂、改性剂（如果有）质量标准应符合规范（或设计）要求。

2. 矿料级配设计

通过 Excel 用试算法调整矿料级配是非常方便的，当已确定了工程级配（设计级配）时，宜按工程级配要求调整三种粗细不同的矿料级配供选择 VMA（矿料间隙率）试验使用。三种级配（主要筛孔）应分别位于级配范围要求的上限、中值和下限附近。

如无工程级配，则应根据混合料的粗细类型（C 型或 F 型）将关键筛孔规定值定义为设计级配上限（C 型），或下限（F 型）。当 4.75mm 为关键筛孔时，关键筛孔通过率规定值分别减（C 型）或加（F 型）12％作为工程设计级配的下限（C 型）或上限（F 型）；当 2.36mm 为关键筛孔时，关键筛孔通过率规定值分别减（C 型）或加（F 型）10％作为工程设计级配的下限（C 型）或上限（F 型）以此作为关键筛孔的设计级配的控制范围。在此基础上，根据级配连续的原则，对其他主要筛孔（公称最大粒径、4.75mm、2.36mm、0.075mm）合理设定工程级配范围，完成工程级配范围的设定工作。

设计级配范围确定以后，宜在其范围内调配出粗、中、细三种矿料级配进行目标配合比组成设计，供选择 VMA（矿料间隙率）试验使用。

矿料级配合成曲线应圆滑顺适，避免犬齿状线形发生，以防集料离析。

当使用河砂等天然砂作为细集料时，应严格控制 0.3～0.6mm 颗粒含量。Superpave 认为，天然砂中 0.3～0.6mm 颗粒比表面积较大，棱角性差，过多的含量是造成沥青混合料高温稳定性差的主要原因。因此，我国现行施工技术规范引入了 Superpave 的研究成果，严格限制河砂的使用量，并规定矿料级配在 0.3～0.6mm 区段不出现"驼峰"。

按照当地经验拟定一个沥青用量，用合成的粗中细矿料级配成型马歇尔试件，测定 VMA。从中选择出一组 VMA 接近设计要求的级配作为工程设计级配。

当三组试件的 VMA 均不能满足要求时，应重新调整矿料级配。

3. 马歇尔试验及体积指标计算

马歇尔试件体积指标除与矿料级配、油石比有直接关系外，还与试件的成型温度有直接关系。严格控制试件成型温度，是马歇尔试件成型的关键环节。马歇尔试验按以下步骤进行：

（1）设定马歇尔试件成型温度。马歇尔、车辙试件的制作温度见表 3-2。

沥青混合料试件制作温度（℃）（摘自《公路沥青路面施工技术规范》JTG F40—2004）

表 3-2

试验工序	石油沥青标号				
	50 号	70 号	90 号	110 号	130 号
沥青加热温度	160～170	155～165	150～160	145～155	140～150
矿料加热温度	较沥青温度高 10～30（填料不加热）				
混合料拌和温度	150～170	145～165	140～160	135～155	150～150
试件成型温度	140～160	135～155	130～150	125～145	120～140

注：表中数值仅供参考，并且不宜都取中值，应根据沥青的实际针入度或黏度合理选择。

值得注意的是，试件成型温度（马歇尔试件击实温度、车辙试件碾压温度）的高低，直径影响着试件的毛体积密度和空隙率。因此，这一温度必须严格掌握，试件成型温度应与沥青路面复压温度相一致。在河南省，70号和90号沥青使用较多，复压温度采用145℃和140℃较为常见，如无沥青黏-温曲线时可参考使用表3-2的相关温度指标（应为碾压层内部温度）。

（2）根据各种矿料（含填料）毛体积相对密度和矿料合成配合比的比例，计算矿料混合料的合成毛体积相对密度，用于改性沥青混合料矿料有效相对密度的计算（普通沥青混合料此步骤可省略。计算公式参见施工技术规范）。

（3）根据各种矿料（含填料）表观相对密度和矿料合成配合比的比例，计算矿料混合料的合成表观相对密度。矿料混合料的合成表观相对密度值将参与改性沥青混合料矿料有效相对密度的计算（普通沥青混合料此步骤可省略。计算公式参见施工技术规范）。

（4）根据当地工程经验，预估最佳沥青用量（或油石比）。

（5）对非改性沥青混合料，取预估的最佳沥青用量和符合矿料间隙率要求的矿料级配，拌制2组混合料，采用真空法实测最大相对密度，取平均值。根据沥青比重和沥青用量反算合成矿料的有效相对密度（计算公式参见施工技术规范）。

改性沥青混合料的合成矿料有效相对密度则采用合成矿料的毛体积相对密度、表观相对密度、合成矿料的吸水率，按照施工技术规范给定的计算公式求得。

（6）以预估的沥青用量（或油石比）为中值，按一定的间隔配制不少于5个油石比分别成型马歇尔试件，每个油石比所成型的试件数量应不少于4个。

（7）测定马歇尔试件的毛体积密度、吸水率，取平均值。

（8）确定沥青混合料的最大理论相对密度。非改性沥青混合料采用真空法，改性沥青混合料利用原材料已测定的相关参数计算求得（计算公式参见施工技术规范）。

（9）根据试件的毛体积相对密度、混合料理论密度计算空隙率；根据试件毛体积相对密度、矿料混合料的合成毛体积相对密度和沥青用量计算矿料间隙率；根据空隙率和矿料间隙率计算有效沥青饱和度（计算公式参见施工技术规范）。

（10）测定马歇尔试件稳定度、流值。

4. 确定最佳沥青用量

前边所讲的预估最佳沥青用量，是为了完成一系列的计算及试验工作而选取的假定值。最后确定的最佳沥青用量则要通过最佳沥青用量（油石比）的选取原则和方法最终确定。

施工技术规范给定的预估沥青用量（预估油石比）是参考已建类似工程的标准油石比、工程集料的合成毛体积相对密度以及新工程拟采用的矿料级配条件下的集料合成毛体积相对密度按正比例关系计算求得。事实上，已建类似工程的油石比难说合理，这是其一。以前的施工技术资料是否容易得到，这是其二。最佳油石比是通过5个油石比（每个油石比间隔0.4%～0.5%）成型马歇尔试件，检测各种指标后最后确定的。油石比从大到小有2个百分点的变化幅度，有一定检验的配合比设计人员是可以预估到最佳油石比一定范围内的。当然，在没有经验的前提下，采用规范给定的方法是最为安全的。

选取的最佳沥青用量（或油石比）其沥青混合料的马歇尔稳定度、流值应满足规范要求；空隙率应接近设计值或规范规定范围的中值；密度值在峰值附近；矿料间隙率、有效沥青饱和度应同时符合规范要求。

最后确定的油石比还应考虑公路等级、气候条件，以及应充分考虑的其他情况，并通过计算有效沥青含量、粉胶比和有效沥青膜厚度等因素综合确定，必要时可适当调整最佳油石比。

5. 设计配合比的检验

最后确定的最佳油石比要通过成型试件进行相应的技术性能检验。必须检验的项目有：高温稳定性（车辙试验）、水稳定性（浸水马歇尔试验和冻融劈裂试验）；根据需要选择检验的项目有：低温抗裂性（低温弯曲试验）、渗水系数检验（渗水系数试验）。

当确定的最佳油石比拌制的沥青混合料通过上述各种指标检验均符合规范或设计要求时，则该目标配合比就可以唯一确定了。

目标配合比不能代替生产配合比直接使用。

二、生产配合比设计（针对间歇式拌和站）

生产配合比设计的目的是为施工提供技术性、工艺性、经济性兼备的能够直接用于生产的配合比，是在目标配合比设计阶段确定的最佳沥青用量和矿料级配的基础上，针对二次筛分后各号热仓内的矿料及到场的其他原材料进行的组成设计。与目标配合比设计阶段所不同的是，使用的矿料进行了加热和二次筛分，矿料的颗粒分级是根据拌和站的热仓数量、设备的性能和热仓振动筛筛孔情况确定的；沥青用量、级配曲线各筛孔的通过率已有了相对明确的目标；不同沥青用量所制作的马歇尔试件的组数相应减少。

配合比的设计过程与验证的参数与目标配合比设计阶段完全相同。

三、生产配合比验证阶段

通过对铺筑试验段的考察，在检验施工工艺性、工料机组合合理性的同时，还应重点观察、检测和评价所铺筑路面的技术性，如混合料的适宜碾压温度、可碾性、完成压实后所钻取芯样的密度、马歇尔指标和体积指标等，以确定生产配合比是否需要作进一步调整。

经过三个阶段所确定的配合比在施工过程中不宜轻易调整。

第四节　施工阶段混合料质量检验的内容

一、施工过程中沥青质量检查的项目与频率（表 3-3）

施工过程中沥青质量检验的项目与频度（摘自《公路沥青路面施工技术规范》）　**表 3-3**

材料名称	检查项目	检查频率		平行试验次数或一次试验的试样数量
		高速、一级公路	其他等级公路	
石油沥青	针入度	每 2～3 天 1 次	每周一次	3
	软化点			2
	延度			3
	含蜡量	必要时	必要时	2～3
改性沥青	针入度	每天 1 次	每天 1 次	3
	软化点	每天 1 次	每天 1 次	2
	离析试验（对成品改性沥青）	每周 1 次	每周 1 次	2

材料名称	检查项目	检查频率		平行试验次数或一次试验的试样数量
		高速、一级公路	其他等级公路	
改性沥青	低温延度	必要时	必要时	3
	弹性恢复	必要时	必要时	3
	显微镜观察（对现场改性沥青）	随时	随时	—
乳化沥青	蒸发残留物含量	每2～3天1次	每周1次	2
	蒸发残留物针入度	每2～3天1次	每周1次	2
改性乳化沥青	蒸发残留物含量	每2～3天1次	每周1次	2
	蒸发残留物针入度	每2～3天1次	每周1次	3
	蒸发残留物软化点	每2～3天1次	每周1次	2
	蒸发残留物延度	必要时	必要时	3

二、热拌沥青混合料质量要求和抽检频度（表3-4和表3-5）

热拌沥青混合料的检验频度和质量要求（摘自《公路沥青路面施工技术规范》）　　表3-4

项　　目		检查频度及单点检验评价方法	质量和要求或允许偏差		试验方法
			高速、一级公路	其他等级公路	
混合料外观		随时	观察集料粗细、均匀性、离析、油石比、色泽、冒烟、有无花白料、油团等各种现象		目测
拌和温度	沥青、集料的加热温度	逐盘检测评定	符合规范要求		传感器自动检测显示、打印
	混合料出厂温度	逐车检查评定	符合规范要求		传感器自动检测、显示并打印，出厂时逐车按T0981人工检测
		逐盘测量记录，每天取平均值评定	符合规范要求		传感器自动检测并打印
矿料级配（筛孔）	0.075mm	逐盘在线检测	±2%（2%）	—	计算机采集数据计算
	≤2.36mm		±5%（4%）	—	
	≥4.75mm		±6%（5%）	—	
	0.075mm	逐盘检查，每天汇总一次取平均值	±1%		按施工技术规范附录G总量检验
	≤2.36mm		±2%		
	≥4.75mm		±2%		
	0.075mm	每台拌和机每天1～2次，以2个试样的平均值评定	±2%（2%）	±2%	按T 0722/0735抽提，按T 0725对抽提矿料筛分，再与标准级配比较
	≤2.36mm		±5%（3%）	±6%	
	≥4.75mm		±6%（4%）	±7%	

项　　目	检查频度及单点检验评价方法	质量和要求或允许偏差		试验方法
		高速、一级公路	其他等级公路	
沥青用量（油石比）	逐盘在线监测	±0.3%		计算机采集数据计算
	逐盘检查，每天汇总一次取平均值评定	±0.1%		按施工技术规范附录G总量检验（规范标附录F不准确）
	每台拌和机每天1～2次，以两个试样的平均值评定	±0.3%		T 0722（离心分离法）T 0721（射线法）T 0735（燃烧炉法）
马歇尔试验：空隙率、稳定度、流值	每台拌和机每天1～2次，以4～6个试件的平均值评定	符合施工技术规范或设计要求		T 0701（混合料取样方法）T 0702（马歇尔击实法）T 0709（马歇尔稳定度试验）
浸水马歇尔试验	必要时（试件数量同马歇尔试验）	符合施工技术规范或设计要求		T 0701（混合料取样方法）T 0702（马歇尔击实法）T 0709（马歇尔稳定度试验）
车辙试验	必要时（以3个试件的平均值评定）	符合施工技术规范或设计要求		T 0701（混合料取样方法）T 0703（试件制作轮碾法）T 0719（车辙试验方法）

马歇尔试验结果除应符合施工技术规范规定以外，还应符合设计要求。

表中有几点需要说明：

（1）2011 年新修订的《公路沥青及沥青混合料试验规程》中列入了 T 0735 沥青含量试验（燃烧炉法）。该方法在编入规程之前，已在很多公路工程试验检测机构和工程项目工地试验室广泛使用，因此建议在表中的试验方法栏加入该方法。

（2）沥青用量逐盘检查，每天汇总一次，试验方法中要求"按附录 F 总量检验"不够准确，应按附录 G 检验评定。

（3）"马歇尔试验"栏试验方法中应增加取样方法。附录 B、附录 C 的内容是按预定的配合比配制混合料，以检验、评价配合比的技术性、工艺性好经济性，是配合比设计过程。在施工过程中的"马歇尔检验"是为了检验施工配合比与设计的配合比的符合性，是质量检验，因此按照附录 B、附录 C 不适合。

第五节　沥青路面质量过程控制及总量检验方法

参考《公路沥青路面施工技术规范》JTG F40—2004 附录 G：

1. 采用间歇式拌和机生产沥青混合料时，必须配备计算机自动采集及打印数据的装置，进行沥青混合料的"过程控制"（即在线控制）和总量检验。

2. 开始拌和前应设定每拌和一盘沥青混合料的生产量。按经过验证的施工配合比计算各号热料仓、矿粉、沥青及添加剂的标准用量，设定各项施工温度。

拌和过程中计算机通过传感器采集每拌和一盘混合料的各项数据，由计算机自动处理或者逐盘打印这些数据，进行沥青混合料质量的在线控制。在生产稳定时，也可以不进行逐盘打印，只打印汇总统计值，进行当班配合比校正。

3. 级配在线监控。计算机必须逐盘采集各项数据，按各个料仓的筛分曲线，逐盘计算出矿料级配，与确定的生产配合比级配范围或容许的施工波动范围进行比较，实时评定矿料级配是否符合要求。当发现有不合格的情况时，必须引起注意。如果连续 3 盘以上都出现不合格的情况，应对设定值适当调整。

4. 油石比在线监控。计算机必须逐盘采集沥青结合料的实际使用量以及沥青混合料的生产量，计算油石比（或沥青用量），与设计值及容许的波动范围相比较，评定是否符合设计（或规范）要求。如果连续 3 盘以上不符合要求时，应对设定值适当调整。

5. 温度在线监控。计算机必须实时监测和采集与沥青混合料生产有关的各种施工温度，与规范或预定的温度要求进行比较，评定是否符合要求。需要注意的是，由于温度传感器设置的位置不同，所检测到的温度并不一定能直接反映材料真实温度。应以插入式温度计所检测到的沥青混合料温度为准，以此评定混合料生产环节中各种温度设定是否合理。

6. 总量检验报告。总量检验报告的周期可以是一个工作日、一个台班。施工停止时，计算机应自动计算并打印出各项数据的统计结果。其中沥青混合料的矿料级配可以是全部筛孔，但只对 5 个关键筛孔（0.075mm、2.36mm、4.75mm、公称最大粒径、一档较粗的控制性粒径筛孔）进行评定。

计算作业班或当天生产的全部沥青混合料各种材料用量的平均值、标准差、变异系数，进行沥青混合料生产质量的总体检验。

7. 利用一个评定周期的沥青混合料总生产量，与通过施工总面积、沥青混合料密度、施工压实厚度计算的理论总用量比较，进行总量校核。

第六节　沥青面层压实度评定方法

沥青路面的压实度应加强过程控制，尽量减少破损性检测。应采取温度、级配、压实工艺的过程控制，核子密度仪、无核密度仪跟踪监测、适度钻芯抽检压实度校核的方法。

施工过程中的压实度检验不得采用配合比设计时的标准密度，应按如下方法逐日检测确定。

一、施工过程中压实度质量检验与评定方法

1. 以试验室当天试件密度作为标准密度（压实度要求达到 96%，SMA98%。指高速公路、一级公路，下同）。沥青拌和站每天取样 1～2 次，实测马歇尔试件密度，取平均值作为该批混合料铺筑路段压实度的标准密度。其试件成型温度与路面复压温度一致。

2. 以每天实测的最大理论密度作为标准密度（压实度要求达到 92%，SMA94%）。对于普通沥青混合料，沥青拌和站在取样进行马歇尔试验的同时，以真空法实测最大理论密度，平行试验不少于 2 次，以平均值作为该批混合料铺筑路段压实度的标准密度；对于改性沥青混合料，SMA 混合料，以每天总量检验的平均筛分结果及油石比平均值计算的最大理论密度为准，也可采用抽提筛分的配合比及油石比计算最大理论密度（计算方法参考施工技术规范附录 B）。

3. 以试验路密度作为标准密度（压实度要求达到 99%，SMA99%）。试验路铺筑时，用核子密度仪（或无核密度仪）定点监测密度不再变化为止，然后取不少于 15 个钻芯试

件的平均密度作为计算压实度的标准密度。

4. 可根据需要取上述三种方法中的 1～2 种作为钻孔法检验评定的标准密度（《公路工程质量检验评定标准》规定取其中压实度较低的一种）。

施工过程中采用核子密度仪等无破损检测设备进行压实度控制时，宜以试验路密度作为标准密度。检测时，用核子密度仪或无核密度仪检测不少于 39 个点，取平均值，作为该评定路段的当班（或当天）压实度评定值。

核子密度仪（或无核密度仪）须经标定认可方可使用。

二、交工验收阶段沥青路面压实度评定方法

以 1～3km 长的路段为一评定单元，计算平均值、标准差、偏差系数，按规定计算代表值。按规定值减 1 个百分点计算合格率。《公路工程质量检验评定标准》GTG F80/1—2004 不再规定极值标准，但沥青路面压实度为涉及结构安全和使用功能的重要实测项目（带"△"项目），因此合格率不得低于 90％，否则应做返工处理。

第七节　本　章　小　结

1. 沥青混凝土混合料工程设计级配应该根据公路等级、工程性质、气候条件、交通条件、材料品种等因素确定。工程设计级配一般由施工图设计给出，也可在配合比设计阶段根据已定的粗细类型确定符合实际需要的工程设计级配。

2. 沥青混合料配合比设计须经三个阶段才能确定。生产配合比是配合比设计的关键阶段（间歇式拌和站），目标配合比仅用于指导生产配合比设计。目标配合比不能直接用于沥青混合料生产。

3. 拌和站每天检验的马歇尔密度和最大理论密度，以及试验段按规定方法检测的平均密度均可以作为路面压实度的标准密度。不可以使用配合比设计时的马歇尔试件密度作为路面压实度的标准密度评定沥青路面压实度。

4. 拌和站应具有逐盘打印功能，应时时监控混合料配合比、各种温度变化。每天、每工作班应对沥青混合料各项指标进行总体评价。

5. 沥青路面的压实度应采取重点对温度、级配、压实工艺的过程控制，核子密度仪、无核密度仪跟踪监测，适度钻芯抽检、校核压实度的方法，防止过量钻孔对路面产生破坏。

第四章　沥青路面厂拌热再生施工技术简介

学习目标

◆了解厂拌热再生沥青混合料的生产工艺流程
◆了解厂拌热再生沥青混合料配合比设计与普通沥青混合料配合比设计的不同点
◆熟悉沥青混合料厂拌热再生技术的相关术语
◆熟悉 RAP 的回收过程及质量要求

第一节　概　　述

沥青路面在使用一定时间后，其性能和服务水平随时间逐步降低，当整体性能不能满足路用性能要求时，就需要对路面结构进行整体或局部翻修。翻修时，大量的旧沥青路面材料需要废弃，对环境造成严重的负面影响。在处理、填埋这些废料时，还需要增加大量资金投入。长期以来，国内外对旧沥青路面材料的再生利用进行了大量研究，研究成果表明，旧路面的回收料（RAP）作为路用材料仍有很高的利用价值，通过路面再生技术，可以使其重新满足路用性能要求，即可节省大量道路建筑材料，减少自然资源开采量，降低工程造价，也可降低环境污染。

沥青路面再生技术在发达国家很早就被开发利用，鉴于其环保和节能的意义，有些国家甚至立法强制利用。有资料显示，日本大部分的间歇式拌和站安装有再生装置，以充分利用沥青路面养护过程中回收的 RAP。我国从 20 世纪 80 年代已陆续有技术研究、成果应用方面的报道，并在《公路沥青路面养护技术规范》JTJ 073.2—2001 中编入了沥青路面"翻修与再生"养护内容。

为规范沥青路面再生技术应用，提高再生技术水平，保证再生工程质量，交通运输部于 2008 年 4 月 1 日发布了《公路沥青路面再生技术规范》JTG F41—2008。

2011 年 5 月 1 日，中华人民共和国国家质量监督检验检疫与中国国家标准化管理委员会联合发布并实施《再生沥青混凝土》GB/T 25033—2010。

自《公路沥青路面再生技术规范》JTG F41—2008 发布实施以来，我国沥青路面再生技术推广迅速。山东、广东等省份在厂拌热再生技术应用方面成效显著。陕西、河北等省份在厂拌冷再生技术方面也进行了大量推广应用工作，环境保护作用凸显，经济效益可观，社会效益显著。

河南省沥青路面再生技术推广应用起步较晚。2010 年 9 月新乡市公路管理局组织了"沥青路面厂拌热再生应用技术"专家评审会，对前期的研究成果和应用成果进行了技术评审。之后新乡市陆续建设了多套厂拌热再生沥青混合料间歇式拌和站（图 4-1）。截至 2013 年 8 月，已累计生产再生沥青混合料近 40 万 t，消耗 RAP12 万 t，减少新购沥青 1.7

图 4-1 厂拌热再生间歇式拌和站

万余 t，减少新购砂石材料近 40 万 t。

2012 年，由河南省完成的"沥青路面乳化沥青厂拌冷再生技术"科技成果被列入交通运输部科技成果推广目录。2013 年 5 月，河南省交通运输厅印发了"重点推进'公路沥青旧料再生利用技术'成果推广应用实施方案"，进一步推动了河南省沥青路面再生技术术推广应用工作。

第二节 专 用 术 语

一、摘自于《公路沥青路面再生技术规范》JTG F41—2008 的专用术语

1. 回收沥青路面材料（RAP）

采用铣刨、开挖等方式从沥青路面上获取的旧路面材料。

2. 沥青路面再生

采用专用机械设备对旧沥青路面或者回收沥青路面材料（RAP）进行处理，并掺加一定比例的新集料、新沥青、再生剂（必要时）等形成路面结构层的技术。

按照再生混合料拌制温度的不同可分为热再生和冷再生；按照施工场合和工艺不同可分为厂拌再生和就地再生。因此可组合为四种基本再生形式：厂拌热再生、厂拌冷再生、就地热再生、就地冷再生。

3. 厂拌热再生

将 RAP 运至沥青拌和站，经破碎、筛分，以一定的比例与新集料、新沥青、再生剂（必要时）等拌制成热拌再生混合料铺筑路面的技术。

4. 沥青再生剂

掺加到再生混合料中，用于恢复已老化沥青性能的添加剂。

5. 再生混合料

含有 RAP 的混合料。

6.RAP 的矿料级配

用抽提法或者燃烧法除去 RAP 中的沥青材料得到的矿料级配。

7. 再生混合料矿料级配

对于厂拌热再生，再生混合料级配即再生混合料矿料级配，是指 RAP 中的矿料与新矿料的合成级配。

二、摘自于《再生沥青混凝土》GB/T 25033—2010 的专用术语

1. 普通再生沥青混凝土

沥青路面再生时掺入的新沥青为普通道路石油沥青的再生沥青混凝土。

2. 改性再生沥青混凝土

沥青路面再生时掺入的新沥青为改性沥青的再生沥青混凝土。

第三节　厂拌热再生沥青混合料中沥青胶结料的再生机理

一、沥青的老化机理

所谓旧沥青的再生，实际上是针对沥青的老化而言的，因此需要先了解沥青的老化机理。

我们知道，石油沥青的主要成分为碳氢化合物，由于石油产地的不同，其成分的差异也非常大。为了帮助认识沥青的微观世界，引入了"沥青组分"这一概念。通常公认的沥青组分分解方法有三组分法和四组分法两种，当前应用最多的是四组分法。四组分法是将沥青的组成分解为沥青质、胶质、芳香分和饱和分四种组分。这四种组分对沥青的物理性质各有不同的影响和贡献。沥青质含量影响着沥青软硬程度；胶质含量的多少决定着沥青的黏滞度；饱和分和芳香分则起着分散剂的作用，对沥青的工艺性有着不可替代的作用。

在温度和时间的共同作用下，芳香分与空气中的氧发生反应后可以转化为沥青质，使沥青中的沥青质增加，沥青变硬。同时，饱和分和芳香分为轻油分，上述过程促使其部分挥发，进一步加剧了沥青的硬化，这就是我们通常理解的"沥青老化"。

二、沥青的再生机理和依据

沥青在老化过程中损失了芳香分和饱和分，增加了沥青质。简单理解，如使其产生逆向变化，就可以使旧沥青获得再生。其实沥青的再生机理远比这些复杂得多，老化过程究竟还发生了那些物理、化学变化，目前并无准确定论。鉴于此，科研人员借鉴了调和沥青的原理，使沥青再生的机理趋于简单化。

《公路沥青路面再生技术规范》JTG F41—2008 条文说明："旧沥青再生就是根据生产调和沥青的原理，在旧沥青混合料中添加低黏度的软沥青或再生剂，使调配后的再生沥青具有合适的黏度，并满足相应的路用性能"。

按照生产工艺分类，石油沥青可分为蒸馏沥青、溶剂沥青、氧化沥青和调和沥青四种。调和沥青是将"脱沥青油"和"脱油沥青"按照不同比例勾兑，使其达到要求针入度

（黏度）的沥青，也包括不同标号的沥青按比例掺配调和后产生新标号的沥青。旧沥青混合料中的沥青由于老化变硬，与脱油沥青的性质有相似之处。也可以理解为低标号硬质沥青（如 30 号沥青）。为使其符合使用要求，采用调和沥青的原理，用较软的沥青（或沥青再生剂）勾兑调和，从而成为满足技术性能的合格沥青，其依据是《公路沥青路面施工技术规范》JTG F40—2004；当缺乏所需标号的沥青时，可采用不同标号掺配的调和沥青，其掺配比例由试验决定。

第四节　RAP 的回收、加工与贮存

厂拌热再生沥青混合料的生产采用的是直接添加法，即：将经过粉碎、筛选分级加工后的 RAP 再经加热后直接进入拌和缸，与新集料和新沥青一同拌和。拌和过程也是新老沥青的调和过程。RAP 的品质和性能直接影响再生混合料的品质和性能。因此，RAP 的回收、贮运、加工质量是保证厂拌热再生沥青混合料技术性质乃至沥青路面质量的重要环节。

按回收方式的不同，RAP 一般有两种形态：一种是由铣刨机冷铣刨得到的散状物，另一种是通过挖掘机、装载机或其他掘除设备得到的块状物。

一、RAP 的回收

1. 铣刨机冷铣刨（图 4-2）

冷铣刨法多用于日常维修、小修的局部挖补，也用于中修工程的面层翻修。

图 4-2　RAP 的冷铣刨回收

拟回收的旧沥青路面铣刨前应清除表面杂质，必要时可用高压空气清理表面浮土，防止 RAP 二次污染。对因唧泥污染严重的部位应废弃，不得回收。旧沥青针入度值（P，0.1mm）小于 10 时，表明已严重老化，与新沥青难于融和，不建议用作厂拌热再生沥青混合料的回收料。条件许可时可用于厂拌冷再生或就地冷再生。

路面全厚度整层铣刨时，应防止基层材料混入，一般应预留 1cm 左右路面材料，然后人工清理槽底，以便再生沥青混合料的回铺。

2. 全厚度整层开挖（图 4-3）

全厚度整层开挖方式适用于复合路面、粒料类半刚性基层沥青路面。细粒土基层沥青路面不宜使用整层挖掘方式，如需整层开挖应事先论证 RAP 不被基层材料污染。多层路面宜分层开挖，分别存放。如分层开挖困难，也可整层开挖，粉碎后分级使用。开挖前的表面清理同冷铣刨法，开挖时应辅以人工清理路缘石、镶边带等杂物。

二、RAP 的运输

抛洒在路面上的沥青废料经车轮碾压后易粘结在路面上，影响路面平整度和行车舒适

图 4-3　RAP 的整层挖掘

性，运输 RAP 时装车高度不得超出车厢，并应严格覆盖篷布，谨防沿路抛撒。宜使用大吨位自卸汽车运输。

三、RAP 的厂内加工

回收至拌和站的 RAP 应进行破碎和粒径预分级后才能使用（图 4-4）。

图 4-4　RAP 的粉碎和分级

可采用反击式或锤式石料破碎机。机械开挖法回收的 RAP 中常含有较大体积板块，不能直接进入破碎机时，需采用人工方法预分解处理。破碎时要注意调整机械参数，防止过度破碎。破碎时可适当喷水降尘，减少对环境的污染。

1. RAP 的粒径分级

不能直接使用未经预处理的回收沥青路面材料生产热再生沥青混合料。对于多层沥青路面全厚度整层回收的 RAP，碎石规格差别较大，且并非连续级配，破碎后的混合料容易离析，用于配制中粒式或细粒式再生混合料时，容易出现超粒径颗粒；对于冷铣刨回收的 RAP，由于铣刨厚度和铣刨速度的关系，常含有较大尺寸的旧沥青混合料团块，其中可能含有超粒径颗粒，并且当团块较大时无法在短时间内加热分解，造成旧料夹生现象。因此，不论是破碎后的 RAP 还是冷铣刨回收的 RAP 都应进行预分级处理。

RAP 的分级应注意以下两点：

（1）分级数不多于 RAP 冷仓数。

（2）RAP 最大粒径不应大于再生混合料最大粒径。

RAP 经铣刨或破碎机破碎后对原级配都有不同程度的破坏，碎石粒径变细，对于中粒式或细粒式 RAP，通常 4.75mm 筛孔通过率约在 50% 左右，按照各仓供料相对平衡原则，采用 4.75mm 筛孔作为粗细 RAP 的分界筛孔是合适的，使用时，粗细 RAP 各设 1 个冷料仓。如有特殊需要，也可将 RAP 分为 3 个粒级。

RAP 在进入拌和缸之前并不经过二次筛分过程，因此无法在拌和过程中限制最大粒径，这一过程应在材料预处理阶段完成。通常的做法是，以再生混合料最大粒径为控制筛孔，将大于此筛孔尺寸的颗粒筛除。

2. RAP 成品料的贮存

经过分级预处理的 RAP 应分批次存放。同一粒级、回收沥青针入度（或黏度）指标检验结果接近的为一批。分堆存放时不得窜料混堆并应具备防雨措施。

第五节 RAP 的厂内检验

RAP 的技术性质决定着 RAP 在再生混合料中的掺配比例，RAP 料在使用前应对下列指标进行检验：

1. 油石比检验

RAP 中所含旧沥青将替代等量的新沥青，因此油石比（或沥青用量）检验应准确，建议采用燃烧法。

2. 回收矿料级配检验

回收矿料级配检验可结合油石比检验一并进行，可将同一批 RAP 两次回收矿料混合为一个试样，供筛分使用。

回收矿料级配检验结果直接参与再生混合料级配调整，并作为确定 RAP 掺配比例的重要依据之一。

回收矿料的筛分应采用水洗法，以求证 <0.075mm 颗粒含量。

3. 回收沥青黏度检验

从 RAP 中回收旧沥青，用于沥青黏度检验，以确定新旧沥青的掺配比例和新沥青标号。从 RAP 料中回收旧沥青的过程比较复杂，难度也较大，整个过程大致分为四步：

第一步，采用工业三氯乙烯将附着在集料表面的旧沥青溶解；

第二步，借助滤纸过滤的作用通过离心机除去大部分矿料颗粒（同离心法测定沥青含量方法）；

第三步，通过高速离心机将沥青溶液中的矿粉分离出来；

第四步，将三氯乙烯从沥青中分离出来，应采用阿布森法。

沥青回收完成后应及时浇模进行针入度（或动力黏度）试验，尽量避免二次加热，防止沥青进一步老化。

4. 回收矿料砂当量

由于 RAP 仍处于矿料级配和沥青胶结状态，所含矿粉（<0.075 颗粒）已和沥青混合成沥青胶泥，不可能像新集料一样通过拌和站除尘手段除去含黏土粉尘，有效控制矿粉用量。因此应对 RAP 中回收的矿料细集料部分检验砂当量，以确定 RAP 洁净程度，并通过调整原生矿料比例使再生矿料达到技术标准要求。这也是确定 RAP 掺量的重要参考因素之一。

5. 回收矿料压碎值

回收矿料在生产过程中已经过 170~190℃高温烘烤并经过反复碾压，部分碎石内部可能存在裂隙，影响石料的抗压强度。对回收的旧集料（宜使用溶剂法回收）应进行压碎值检验，如单纯的旧集料压碎值不能满足规范要求，应与新矿料按 RAP 占再生沥青混合料比例掺配进行压碎值检验，如仍不合格，应降低 RAP 的掺配比例。

第六节　配合比设计与验证

厂拌热再生沥青混合料配合比设计目的和主要方法与全新沥青混合料配合比设计基本一致。但由于再生混合料中需掺入了一定比例的 RAP 而改变了新沥青用量（必要时需加入再生剂）和新矿料比例，因此需增加确定 RAP 掺配比例和确定新沥青标号及再生剂比例（必要时）等环节。

一、RAP 掺配比例的拟定

RAP 的掺配比例必须严谨科学，不可因为追求经济利益最大化而过量掺入。但如掺配比例过低，则不具备再生的意义。掺配比例应通过以下环节确定：

（一）确定再生沥青标号

再生沥青目标标号应根据公路等级、当地气候条件、交通量、轴载、设计车速等因素综合确定，这与当地同等条件使用全新沥青道路并无区别。

（二）根据 RAP 回收矿料试验结果初拟掺配比例

RAP 掺量的确定应综合考虑多种因素，应考虑的因素主要有：拟选择的再生沥青目标标号、回收旧沥青现有黏度（或针入度）、旧矿料级配、旧矿料压碎值、旧矿粉含量（粉胶比）、回收矿料的砂当量等，同时还应符合规范的相关规定。

当初步拟定了 RAP 的掺配比例后，宜将回收的旧沥青和新沥青按比例混合成再生沥青，检验其针入度，判定是否符合预定标号。

将回收矿料和原生矿料按比例混合，检验压碎值、砂当量等指标，全部指标满足《公路沥青路面施工技术规范》原材料要求的掺配比例，即为初拟的 RAP 掺量设计值。

二、确定新沥青标号和再生剂用量

新沥青标号的选择是一个较为复杂的问题。《公路沥青路面再生技术规范》规定了再生混合料新沥青标号选定原则见表 4-1。

RAP含量 (%) \ 回收沥青等级 建议新沥青等级	$P \geqslant 30$	$P = 20 \sim 30$	$P = 10 \sim 20$
沥青选择不需要变化	＜20	＜15	＜10
选择新沥青标号比正常高半个等级	20~30	15~25	10~15
根据新旧沥青混合料调和法则确定	＞30	＞25	＞15

根据新旧沥青现有黏度（或针入度），按照新旧沥青调和法则，经计算确定再生沥青标号，计算式如下：

$$lglg\eta_{new} = [lglg\eta_{mix} - (1-a)lglg\eta_{old}]/a$$

式中 η_{new}——混合前新沥青或再生剂的 60℃黏度（Pa·s），当采用针入度计算时，即为新沥青的 25℃针入度值。

η_{mix}——混合后沥青的 60℃黏度（Pa·s），当采用针入度计算时，即为再生沥青的 25℃针入度值，也即选定的再生沥青标号。

η_{old}——混合前旧沥青的 60℃黏度（Pa·s），当采用针入度计算时，即为旧沥青的 25℃针入度值。

a——新沥青的比例。

三、再生沥青混合料配合比设计及验证

宜对计算得到的新旧沥青掺配比例或再生剂掺量（如果有）进行掺配试验，以验证再生沥青标号满足设计预期。

（一）再生混合料配合比设计原则

厂拌热再生沥青混合料工程级配设计范围的确定，以及混合料技术要求和性能检验，应符合现行《公路沥青路面施工技术规范》JTG F40 对热拌沥青混合料的相关规定，即厂拌热再生沥青混合料质量标准应不低于同类型的原生沥青混合料。

厂拌热再生沥青混合料配合比设计应坚持质量可靠，工艺可行，降低成本，有利环保的设计原则，根据 RAP 的检验结果，合理选择 RAP 的掺配比例。

（二）厂拌热再生沥青混合料设计方法

1. 矿料配合比设计

RAP 回收矿料作为再生混合料中的一种矿料，按选定的 RAP 掺配比例，与原生粗、细集料及矿粉一同进行配合比设计。事实上，可以将 RAP 中回收矿料理解为一种符合某种级配的矿料。宜采用 4.75mm 筛孔作为分界筛孔，将 RAP 回收矿料分成粗细两级，分别测定毛体积相对密度，并用加权平均的方法计算 RAP 回收矿料的平均毛体积密度，用以计算马歇尔试件的体积指标。

2. 最佳新沥青用量的确定

新沥青用量是再生沥青用量减去旧沥青用量（用油石比表示亦然），因此确定最佳新沥青用量的过程亦即确定再生最佳沥青用量的过程，与《公路沥青路面施工技术规范》

JTG F40 的马歇尔方法确定最佳沥青用量 OAC 相同，这里不再赘述。

（三）配合比设计检验

配合比设计完成以后，还应根据道路的等级、交通量、轴载等因素，确定验证再生沥青混合料路用性能指标。对于高速、一级公路，或交通量较大、轴载较重的二级公路，验证项目应遵从《公路沥青路面施工技术规范》JTG F40 之规定。处于冬冷区、冬寒区、冬严寒区的其他等级公路宜验证混合料的低温抗裂性。虽然再生混合料抗车辙能力有所提高，水稳定性、抗渗水性指标与新沥青基本一致，但由于再生沥青混合料中的旧沥青已相对老化，黏弹性降低，抗裂性相对减弱，因此宜对再生沥青混合料的低温抗裂性给予特别关注。

第七节 本 章 小 结

1. 沥青路面再生技术是环境保护和建立公路可持续发展建设模式的需要。

2. 厂拌热再生沥青混合料各项技术指标可以达到新拌沥青混合料的所有指标要求，部分指标尚有提高。

3. RAP 的回收与 RAP 各项技术指标的检验是厂拌热再生技术的关键点。

4. 配合比设计应重点考虑掺加 RAP 以后的矿料技术指标、矿粉含量、矿料级配、沥青针入度指标（或黏度指标）、油石比（或沥青用量）以及混合料体积指标满足沥青路面施工技术规范的相关要求，其他方法步骤同普通沥青混合料配合比设计。

第四篇 桥 梁 工 程

第一章　桥梁工程概况与桥梁检测概述

◆了解桥梁的基本组成和分类
◆了解桥梁检测的分类和方法

建立四通八达的现代化交通网，大力发展交通运输事业，对于发展国民经济、增进民族团结、促进文化交流和巩固国防，具有非常重要的意义。

自改革开放以来，尤其是 20 世纪 90 年代以来，我国交通基础设施建设得到了飞速的发展，对于改善人民的生活环境、改善投资环境、促进经济发展，起到了关键性的作用。

在公路、铁路、城市和农村道路以及水利建设中，为了跨越各种障碍（如河流、沟谷或其他道路等），必须修建各种类型的桥梁，因此桥梁是交通线中的重要组成部分。随着科技的进步、工业水平的提高、社会生产力的高速发展，人们对桥梁建筑提出了更高的要求。中华人民共和国成立以来，经过几十年的努力，我国桥梁建筑无论在规模上还是在科技水平上，均已跻身世界先进行列。各种功能齐全、造型美观的城市立交桥、高架桥及跨越各种障碍物的大跨径公路、铁路桥如雨后春笋般相继建成。

2008 年 5 月杭州湾跨海大桥通车，大桥全长 36 公里，缩短宁波至上海间的陆路距离 120 余公里；2011 年 6 月建成通车的青岛胶州湾大桥全长 36.48km，投资 100 亿，建设历时 4 年，全长超过我国杭州湾跨海大桥与美国切萨皮克跨海大桥，是当今世界上最长的跨海大桥；目前在建的举世瞩目的港珠澳大桥工程规模宏大，全长 49.968km，其中主体工程"海中桥隧"长达 35.578km，相当于 9 座深圳湾公路大桥，建成后将成为世界最长的跨海大桥。

第一节　桥　梁　工　程　概　况

一、桥梁的基本组成

桥梁由上部结构、下部结构、支座和附属设施四个基本部分组成。图 1-1 为一座公路桥梁的概貌，涉及一般桥梁工程的几个主要名词解释如下：

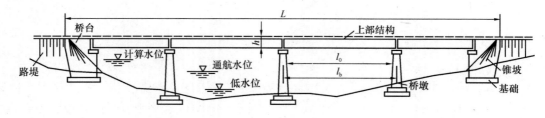

图 1-1　梁式桥概貌

上部结构（或称桥跨结构）：是在线路中断时跨越障碍的主要承重结构，是桥梁支座以上（无铰拱起拱线或刚架主梁底线以上）跨越桥孔的总称，当跨越幅度越大时，上部结构的构造也就越复杂，施工难度也相应增加。

下部结构（桥墩、桥台和基础的统称）：是支承桥跨结构并将永久荷载和车辆荷载传至地基的建筑物。

桥墩和桥台是支承上部结构并将其传来的永久荷载和车辆等荷载传至基础的结构物。桥台设在桥梁两端，桥墩则在两桥台之间。桥墩的作用是支承桥跨结构；而桥台除了起支承桥跨结构的作用外，还要与路堤衔接，并防止路堤滑塌。

桥墩和桥台底部的部分称为基础，基础承担了从桥墩和桥台传来的全部荷载，这些荷载包括竖向荷载以及地震、船舶撞击墩身等引起的水平荷载。由于基础往往深埋于水下地基中，在桥梁施工中是难度较大的一个部分，也是确保桥梁安全的关键之一。

支座：是设在墩（台）顶，用于支承上部结构的传力装置，它不仅要传递很大的荷载，并且要保证上部结构按设计要求能产生一定的变位。

桥梁的基本附属设施包括桥面系、伸缩缝、桥梁与路堤衔接处的桥头搭板和锥形护坡等。

河流中的水位是变动的，枯水季节的最低水位称为低水位，洪峰季节河流中的最高水位称为高水位。桥梁设计中按规定的设计洪水频率计算所得的高水位（很多情况下是推算水位），称为设计洪水位，设计洪水位加壅水和浪高，称为计算水位，在各级航道中，能保持船舶正常航行时的水位，称为通航水位。

下面介绍一些与桥梁布置有关的主要尺寸和名词术语。

净跨径：对于设支座的桥梁为相邻两墩、台身顶内缘之间的水平净距，不设支座的桥梁为上、下部结构相交处内缘间的水平净距，用 l_0 表示（图 1-1 和图 1-2）。

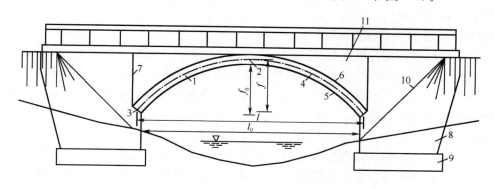

图 1-2　拱桥概貌

1—主拱圈；2—拱顶；3—拱脚；4—拱轴线；5—拱腹；6—拱背；

7—伸缩缝；8—桥台；9—基础；10—锥坡；11—拱上建筑；

l_0—净跨径；l—计算跨径；f_0—净矢高，f—计算矢高，$f/l(f_0/l_0)$—矢跨比

总跨径：是多孔桥梁中各孔净跨径的总和（Σl_0），它反映了桥下宣泄洪水的能力。

计算跨径：对于设支座的桥梁，为相邻支座中心的水平距离，对于不设支座的桥梁（如拱桥、刚构桥等），为上、下部结构的相交面之中心间的水平距离，用 l 表示，桥梁结构的力学计算是以 l 为准的。

桥梁全长：简称桥长，对于有桥台的桥梁为两岸桥台翼墙尾端间的距离，对于无桥台的桥梁为桥面系行车道长度，用 L 表示。

桥下净空：是为满足通航（或行车、行人）的需要和保证桥梁安全而对上部结构底缘以下规定的空间界限。

桥梁建筑高度：是上部结构底缘至桥面顶面的垂直距离（图 1-1 中的 h），线路定线中所确定的桥面标高，与通航（或桥下通车、人）净空界限顶部标高之差，称为容许建筑高度，显然，桥梁建筑高度不得大于容许建筑高度，为控制桥梁建筑高度，可以通过在桥面以上布置结构（如斜拉桥、悬索桥、中、下承式拱桥等）的方式加以解决。

桥面净空：桥梁行车道、人行道上方应保持的空间界限，公路、铁路和城市桥梁对桥面净空都有相应的规定。

净矢高：拱桥从拱顶截面下缘至相邻两拱脚截面下缘最低点连线的垂直距离，以 f_0 表示。

计算矢高：是从拱顶截面形心至相邻两拱脚截面形心之连线的垂直距离，以 f 表示。

矢跨比：拱桥中拱圈（或拱肋）的计算矢高与计算跨径之比（f/l），也称拱矢。它是反映拱桥受力特性的一个重要指标。

此外，当标准设计或新建桥涵跨径在 50m 以下时，一般均应尽量采用标准跨径（l_0）。对于梁式桥，它是指相邻两桥墩中线之间的距离，或墩中线至桥台台背前缘之间的距离；对于拱桥，则是指净跨径。我国规定的公路桥涵标准跨径从 0.75m 起至 50m，共分 21 种。

涵洞是用来宣泄路堤下水流的构造物。通常在建造涵洞处路堤不中断。一般多孔跨径的全长不到 8m 和单孔跨径不到 5m 的泄水结构物，均称为涵洞（管涵、箱涵不论管径或跨径大小、孔数多少，均称为涵洞）。

二、桥梁的分类

1. 桥梁按受力体系分类

按照受力体系分类，桥梁有梁式桥、拱式桥、刚架桥、吊桥四种基本体系，其中梁式桥以受弯为主，拱式桥以受压为主，吊桥以受拉为主。另外，由上述三大基本体系的相互组合，派生出在受力上也具组合特征的多种桥型，如刚架桥和斜拉桥等，下面分别阐述各种桥梁体系的主要特点。

（1）梁式桥

梁式桥是一种在竖向荷载作用下无水平反力的结构，如图 1-3（a）、（b）所示。由于外力（永久荷载和可变荷载）的作用方向与承重结构的轴线接近垂直，因而与同样跨径的其他结构体系相比，梁桥内产生的弯矩最大，通常需用抗弯、抗拉能力强的材料来建造。对于中、小跨径桥梁，目前在公路上应用最广的是标准跨径的钢筋混凝土或预应力混凝土简支梁桥，施工方法有预制装配和现浇两种。这种梁桥的结构简单、施工方便，简支梁对地基承载力的要求也不高，钢筋混凝土及先张法预应力混凝土简支梁桥其常用跨径在 25m 以下；当跨径较大时，需采用后张法预应力混凝土简支梁桥，但跨度一般不超过 50m。为了改善受力条件和使用性能，地质条件较好时，中、小跨径梁桥可修建等截面连续梁桥，如图 1-3（c）所示，对于很大跨径的大桥和特大桥，可采用预应力混凝土变截面梁桥、钢桥和钢—混凝土叠合梁桥，如图 1-3（d）、（e）所示。

152

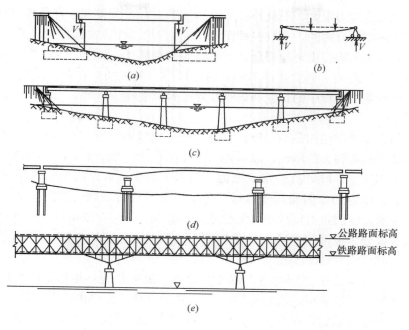

图 1-3　梁式桥

（2）拱式桥

拱式桥（图 1-4（a））的主要承重结构是拱圈或拱肋（拱圈横截面设计成分离形式时称为拱肋）。拱式结构在竖向荷载作用下，桥墩和桥台将承受水平推力，如图 1-4（b）所示。同时，根据作用力和反作用力原理，墩台向拱圈（或拱肋）提供一对水平反力 H，这种水平反力将大大抵消在拱圈（或拱肋）内由荷载所引起的弯矩。因此，与同跨径的梁相比，拱的弯矩、剪力和变形都要小得多。鉴于拱桥的承重结构以受压为主，通常可用抗压能力强的圬工材料（如砖、石、混凝土）和钢筋混凝土等来建造。

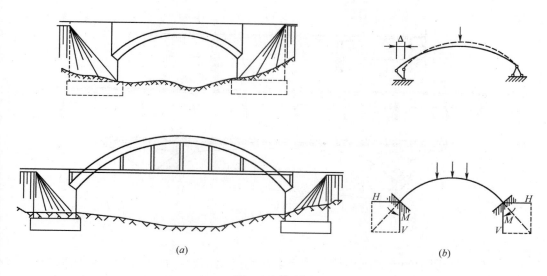

图 1-4　拱式桥

153

拱桥不仅跨越能力很大，而且外形酷似彩虹卧波，十分美观，在条件许可的情况下，修建拱桥往往是经济合理的，一般在跨径 500m 以内均可作为比选方案。

应当注意，为了确保拱桥的安全，下部结构和地基（特别是桥台）必须能经受住很大的水平推力作用，此外，与梁式桥不同，由于拱圈（或拱肋）在合拢前自身不能维持平衡，因而拱桥在施工过程中的难度和危险性要远大于梁式桥。

（3）刚架桥

刚架桥的主要承重结构是梁（或板）与立柱（或竖墙）整体结合在一起的刚架结构，梁和柱的连结处具有很大的刚性，以承担负弯矩的作用。图 1-5（a）所示的门式刚架桥，在竖向荷载作用下，柱脚处具有水平反力，梁部主要受弯，但弯矩值较同跨径的简支梁小，梁内还有轴压力 H，因而其受力状态介于梁桥与拱桥之间，如图 1-5（b）所示。刚架桥的跨中建筑高度就可做得较小，但普通钢筋混凝土修建的刚架桥在梁柱刚结处较易产生裂缝，需在该处多配钢筋。另外，门式刚架桥在温度变化时，内部易产生较大的附加内力，应引起重视。

图 1-5（c）所示的 T 型刚构桥（带挂孔的或不带挂孔的）是修建较大跨径混凝土桥梁曾采用的桥型，属静定或低次超静定结构。对于这种桥型，由于 T 构长悬臂处于一种不受约束的自由变形状态，在车辆荷载作用下，悬臂内的弯、扭应力均较大，因而各个方向均易产生裂缝。另外，由于混凝土徐变，会使悬臂端产生一定的下挠，从而在悬臂端部和挂梁的结合处形成一个折角，不仅损坏了伸缩缝，而且车辆在此跳车，给悬臂以附加冲击力，使行车不适，对桥梁受力也不利，目前这种桥型已较少采用。

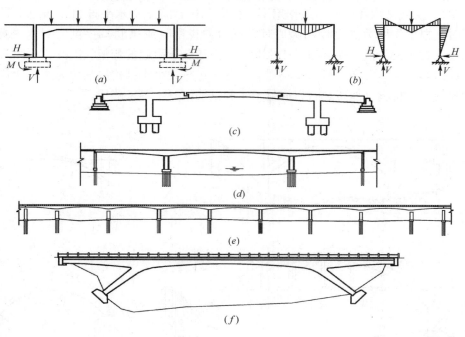

图 1-5　刚架桥

图 1-5（d）所示的连续刚构桥，属于多次超静定结构，在设计中一般应减小墩柱顶端的水平抗推刚度，使得温度变化下在结构内不致产生较大的附加内力。对于很长的桥，

为了降低这种附加内力，往往在两侧的一个或数个边跨上设置滑动支座，从而形成如图1-5（e）所示的刚构—连续组合体系桥型。

当跨越陡峭河岸和深谷时，修建斜腿刚架桥往往既经济合理又造型轻巧美观，如图1-5（f）所示。由于斜腿墩柱置于岸坡上，有较大斜角，中跨梁内的轴压力也很大，因而斜腿刚架桥的跨越能力比门式刚构桥要大得多，但斜腿的施工难度较直腿大些。

（4）吊桥（悬索桥）

吊桥是用悬挂在两边塔架上的强大缆索作为主要承重结构，如图1-6所示。在桥面系竖向荷载作用下，通过吊杆使缆索承受很大的拉力，缆索锚于吊桥两端的锚碇结构中，为了承受巨大的缆索拉力，锚碇结构需做得很大（重力式锚碇），或者依靠天然完整的岩体来承受水平拉力（隧道式锚碇），缆索传至锚碇的拉力可分解为垂直和水平两个分力，因而吊桥也是具有水平反力（拉力）的结构。钢丝成股编制形成钢缆，以充分发挥其优良的抗拉性能。吊桥的承载系统包括缆索、塔柱和锚碇三部分，因此结构自重较轻，能够跨越任何其他桥型无与伦比的特大跨度。吊桥的另一特点是受力简单明了，成卷的钢缆易于运输，在将缆索架设完成后，便形成了一个强大稳定的结构支承系统，施工过程中的风险相对较小。

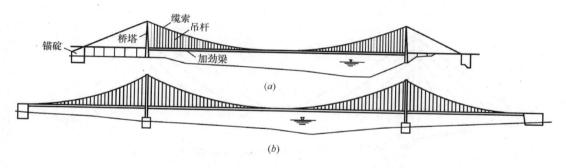

图 1-6　吊桥（悬索桥）

吊桥的刚度较小，属柔性结构，在车辆荷载作用下，吊桥将产生较大的变形，例如跨度1000m的吊桥，在车辆荷载作用下，1/4区域的最大挠度可达3m左右。另外，吊桥风致振动及稳定性在设计和施工中也需予以特别的重视。

（5）组合体系桥梁

由几个不同受力体系的结构组合而成的桥梁称为组合体系桥。

梁、拱组合体系（图1-7），这类体系中有系杆拱、桁架拱等。它们利用梁的受弯与拱的承压特点组成联合结构。在预应力混凝土结构中，因梁体内可以储备巨大的压力来承受拱的水平推力，使这类结构既具有拱的特点，又没有水平推力，故对地基要求不高，但这种结构施工复杂。

斜拉桥（图1-8），它是由承压的塔、受拉的索与承弯的梁体组合起来的一种结构体系。主要承重的主梁，由于斜拉索将主梁吊住，使主梁变成类似于多点弹性支承的连续梁，由此减少主梁截面增加桥跨跨径。斜拉桥由塔柱、主梁和斜拉索组成，如图1-8所示。它的受力特点是：受拉的斜索将主梁多点吊起，并将主梁的永久荷载和车辆等其他荷载传至塔柱，再通过塔柱基础传至地基，塔柱基本上以受压为主。跨度较大的主梁就像一条多点弹性支承（吊起）的连续梁一样工作，从而使主梁内的弯矩大大减小。由于同时受

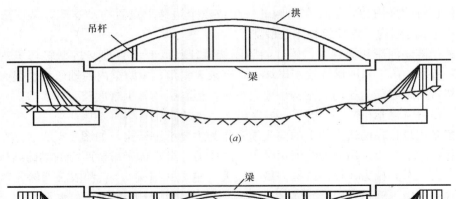

(a)

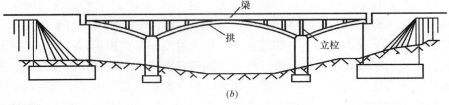

(b)

图 1-7　梁、拱组合体系

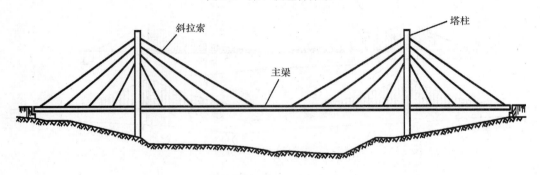

图 1-8　斜拉桥

到斜拉索水平分力的作用，主梁截面的基本受力特征是偏心受压构件。斜拉桥属于高次超静定结构，主梁所受弯矩大小与斜拉索的初张力密切相关，存在着最优索力分布，即使主梁在受力状态下的弯矩（或应力）最小。

由于受到斜拉索的弹性支承，弯矩较小，使得主梁尺寸大大减小，结构自重显著减轻，从而大幅度地提高了斜拉桥的跨越能力。此外，由于塔柱、拉索和主梁构成稳定的三角形，斜拉桥的结构刚度较大，斜拉桥的抗风能力较吊桥（悬索桥）要好得多。但是，当跨度很大时，悬臂施工的斜拉桥因主梁悬臂长度过长，承受压力过大，而风险较大，塔高也过高，外索过长，索垂度的影响使索的刚度大幅下降。

斜拉索的组成和布置、塔柱形式及主梁的截面形状是多种多样的，主梁的截面形状与拉索的布置情况要相互配合。我国常用高强平行钢丝或钢绞线等制成斜拉索，斜拉索按施工工艺有工厂预制（成品索）和现场防护两种，我国 20 世纪 80 年代末、90 年代初修建的斜拉桥中，斜拉索大多采用现场防护的方法，由于现场防护环境不利，不确定因素多，加上施工技术不够成熟，拉索在使用 7～8 年后，索内高强钢材均出现了不同程度的锈蚀现象，影响了大桥的安全，近年来已有几座斜拉桥对拉索进行了更换。目前常用的平行钢丝斜拉索完全在工厂内制成，在钢丝束上包一层高密度（HD）的聚乙烯（PE）外套进行防护，还可用彩色高密度聚乙烯制成彩色索。

常用的斜拉桥是三跨双塔式结构，但独塔双跨形式也常见（图1-9），具体形式及布置的选择应根据河流、地形、通航、美观等要求加以论证确定。

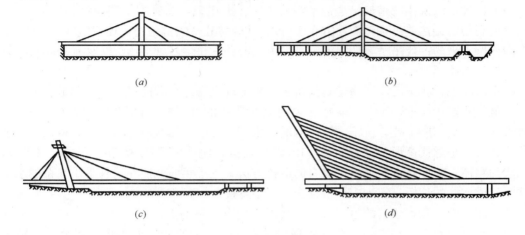

图1-9　独塔斜拉桥

2. 桥梁的其他分类方法

除了上述按受力特点分成不同的结构体系外，人们还习惯地按桥梁的用途、规模大小和建桥材料等其他方面将桥梁进行分类：

（1）按用途来划分，有公路桥、铁路桥、公铁两用桥、农桥（或机耕道桥）、人行桥、水运桥（渡槽）、管线桥等。

（2）按桥梁总长和跨径的不同，分为特大桥、大桥、中桥、小桥和涵洞如表1-1所示。

桥梁涵洞分类　　　　　　　　　　　　　　　　　　　表1-1

桥涵分类	多孔桥全长 L（m）	单孔跨径 l（m）	桥梁分类	多孔桥全长 L（m）	单孔跨径 l（m）
特大桥	$L>1000$	$l>150$	小桥	$8\leqslant L\leqslant 30$	$5\leqslant l<20$
大桥	$100\leqslant L\leqslant 1000$	$40\leqslant l\leqslant 150$	涵洞	—	$l<5$
中桥	$30<L<100$	$20\leqslant l<40$			

（3）按照主要承重结构所用的材料划分，有圬工桥（包括砖、石、混凝土桥）、钢筋混凝土桥、预应力混凝土桥、钢桥和木桥等。木材易腐，且资源有限，一般不用于永久性桥梁。

（4）按跨越障碍的性质，可分为跨河桥、立交桥、高架桥和栈桥。高架桥一般指跨越深沟峡谷以替代高路堤的桥梁，以及在城市桥梁中跨越道路的桥梁。

（5）按上部结构的行车道位置，分为上承式、中承式和下承式桥梁。

三、桥梁的发展动态

（一）我国桥梁建筑成就

根据史料记载，在距今约三千年的周文王时，我国就已在宽阔的渭河上架过大型浮桥。由于浮桥的架设具有简便快速的特点，所以它常被用于军事活动。汉唐以后，浮桥的运用日趋普遍。

现代桥梁中广为修建的多孔桩柱式桥梁，在我国春秋战国时期（公元前332年）就已普遍在黄河流域和其他地区采用，不同的只是古桥多以木桩为墩桩，上置木梁、石梁。

近代的大跨径吊桥和斜拉桥也是由古代的藤、竹吊桥发展而来的，在各国有关桥梁的历史书上，大都承认我国是最早建造吊桥的国家。据记载，在唐朝中期，我国就从藤索、竹索发展到用铁链建造吊桥，而西方在16世纪才开始建造铁链吊桥，比我国晚了近千年。至今尚保留下来的古代吊桥有四川泸定县的大渡河铁索桥（1706年），以及灌县的安澜竹索桥（1803年）等。

在秦汉时期，我国已广泛修建石梁桥。世界上现在尚保存着的最长、工程最艰巨的石梁桥，就是我国于1053年～1059年在福建泉州建造的万安桥，也称洛阳桥（图1-10）。此桥长达800m，共47孔，位于"波涛汹涌，水深不可址"的海口江面上。此桥以磐石铺遍桥位江底，是近代筏形基础的开端，并且独具匠心地用养殖海生牡蛎的方法胶固桥基，使之成为整体，此亦是世界上绝无仅有的造桥方法。近千年前就能在这种艰难复杂的水文条件下建成如此的长桥，实为中外桥梁史上一个奇迹。

举世闻名的河北省赵县的赵州桥，是我国古代石拱桥的杰出代表（图1-11）。该桥在隋大业初年（公元605年左右）为李春所创建，是一座空腹式的圆弧形石拱桥，净跨径37.02m，宽9m，净矢高7.23m。在拱圈两肩各设有二个跨度不等的腹拱，这样既能减轻自重，节省材料，又便于排洪，增加美观。

图1-10 万安桥

图1-11 河北省赵县赵州桥

北京宛平卢沟桥（图1-12）始建于金·大定二十八年（公元1188年），完工于金·明昌三年（公元1192年）。桥全长212.2m，共11孔，净跨不等，自11.4m至13.45m，桥宽9.3m。墩宽自6.5m至7.9m。拱圈接近半圆形。桥墩迎水面有尖端镶有三角铁柱的分水尖，背水面为削角方形。桥面上石栏杆共269间，各望柱头上，雕刻有石狮。金代原物简单统一，自后历朝改换，制作精良，石狮形态各异，且有诸多小狮，怀抱背负，足抚口嘬，趣味横生。

图1-12 卢沟桥

我国古代桥梁建筑有着辉煌的历史，但由于封建社会的长期统治，严重束缚了生产力的发展，闭关锁国、社会制度腐朽。进入 19 世纪以后，中国在综合国力、科学技术等方面，已经远远落后于西方列强。至新中国成立前，公路桥梁绝大多数为木桥、石桥，且年久失修，破烂不堪。新中国成立以后，特别是改革开放以来，随着我国国力迅速增强，交通事业的快速发展。1957 年，第一座长江大桥——武汉长江大桥的胜利建成，结束了我国万里长江无桥的状况，从此"一桥飞架南北，天堑变通途"。大桥的正桥为三联 3×128m 的连续钢桁梁，双线铁路、上层公路桥面宽 18m，两侧各设 2.25m 人行道，包括引桥在内全桥总长 1670.4m。大型钢梁的制造和架设、深水管柱基础的施工等，为发展我国现代桥梁技术开创了新路。

20 世纪 90 年代以来，国家对高等级公路的大力投入，使得我国的桥梁事业得到了空前的大发展，取得了举世瞩目的成就，目前我国在大跨径桥梁建设方面，已经跻身世界先进行列。

1. 混凝土梁式桥

中小跨径时一般均采用简支梁，跨径 30m 以下宜采用标准跨径。对于高等级公路桥上的多跨简支梁，随着车速和行车舒适性要求的提高，简支梁多采用桥面或结构连续，以减少伸缩缝的数量。我国跨径最大的简支梁桥，是 1997 年建成的昆明南过境干道高架桥，跨径 63m。

进入 20 世纪 80 年代，对称平衡悬臂法施工的大跨度预应力混凝土箱形截面连续梁得到了迅速的发展，1991 年建成的云南六库怒江大桥（图 1-13），主桥跨径为 85m＋154m＋85m 预应力混凝土连续梁，2001 年 7 月建成通车的南京长江二桥北汊桥，其主桥跨径为 90m＋3×165m＋90m，是我国目前跨度最大的预应力混凝土连续梁桥。

连续刚构桥的特点是梁保持连续，墩梁固结。这样既保持了连续梁无伸缩缝、行车平顺的优点，又保持了刚构不设支座的优点，同时避免了连续梁和 T 构的缺点，因而连续刚构桥在我国发展很快。

1988 年建成的广东番禺洛溪大桥是我国第一座大跨径连续刚构桥，跨径组合为 65m＋125m＋180m＋110m，采用双肢箱形薄壁墩，墩顶处箱梁高 10m，跨中处 3m。1996 年又建成湖北黄石长江大桥，主跨为 245m，主桥连续长达 1060m，特别是 1997 年建成的广东虎门辅航道桥（图 1-14），跨径组合为 150m＋270m＋150m，主桥位于 R 等于 7000m 的平曲线上，建成时跨径居同类桥型世界首位。

图 1-13　云南六库怒江大桥　　　　图 1-14　广东虎门辅航道桥

2. 拱桥

拱桥在我国有着悠久的历史，由于拱桥造型优美，跨越能力大，长期以来一直是大跨桥梁的主要形式之一，20世纪60年代拱桥无支架施工方法的应用与发展，使混凝土拱桥竞争力大大提高。

著名的石拱桥，有1991年建成的湖南凤凰县乌巢河桥，跨径120m，它的拱圈由两条宽2.5m的石板拱组成，板间用钢筋混凝土横梁联系。

1999年建成的山西晋城—河南焦作高速公路上的新丹河大桥，保持着石拱桥跨径世界纪录，该桥跨径146m，拱顶处拱圈高2.5m，拱脚处3.5m，桥面宽24.2m，拱圈用80号大料石砌成。

20世纪90年代兴起的钢管混凝土拱桥，使得大跨径拱桥的建造能力得到了进一步的提高。先合拢自重轻、强度高的钢管拱圈，并将其用作施工拱架，再往管内压注高标号混凝土，使之进一步硬化形成主拱圈。用此法分别于1995年建成了广东南海三山西大桥，跨径为200m；1998年建成了广西三岸邕江大桥，主跨为270m。2000年建成跨越珠江主副航道和丫髻沙岛的丫髻沙大桥（图1-15），主跨达360m，桥梁总长1084m，主桥跨径组合76m＋360m＋76m，为连续自锚中承式钢管混凝土拱桥；巫山长江公路大桥为净跨460m的中承式钢管混凝土桁架拱桥为目前同类桥形之最。

以钢管混凝土作为劲性骨架，再外包混凝土形成箱形拱，是修建大跨径拱桥十分好的构思，除了施工方便外，避免了钢管防护问题，另外，这种分期形成的截面由于钢管混凝土最先受力，从而充分利用了钢管混凝土承载潜力大的优势。用此方法我国已建成重庆万县长江大桥，主跨跨径420m，于1997年建成，如图1-16所示，万县长江大桥跨径为目前钢筋混凝土拱桥的世界之最。

图1-15　丫髻沙大桥　　　　　　　　　　图1-16　万县长江大桥

此外，我国用悬臂施工法建成了多座桁式组合拱桥，跨度最大的是贵州江界河桥（图1-17），建于1995年，跨度达到330m，居同类桥型的世界之最。

杭州钱塘江四桥（复兴大桥）是杭州市第一座跨钱塘江的城市桥梁，见图1-18。大桥设计采用了钢管混凝土双主拱方案，主桥的跨径组合为2×85＋190＋5×85＋190＋2×85m，其中85m跨径是下承式系杆拱桥和上承式拱桥的组合，190m跨径是下承式系杆拱桥和中承式拱桥的组合，因此全桥包括了拱桥的下承式、中承式和上承式三种形式。桥梁上层为6车道的快车道，中间设分隔带，两侧设防撞护栏和50cm的检修道；下层为双线轻轨，两侧设公交专用道。

图 1-17　贵州江界河桥

图 1-18　钱塘江四桥

已经建成通车的上海卢浦大桥（图 1-19）是目前世界上单孔跨度最大的拱桥，该桥为中承式拱梁组合体系钢拱桥，主跨跨径为 550m，矢跨比为 1/5.5，拱肋为全焊钢箱拱结构。

3. 斜拉桥

我国的斜拉桥起步稍晚，1975 年建成的跨径 76m 的四川云阳桥是国内第一座斜拉桥，20 世纪 90 年代以后，因跨越大江大河的需要，斜拉桥得到了快速的发展，修建了一系列特大跨度的斜拉桥，据不完全统计，我国建成的斜拉桥已超过 100 座，其中跨度超过 400m 的斜拉桥已达 20 座，居世界首位。

1991 年建成的上海南浦大桥，跨径 423m、1993 年建成的上海杨浦大桥，跨径 602m、2001 年建成的福建青州闽江桥，跨径 605m，均为钢—混凝土结合梁斜拉桥，其中青州闽江桥保持着结合梁斜拉桥跨径世界纪录。1993 年建成的郧阳汉江大桥，跨径 414m；1995 年建成的安徽铜陵长江大桥，跨径 432m；1996 年建成的重庆长江二桥，跨径 444m；2001 年建成的重庆大佛寺长江大桥，跨径 450m，为混凝土主梁斜拉桥。2001 年分别建成的跨径 628m 的南京长江二桥（图 1-20）、跨径 450m 的武汉军山长江大桥，为钢主梁斜拉桥。

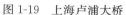

图 1-19　上海卢浦大桥

图 1-20　南京长江二桥北汉桥

正在建设的苏通大桥工程起于通启高速公路的小海互通立交，终于苏嘉杭高速公路董浜互通立交。路线全长 32.4km，主要由北岸接线工程、跨江大桥工程和南岸接线工程三部分组成。其中跨江大桥工程：总长 8206m，其中主桥采用 100m＋100m＋300m＋1088m

图 1-21　苏通长江大桥效果图

＋300m＋100m＋100m 的双塔双索面钢箱梁斜拉桥。斜拉桥主孔跨度 1088m，居世界第一；主塔高度 306m，居世界第一；斜拉索的长度 580m，居世界第一；群桩基础平面尺寸 113.75×48.1m，居世界第一。

4. 悬索桥

我国的现代悬索桥起步较晚，特别是在特大跨度悬索桥方面，但在 20 世纪 90 年代中期以后，这一局面得到了彻底的改变。1995 年建成的广东汕头海湾大桥，主跨 452m，开创了我国现代公路悬索桥的先河。紧接着建成跨越长江的西陵长江大桥，单跨 900m（1996 年），虎门大桥，主跨 888m（1997 年），香港青马大桥，主跨 1377m（1997 年），江阴长江大桥主跨 1385m（1999 年，如图 1-22 所示）；刚刚建成通车的江苏润扬长江大桥南汊桥采用跨径为 1490m 的单孔双铰钢箱梁悬索桥，为目前"中国第一、世界第三"大跨径桥梁，见图 1-23。

图 1-22　江阴长江大桥

图 1-23　润扬长江大桥

正在规划建设的舟山大陆连岛工程中的西堠门大桥，大桥长 2.586km，其中主跨为 1650m 的悬索桥。大桥设计时速：80km/h，桥面全宽 35m，设计荷载：公路—Ⅰ级。大桥建成后，其主跨将次于日本明石海峡大桥的 1991m，位居世界第二。

（二）国外桥梁建设成就

纵观国外桥梁建设发展的历史，对于促进和发展现代桥梁有深远影响的，是继意大利文艺复兴后 18 世纪在英国、法国和其他西欧国家兴起的工业革命，它推动了工业的发展，也促进了桥梁建筑技术方面空前的发展。

1883 年建成的纽约布鲁克林悬索桥（图 1-24），跨径达 486m，开创了现代悬索桥的先河。

1937 年 5 月建成的旧金山金门大桥（图 1-25），主跨达 1280m，保持了 27 年的世界纪录，至今金门大桥仍是举世闻名的桥梁经典之作。

图 1-24　纽约布鲁克林桥

图 1-25　旧金山金门大桥

目前世界上跨度最大的悬索桥是 1998 年 4 月 5 日建成通车的日本的明石海峡公铁两用桥（图 1-26）。它跨越日本本州—四国岛之间的明石海峡，大桥全长 3910m，主跨长 1991m，桥面宽 35m，设 6 车道；桥塔高 280m，基础沉箱的直径约 80m，高约 70m；两根大缆各由 290 根高强钢索构成，直径为 1.222m；总投资约 40 亿美元。大桥按可以承受里氏 8.5 级强烈地震和抗 150 年一遇的 80m/s 的暴风设计。1995 年 1 月 17 日，日本阪神发生里氏 7.2 级大地震（震中距桥址才 4km），大桥附近的神户市内 5000 人丧生，10 万幢房屋夷为平地，但该桥经受住了大自然的无情考验，只是南岸的岸墩和锚锭装置发生了轻微位移，使桥的长度增加了 0.8m。

世界上第一座现代化斜拉桥是 1955 年瑞典建成的斯特罗姆海峡桥，其主跨 182.6m，从此，该桥型发展十分迅速，截至目前，跨径最大的斜拉桥要数日本的多多罗大桥（图 1-27），其主跨 890m，建成于 1999 年。就跨径而言，后者比前者增大了 5 倍，但前后时间相差还不到 50 年。

图 1-26　明石海峡大桥

图 1-27　日本多多罗大桥

圬工拱桥在国外已有一百多年的历史，1946 年在瑞典建成的绥依纳松特桥，是一座混凝土圬工拱桥，跨度达 155m。由于石料开采和加工砌筑费工巨大，国外已很少修建大跨度石拱桥。

钢筋混凝土拱桥从 20 世纪初到 50 年代间，得到了很大的发展，后因支架问题，应用

163

图 1-28 克尔克大桥

受到一定的限制，直到 1979 年，前南斯拉夫用无支架悬臂施工法建成跨度达 390m 的克尔克大桥（图 1-28），该桥跨径保持了 18 年的世界纪录。

目前世界上跨径最大的钢桁架（型钢）桥拱桥是美国弗吉尼亚州的新河峡桥，主跨 518m。

（三）桥梁的发展趋势

可以看出，近年来的桥梁结构逐步向轻巧、纤细方面发展，但桥梁的载重、跨径却不断增长。为了适应社会生产力发展所提出的愈来愈高的要求，需要建造大量的承受更大荷载、跨越海湾、大江等跨径和总长更大的桥梁，这就推动了桥梁结构向高强、轻型、大跨度的方向发展。在结构理论上研究更符合实际状态的力学分析方法与新的设计理论。充分发挥结构潜在的承载力，充分利用建筑材料的强度，力求工程结构的安全度更为科学和可靠；在大跨度桥梁的设计中，愈来愈重视空气动力学、振动、稳定、疲劳、非线性等研究成果的应用，广泛应用计算机辅助设计；在施工上，力求高度机械化、工厂化、自动化；在工程管理上，则力争高度科学化、自动化。

21 世纪，世界桥梁建设发展趋势主要有以下几个方面：

1. 大跨度桥梁向更长、更大、更柔的方向发展。

2. 注重新材料的开发和应用。

3. 在设计阶段采用高度发展的计算机辅助手段，进行有效的快速优化和仿真分析，运用智能化制造系统在工厂生产部件，利用 GPS 和遥控技术控制桥梁施工。

4. 突破大型深水基础工程。目前世界桥梁基础尚未超过 100m 深海基础工程，下一步需进行 100～300m 深海基础的实践。

5. 桥梁建成交付使用后，将通过自动监测和管理系统保证桥梁的安全和正常运行，一旦发生故障或损伤，将自动报告损伤部位和养护对策。

6. 重视桥梁美学及环境保护。

在 20 世纪桥梁工程大发展的基础上，展望 21 世纪的宏伟蓝图，桥梁建设技术将有更大、更新的发展。

第二节 桥梁检测概述

一、桥梁检测的分类

桥梁检测主要分为施工和运营两个阶段，施工阶段主要是对桥梁原材料、桥梁结构几何尺寸等进行检测以保证桥梁施工质量。运营阶段主要是通过桥梁结构检测发现桥梁出现的病害、损伤等，及时进行维修加固确保桥梁运行安全。

桥梁原材料试验检测方法在道路材料试验检测中讲述。

二、桥梁结构检测的意义

桥梁结构检测主要是对桥梁技术状况的调查，即桥梁缺陷和损伤的性质、部位、严重程度及发展趋势，找出产生缺陷和损伤的主要原因，分析和评论其对桥梁质量和使用承载能力的影响，为桥梁维修和加固设计提供可靠的技术数据和依据。桥梁检测是在其桥梁进行养护、维修与加固之前必须进行的工作，是决定维修与加固方案是否可行和正确与否的可靠保证，也是桥梁评定、养护、维修与加固工作中必不可少的重要组成部分。

三、桥梁结构检测的方法

1. 桥梁外观检查方法与要点

外观检查包括桥梁总体性与局部构造几何尺寸的量测、结构病害的检查与量测等，不同桥型在检查方面各有侧重点。一般来说，从总体上可将桥梁分为三部分：

（1）上部结构，在梁式桥中主要指主梁；拱桥中指主拱圈和拱上建筑。

（2）下部结构，一般包括基础与承台、墩的位移、桩以及桥台等。

（3）附属结构一般应着重检查桥面铺装、伸缩缝、栏杆等，其他的还有梁桥部分检查端部的斜裂缝与跨中部位的裂缝、挠度等检查要点。

对于钢筋混凝土桥梁类型，主要是检测钢筋（保护层厚度、锈蚀状况测试）与混凝土（碳化深度、强度等级与耐久性有关的含碱量和氯离子含量）；对于材料检测类型，则主要是检查桥梁结构材料的无损或微损检测，这也是当前的重点研究领域；结构资料则主要是掌握桥梁的原施工工艺、结构设计以及桥梁的结构维修养护历史等过程，从而根据相关规范作为标准分析桥梁质量状况。此外，为了提高检查效率，可采购用于桥面检测的先进高新技术仪器，如激光雷达，就是用来测量整桥；双频带红外线自动温度成像系统，可用来检测桥面；探地雷达成像系统，可用来检测桥面板等。

2. 检测桥梁运营状况和承载能力的技术

单独从判断桥梁的承载能力方面，可采用静载试验检测法，它可测出变形、挠度、应变、裂缝等与桥梁结构性能相关的参数，从而分析得出结构的强度、刚度及抗裂性能进而判断。要综合考虑桥梁运营状况与承载能力，一般可通过动载试验检测方法，来研究桥梁结构的动力性能。具体的检测要点有：若要考察桥梁设计的安全与经济性能，可从确定车辆荷载入手，可检查的重要技术参数是动力系数。以前动力检测的主要目的是考虑桥梁自振频率，它的重点参数是冲击系数，在公路工程检测实践过程中，动力检测的主要内容有：测定桥跨结构的自振频率、振型和阻尼特性等自振特性；测定桥跨结构在车辆荷载下的强迫振动频率、冲击系数、动位移和动应力等强迫振动特性。但若基于结构损失的发生必然导致刚度、阻尼和内部荷载等结构参数的改变，并对这些变化合理的估计，将为结构操作状态的评定提供一个量化方法。桥梁振动模态特性参数变化信息的提取，可通过结构损伤前后，通过检测桥梁的不同位置，再从这些测点记录的信息来实现，从而评估结构损伤发生的程度、位置及结构损伤的类型。一般情况下，可通过常规的试验模态分析测试技术来获得桥梁振动模态。简言之，要评估桥梁结构参数的变化，除了传统的静动承载试验，也可通过桥梁振动模态的变化情况来分析得出，其中振动方法就是桥梁操作检测的基础技术。还有测试系统的设计，可检测仪器的性能和使用传感器的特性来确定，其中涉及动载试验的测试仪器主要包括光线示波器、信号放大器、测试传感器、磁带记录仪以及数字信号处理机。

3. 无法获取桥梁详细信息的情况下的检测技术

有些工程资料可能会因种种原因，而无法获取比较全面的资料，这种情况下我们可考虑采取结构性能状况检测技术，常用的有可准确反映结构受力性能状况的静力试验与动力试验这两种检测技术。混凝土桥梁的静载试验，一般需进行以下测试内容。过去桥梁检测工作，主要依赖于检测人员的现场目测与动静载试验，结合多种检测技术，如超声波探测、腐蚀作用实验、混凝土硬度实验这些传统的检测方法，虽然可合理判断桥梁关键构件、节点等损伤程度，但难以满足桥梁运营健康状态、桥梁结构的安全度以及寿命状况等整体性能的评估需求。随着经济技术的不断开发，尤其是通信与传感技术的发展，为桥梁检测工作提供了更先进的检测技术，如无损检测技术，使检测技术朝着系统化、快捷化、智能化等方面发展，在一定程度上了满足了现代公路桥梁检测的需要。上文提及的桥梁振动模态就有望从整体方面为评估桥梁的安全性能提供新的检测技术。此外，桥梁结构损伤识别检测技术目前有小波分析损伤识别法与神经网络损伤识别法，前者可直接提取对操作有用的信息，还可应用于信噪分离、奇异信号检测、频带分析等方面的损伤识别，且由于小波适合分析非平衡信号，可将此类检测技术作为损伤识别中信号处理的较理想工具；后者的主要作用主要是为了构造网络，通过系统的输出和网络的输出存在的差异来测试损伤的程度，数据来源于无损伤系统的振动测量。

4. 检测桥梁损伤比较简便的声波检测技术

由前面分析可见，当前存在的检测技术多少都存在不足，我国公路桥梁检测技术比较常见的还有声波检测技术。由于它使用起来操作简单、便利，近年来被广泛应用。此类型的桥梁检测技术工作过程：从桥面，通过相应的接收仪器来接受路面反射出来的声波，并通过一系列信息处理措施，从而为检测技术人员提供桥梁内部损害的情况，以及时采取维护技术。它主要是根据物体内部具有波动特性参数与物体的力学参数这一特性，并从中获取传播弹性波的频率、波速以及波形等信息，再结合其他分析技术，就可以进行桥梁损伤状况的判断。此外，机械检测技术。机械测试仪器与声波检测技术一样，工作原理简单，操作方便且实惠，使用期限长，有较强的适应周围环境的能力，但它也有明显的缺点，如放大能力有限、灵敏度不高，还比较笨重。

5. 借鉴国外目前关注的检测技术

当前，国外方面已经展开结合桥梁管理系统与量化的无损检测方法的研究，即通过用强迫振动响应法定量检测技术，用激光振动计测量斜拉索索力，评估桥梁下部结构。其主要技术概括：

（1）先进的疲劳裂纹探测和评估系统，涉及桥梁裂纹的无线应变测量系统、无源疲劳荷载测量设备、便携式声发射系统、新型超声波以及电磁声发射传感器等，目前在此基础上一种具有产生（信号）并探测不同受力模式下的疲劳裂纹的宽带 E 探测器；

（2）先进的锈蚀探测技术，如探测先张法压浆空隙、磁漏探测技术的埋人式锈蚀微传感器；

（3）先进的桥面板检测系统，如双带远红外热成像系统；

（4）拥有先进的桥梁测试和健康监测系统，如测量桥梁超载的钢传感器。

第二章　桥梁施工检测与评价技术

学习目标

◆ 了解桥梁工程施工阶段试验检测的基本概况
◆ 掌握桥梁工程制品试验检测的一般方法和技能
◆ 掌握桥梁工程地基与基础试验检测的一般方法和技能
◆ 掌握桥梁结构状况试验检测的一般方法和技能

第一节　桥梁工程施工试验检测的主要内容与依据

一、桥梁工程施工试验检测的主要内容

桥梁工程试验检测的内容随桥梁所处的位置、结构形式和所用材料不同而异，应根据所建桥梁的具体情况按有关标准规范选定试验检测项目，一般常规试验检测的主要内容包括：

1. 施工准备阶段的试验检测项目
（1）桥位放样测量；
（2）钢材原材料试验；
（3）钢结构连接性能试验；
（4）预应力锚具、夹具和连接器试验；
（5）水泥性能试验；
（6）混凝土粗细集料试验；
（7）混凝土配合比试验；
（8）砌体材料性能试验；
（9）台后压实标准试验；
（10）其他成品、半成品试验检测。

2. 施工过程中的试验检测
（1）地基承载力试验检测；
（2）基础位置、尺寸和标高检测；
（3）钢筋位置尺寸和标高检测；
（4）钢筋加工检测；
（5）混凝土强度抽样试验；
（6）砂浆强度抽样试验；
（7）桩基检测；
（8）墩、台位置、尺寸和标高检测；

（9）上部结构（构件）位置、尺寸检测；

（10）预制构件张拉、运输和安装强度控制试验；

（11）预应力张拉控制检测；

（12）桥梁上部结构标高、变形、内力（应力）监测；

（13）支架内力、变形和稳定性监测；

（14）钢结构连接加工检测；

（15）钢构件防护涂装检测。

3. 施工完成后的试验检测

（1）桥梁总体检测；

（2）桥梁荷载试验；

（3）桥梁质量评定。

二、桥梁工程施工试验检测的主要依据

公路桥梁工程试验检测应以国家和交通运输部颁布的有关公路工程的法规、技术标准、设计施工规范和材料试验规程为依据进行，对于某些新结构以及采用新材料和新工艺的桥梁，有关的公路工程规范、规程暂无相关条款规定时，可以借鉴执行国外或国内其他行业的相关标准、规范的有关规定。我国结构工程的标准和规范可以分为四个层次。

1. 综合基础标准

《工程结构可靠性设计统一标准》GB 50153—2008

2. 专业基础标准

《公路工程技术标准》JTG B01—2014

《公路工程结构可靠度设计统一标准》GB/T 50283—1999

3. 专业通用标准

《公路工程质量检验评定标准》JTG F80/1—2004

《公路桥涵施工技术规范》JTG/T F50—2011

《公路桥涵设计通用规范》JTG D60—2004

《公路钢筋混凝土及预应力混凝土桥涵设计规范》JTG D62—2004

《公路工程集料试验规程》JTG E42—2005

《公路桥梁承载能力检测评定规程》JTG/T J21—2011

4. 专业专用标准

《公路桥梁抗震设计细则》JTG/T B02-01—2008

《公路桥梁盆式支座》JT/T 391—2009

《预应力混凝土桥梁用塑料波纹管》JT/T 529—2004

第二节　桥梁工程制品试验检测

一、预应力筋用锚具、夹具、连接器

1. 分类与代号

（1）分类

锚具、夹具和连接器按锚固方式不同，可分为夹片式（单孔和多孔夹片锚具）、支承式（镦头锚具、螺母锚具等）、锥塞式（钢质锥形锚具等）和握裹式（挤压锚具、压花锚具等）。

（2）代号

锚具夹具或连接器的总代号可以分别用汉语拼音字母 M、J、L 表示。各类锚固方式的分类代号可查《预应力筋用锚具、夹具和连接器》GB/T 14370—2007 表1。

锚具、夹具和连接器的标记由产品代号、预应力钢绞线直径和预应力钢绞线根数三部分组成。如 YM15-12 表示锚具为圆锚，钢绞线直径 15.2mm，锚固根数为 12 根。

2. 静载锚固性能试验

母材试样不少于 6 根，力学性能应合格。

加载步骤：按预应力钢筋抗拉强度标准值 20％、40％、60％和 80％分四级等速加载，加载速度宜为每分钟 100MPa，达到 80％后，持续 1h；随后以小于每分钟 100MPa 的加载速率加载至破坏。

观察和量测项目有：

（1）各根预应力钢筋与锚具、夹具和连接器之间的相对位移；锚具、夹具和连接器各零件之间的相对位移；

（2）达到 80％后，持荷 1h 时间内的锚具、夹具和连接器的变形；

（3）试件的实测极限应力；

（4）达到实测极限应力时的总应变；

（5）试件的破坏部位与形式。

根据试验结果计算锚具、夹具和连接器的锚固效率系数。

3. 注意事项

同一种产品、同一批原料、工艺的产品为一组；每个抽检组批不大于 2000 套；硬度检测抽检 3％～5％，其他项目抽取 3 个组装件的用量；常规检测项目为硬度和静载锚固性能试验。

锚固效率系数应大于等于 0.95；伸长率大于等于 2.0％；破段部位在夹片处、破段部位距夹片 2～3d（d 为钢绞线公称直径）、锚具破坏、断裂、失效（滑丝、严重变形等）应判定锚具不合格。

4. 洛式硬度检测

试验一般在 10～35℃的室温环境下进行，对温度要求严格的试验，试验温度应为 23±5℃。

相邻两压痕中心之间的距离至少为压痕直径的 4 倍，且不小于 2mm，任一压痕中心距试样边缘不少于压痕直径的 2.5 倍，且不小于 1mm。每个试样检测 3 点。

5. 检测结果判定

（1）外观及尺寸检测

如表面无裂缝，影响锚固能力的尺寸符合设计要求，应判定为合格；如此项尺寸有一项超过允许偏差，则应抽取双倍的数量做检验；如仍有一套不符合要求，则应每套检查，合格者方可使用。如发现一套有裂纹，则应对全部产品进行检查，合格者方可使用。

（2）硬度检测

当硬度值符合设计要求的范围判为合格，如有一个零件不合格，则取双倍数量的零件做试验，如仍有一个不合格，则应逐个检测，合格者方可使用。

（3）静载锚固性能及其他试验

当试验结果符合要求判为合格，如有一个试件不合格，则取双倍数量的试件做试验，如有一个不合格，则该批产品判为不合格。

二、支座

1. 橡胶支座分类与代号

橡胶支座分为板式、球式和盆式三种。板式橡胶支座的标记由名称代号、型式代号、外形尺寸和橡胶种类四部分组成。如 GJZ300×400×47（CR）表示公路桥梁矩形普通氯丁橡胶支座，短边尺寸为 300mm，长边尺寸为 400mm，厚度为 47mm。

2. 橡胶支座试验方法

（1）试验前准备工作：试样随机抽取，每种规格试样数量为三对，试样内外温度一致；试验室的标准温度为 23±5℃，试样停放应不少于 24h；试验机具备微机控制，能自动、平稳连续加载、卸载，且无冲击和振动现象。

（2）板式支座抗压弹性模量试验：将试样置于试验机的承载板上，对准中心，核对承载板四角对称安置的四个位移传感器；预压三次，加载速率为 0.03～0.04MPa/s，预压应力为 10MPa；正式加载，循环 3 次加载，加载速率为 0.03～0.04MPa/s，正式加载从 4MPa 到 10MPa；以承压板四角所测的变化值得平均值，作为各级荷载下试样的累计竖向压缩变形，按试样橡胶层的总厚度计算各级试验荷载下试样的累计压缩应变；每一块试样的抗压弹性模量为三次加载过程所得的三个实测结果的算术平均值，单项结果和算术平均值之差不应大于平均值的 3%，否则应重新复核试验一次。

（3）抗剪弹性模量试验

短边方向受剪，使试样及中间钢板的对称轴和试验机承载板中心轴处在同一垂面上；以 0.03～0.04MPa/s 的速率施加压应力至平均压应力 10MPa，并在整个试验中保持不变；调整试验机的剪切试验机构，使水平油缸、负荷传感器的轴线和中间钢板的对称轴重合；预加水平力 0.002～0.003MPa/s（三次）；正式加载（循环三次），从 0.1MPa 至 1.0MPa；以承压板四角所测的变化值得平均值，作为各级荷载下试样的累计竖向压缩变形，按试样橡胶层的总厚度计算各级试验荷载下，式样的累计压缩应变；

每一块试样的抗剪弹性模量为三次加载过程所得的三个实测结果的算术平均值，单项结果和算术平均值之差不应大于平均值的 3%，否则重做一次。

（4）抗剪老化试验（略）

（5）抗剪黏结试验（略）

（6）摩擦系数试验（略）

将四氟滑板支座对准承载板中心；施加压应力至平均压应力并保持不变；施加水平力，直到不锈钢板与四氟滑板试样接触面间发生滑动为止，记录此时剪力为初始值。连续进行 3 次；每对试样取三次结果的算术平均值。

（7）转角试验（略）

（8）极限抗压强度试验（略）

3. 板式橡胶支座检测结果的判定

随机抽取 3 块（或 3 对）支座，若 2 块（或 2 对）不合格，则认为该批产品不合格，若 1 块（或 1 对）支座不合格时，则应抽取双倍支座对不合格项目进行复核，若仍有一项不合格，则判定该批产品不合格。

三、伸缩装置

模数式伸缩装置应进行拉伸、压缩，纵向、竖向、横向错位试验，测定水平摩阻力、变位均匀性。应按实际受力荷载测定中梁、支承横梁及其连接部件应力、应变值。并应对试样进行振动冲击试验，对橡胶密封带进行防水试验。

梳齿板式伸缩装置应进行拉伸、压缩试验，测定水平摩阻力、变位均匀性。

橡胶伸缩装置应进行拉伸、压缩试验，测定水平摩阻力及垂直变形；且试验应在 15～28℃下进行。

异型钢单缝伸缩装置应进行橡胶密封带防水试验。

检验项目有一项不合格时，则应抽取双倍数目对不合格项目进行复核，若仍有一项不合格，则判定该批产品不合格。

四、波纹管

1. 塑料波纹管检测项目

环刚度；局部横向荷载试验；柔韧性试验；抗冲击性试验；外观及规格尺寸检测。

2. 金属波纹管检测项目

集中荷载作用下径向刚度试验；均布荷载作用下径向刚度试验；变形测量；承受集中荷载后抗渗漏性能试验；弯曲后抗渗漏性能试验；外观及尺寸检测。

第三节 桥梁工程地基与基础试验检测

一、地基承载力检测

1. 平板载荷试验

（1）原理

地基在荷载作用下达到破坏状态的过程为：压密阶段（土粒竖向变位）；剪切阶段（同时发生竖向和测向变位）；破坏阶段（侧向移动）。

（2）试验设备（图 2-1）

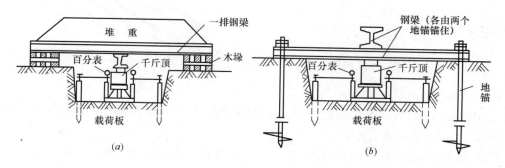

图 2-1 平板荷载试验

试验设备主要包括：荷载板（常用 50cm×50cm 或 70.7cm×70.7cm 矩形板），千斤顶，百分表，反力架，枕木垛，压重。

（3）现场荷载试验步骤

将荷载板放在试验土层表面，基坑宽度不小于承压板宽度或直径的 3 倍。

分级加载，第一级荷载（包括设备自重）应接近卸去土的自重。每级荷载增量一般取被试地基土层预估极限承载力的 1/10～1/8。总荷载尽量接近试验土层的极限荷载，荷载测量精度为最大荷载的 1%。

记录每次加载后沉降量的稳定值，加载至总沉降量为 25mm，沉降值精度到 0.01mm。各级荷载下相对稳定标准一般采连续 2h 的每小时沉降量不超过 0.1mm，或连续 1h 的每 30min 的沉降量不超过 0.05mm。

当达到以下终止试验条件之一时，卸载并记录其回弹值：承压板周围的土体有明显的侧向挤出或发生裂纹；在 24h 内沉降随时间趋于等速增加；荷载增加很小，但沉降却急剧增大。

据记录绘制 P-S 曲线，如图 2-2 所示。

2. 圆锥动力触探

（1）适用范围

轻型动力触探试验用于贯入深度小于 4m 的黏性土、素填土、粉土；

中型动力触探试验用于砂土中密以下的碎石头和极软岩；

重型动力触探试验用于较密实的碎石头、极软岩和软岩。

（2）试验设备

圆锥触探头、触探杆、穿心锤三部分组成（图 2-3）。

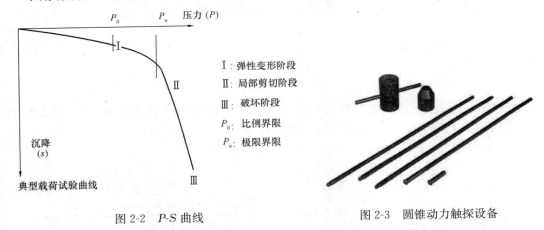

Ⅰ：弹性变形阶段
Ⅱ：局部剪切阶段
Ⅲ：破坏阶段
P_0：比例界限
P_u：极限界限

典型载荷试验曲线

图 2-2　P-S 曲线　　　　　图 2-3　圆锥动力触探设备

（3）试验方法

采用质量为 63.5kg 的穿心锤，以 76cm 的落距，对土层进行触探，将标准贯入器再打入土中 10cm，记录捶击数 N。

可根据 N 值估计砂土的密实度、天然地基的容许承载力 $[\sigma]$、黏性土的状态、土的内摩擦角。

二、成孔质量检测

1. 成孔质量检测

桩位偏差：经纬仪或红外测距仪。

孔径和垂直度：钢筋笼法、伞形孔径仪、声波检测法。

桩倾斜度：简易垂球法、陀螺斜测仪、声波孔壁测定仪法。

孔底沉淀厚度：垂球法、电阻率法、电容法。

2. 泥浆性能指标检测

（1）相对密度

方法一：泥浆相对密度计。

方法二：用口杯简易量测，计算见下式。

$$R=m_3-m_1/m_2-m_1$$

m_1——口杯质量；

m_2——清水质量；

m_3——泥浆质量。

（2）黏度：漏斗黏度计。校正方法：将 700mL 的清水注入漏斗，让其流出 500mL，所需时间有应为（15±1）s。如偏差超过规定值，则不应用于测泥浆的黏度。

（3）静切力：浮筒切力计。

（4）含砂率：含砂率计（注意：仪器的体积有大小，大乘以 1，小乘以 2 即为含砂率）。

（5）胶体率（指泥浆中土粒保持悬浮状态的性能）：将 100mL 泥浆倒入量杯中，用玻璃片盖上，静置 24h，量测其澄清为水的体积。如体积为 5mL，则胶体率为 95％。

（6）失水率（mL/30min）和泥皮厚：泥皮越平坦、越薄则泥浆质量愈高，一般不宜厚于 2～6mm。

（7）酸碱度：（pH＞7 为碱性，pH＝7 为中性，pH＜7 为酸性）

方法一：用一条 pH 试纸，放在泥浆面上后，立即拿出与标准的颜色相比，即可知 pH 值。

方法二：用 pH 酸碱计，将其探针插入泥浆，直接读出 pH 值。

三、桩身完整性检测

1. 概况

混凝土灌注桩是桥梁及建筑结构物常用的基桩形式之一，灌注桩的成桩过程是在桩位处的地面下或水下完成，施工工序多，质量控制难度大，稍有不慎极易产生断桩等严重缺陷，据统计国内外钻孔灌注桩的事故率高达 5％～10％。因此，灌注桩的质量检测就显得格外重要。

灌注桩成桩质量通常存在两方面问题：

一是桩身完整性，常见的缺陷有夹泥、断裂、缩径、扩径、混凝土离析及桩顶混凝土密实性较差等；

二是嵌岩桩桩底支承条件的质量问题，主要是灌注混凝土前清孔不彻底，孔底沉淀厚度超过规定极限，影响承载力。

2. 反射波法

1）反射波法原理

在桩顶进行竖向激振，弹性波沿着桩身向下传播，当桩身存在明显的波阻抗界面（如断桩和严重离析等部位）或桩身截面积变化（如缩径或扩径）部位，将产生反射波。经接收、放大和数据处理分析，可识别来自桩身不同部位的反射信息，据此计算桩身波速，判断桩身完整性和混凝土强度等级估计。

2）仪器设备及要求

仪器一般由传感器和放大、滤波、记录、处理、监测系统以及激振设备和专用附件组成（图2-4）。传感器用宽频带的速度型或加速度型传感器。速度型传感器灵敏度应大于300mV/（cm·s），加速度型传感器灵敏度应大于100mV/g。放大系统的增益应大于60dB，长期变化量应小于1％。折合输入端的噪声水平应低于3V。频带宽度应不窄于10～1000Hz，滤波频率可调整。模/数转换器的位数不应小于8bit。采样时间宜为50～1000s，可分数档调整。多道采集系统应具有一致性，其振幅偏差应小于3％，相位偏差应小于0.1ms。

图 2-4　反射波法仪器设备

3）现场检测及注意事项

（1）被检测桩应凿去浮浆，使桩头平整。

（2）检测前对仪器设备检查调试，仪器工作性能正常方可测试。

（3）每个检测工地均应进行激振方式和接收条件的选择试验，确定最佳激振方式和接收条件。

（4）激振点宜选择在桩头中心部位，传感器稳固地安置在桩头上，对于大直径的桩可安置两个或多个传感器。

（5）当随机干扰较大时，可采用信号增强方式，进行多次重复激振与接收。

（6）为提高分辨率，应使用小能量激振，并选用高截止频率传感器和放大器。

（7）断别桩身浅部缺陷，可同时采用横向激振和水平速度型传感器接收，进行辅助判定。

（8）每根被检测单桩均应进行三次以上重复测试。出现异常波形应在现场及时研究，排除影响测试不良因素再重复测试。

4）实测曲线判读解释的基本方法

（1）缺陷存在可能性判读：桩底反射明显，一般表明桩身完整性好，或缺陷轻微、规模小。另外，还可通过换算桩身平均纵波速来评价桩身是否有缺陷及严重程度。

（2）多次反射及多层反射问题

多次反射：即缺陷反射波在桩顶面与缺陷面间来回反射，其主要特征是反射波至时间成倍增加，反射波能量有规律的衰减。多层反射：往往是杂乱的，不具有上述规律性。

5）影响基桩质量检测波形的因素分析

（1）露出桩头的钢筋对波形的影响：这是因为在桩头激振时，钢筋所产生的回声极易被检波器接收。

（2）桩头破损对波形的影响：由于桩头破损，这将使弹性波能量很快衰减，从而削弱桩间及桩底反射信息，影响了波形的识别。

6）检测数据的处理与判定

桩身混凝土的波速 $V_p = 2L/T$

（1）反射波波形规则，波列清晰，桩底反射波明显，易于读取反射波到达时间，及桩身混凝土平均波速较高的桩为完整性好的单桩。

（2）反射波到达时间小于桩底反射波到达时间；且波幅较大，往往出现多次反射，难以观测到桩底反射波的桩，系桩身断裂。

（3）桩身混凝土严重离析时，其波速较低，反射波幅减少，频率降低。

（4）缩径与扩径的部位可按反射历时进行估算，类型可按相位特征进行判别。当有多处缺陷时，将记录到多个相互干涉的反射波组，形成复杂波列。此时应仔细甄别，并应结合工程地质资料、施工原始记录进行综合分析。有条件时尚可使用多种检测方法进行综合判断。

3. 超声波法

1）基本原理

在桩内预埋若干根声测管作为检测通道，将超声脉冲径向发射换能器和径向接收换能器置于声测管中，并以管中充满清水作为耦合剂。检测时，超声脉冲穿过两声测管之间的混凝土，随着两换能器沿桩的纵轴方向同步升降，使超声脉冲扫过桩的纵剖面，从而得到各项参数沿桩的纵剖面变化的数据。通过数据处理及对所接收信号进行分析，按声时深度曲线相邻测点的斜率及相邻两点声时差值的乘积作为缺陷的判据，并对桩身混凝土强度等级作出估计。耦合：物理学上是指两个或两个以上体系或运动之间相互影响以至联合的现象。

2）检测方式

检测方式有双孔、单孔和桩外孔检测。

3）检测仪器

超声波法检测使用的仪器是超声波检测仪见图 2-5。

超声波检测仪器的技术性能应符合以下规定：

（1）接收放大系统的频带宽度宜为 5～50kHz，增益应大于 100dB，并应带有 0～60（或 80）dB 的衰减器，其分辨率应为 1dB，衰减器的误差应小于 1dB，其档间误差应小于 1%。

（2）发射系统应输出 250～1000V 的脉冲电压，其波形可为阶跃脉冲或矩形脉冲。

（3）显示系统应同时显示接收波形和声波传播时间，其显示时间范围应大于 2000s，计时精度应大于 1s。

换能器应采用柱状径向振动的换能器。其共振频率宜为 25～50kHz，长度宜为 20cm，

图 2-5　超声波法检测仪器

换能器宜装有前置放大器，前置放大器的频带宽度宜为 5～50kHz。换能器的水密性应满足在 1MPa 水压下不漏水。发射换能器的长度，频带宽度及水密性能与接收换能器的要求相同。

4）判断桩内缺陷的基本物理量

声时值；波幅（或衰减）；接收信号的频率变化；接收波形的畸变。

5）预埋检测管时应注意问题

（1）桩径小于 1.0m 时应埋设双管；桩径在 1.0～2.5m 时应埋设三根管；桩径 2.5m 以上应埋设四根管。

（2）声波检测管宜采用钢管、塑料管或钢质波纹管，其内径宜为 50～60mm。钢管宜用螺纹连接，管的下端应封闭，上端应加盖。

（3）检测管可焊接或绑扎在钢筋笼的内侧，检测管之间应相互平行。

4．取芯法

1）目的

检测桩身缺陷，判断完整性类别；

检测桩长和沉渣厚度，鉴别桩底持力层岩土性状；

评定桩身混凝土强度。

2）芯样孔数与孔位

桩径小于 1.2m 钻 1 孔；1.2～1.6m，2 孔；大于 1.6m，钻 3 孔。

钻芯孔为 1 个时，距桩中心 10～15cm；2 孔及以上时，距桩中心（0.15～0.25）D。

钻孔垂直度偏差小于 0.5%，每次进尺控制在 1.5m 以内。

3）混凝土强度的检测

芯样数量：桩长 10～30m，每孔取 3 组芯样；桩长小于 10m，取 2 组；桩长大于 30m，不小于 4 组。

桩两头不小于桩径一倍或 1m，中间芯样宜等距截取，同根桩孔数大于 1 个时，1 孔某深度有缺陷时，其他孔应在相应位置取芯进行强度检验。

每组芯样制作 3 个抗压试件，高径比在 0.95～1.05 之间，芯样内不含钢筋，最大集料粒径应小于芯样平均直径的1/2。

芯样抗压强度代表值按一组3块试件的平均值确定，2组或以上时，取各组平均值为代表值。

5. 静压试验

1）按现行地基基础规范"单桩承载力宜通过现场静载试验确定，在同一条件下，试桩数量不宜少于总桩数的1%，并且不少于3根"。

2）试验桩的要求

从成桩到试验的时间，在桩身混凝土强度达到设计要求的前提下，还应满足规范规定的休止时间的要求。试桩的工艺应与工程桩一致。

试桩桩头混凝土强度不低于C30，一般可在桩顶配置加密钢筋网2~3层以薄钢板圆筒做成加筋箍与桩顶混凝土浇成整体。

为便于安装沉降观察点和仪表，试桩顶部露出试坑地面的高度不宜小于600mm，试坑地面宜于承台底面标高一致。

3）试验准备

试验设备由加载装置和荷载、变形观测装置组成（图2-6）。

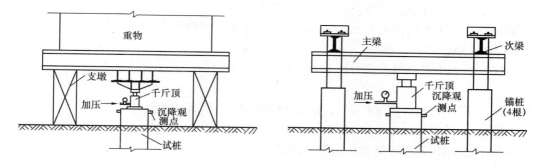

图2-6　静压试验装置

锚桩横梁反力装置（多采用液压千斤顶、锚桩和横梁）反力不小于预估试验荷载的1.3~1.5倍。锚桩与试桩的中心间距，当试桩的直径（或边长）小于或等于800mm时，可为试桩直径（或边长）的5倍；当试桩的直径（或边长）大于800mm时，上述距离不得少于4m。

压重平台反力装置压重不小于预估试验荷载的1.2倍，且施加于地基的压应力不宜大于地基承载力特征值的1.5倍。

4）试验加载步骤与方法

（1）预备试验，检验试验系统各部分工作状态；

（2）分级加载，分级数不宜少于10级，每级荷载为1/15~1/10，第一级荷载可为2倍，最大荷载不小于设计要求的2倍；

（3）记录每次加载后沉降量的稳定值，每15min观测沉降1次，1h后每30min观测一次；

（4）卸载，每级卸载为加载量的2倍，并记录其回弹值；

（5）据记录绘制 P-S 曲线和时间沉降曲线。

177

5）终止加载条件

（1）某级荷载下沉量大于前一级下沉量的 5 倍；

（2）某级荷载下沉量大于前一级的 2 倍，且 24h 沉降未达到相对稳定的标准；

（3）达到设计要求的最大加载量；

（4）锚桩上拔量达到设计允许值。

6）极限承载能力的确定

（1）对应荷载-沉降曲线（P-S 曲线）明显陡降的起始点对应的荷载值；

（2）沉降-时间曲线尾部出现明显向下弯曲的前一级荷载值；

（3）出现终止加载情况时，取前一级荷载值；

（4）对于缓变形 P-S 曲线，宜取 $S=40mm$ 对应的荷载值，当桩长大于 40m 时，应考虑桩长的弹性压缩，对直径大于等于 800mm 的桩，可取 $S=0.05D$ 对应的荷载值。

6. 竖向抗拔试验

位移量小于或等于 0.1mm/h，稳定。

勘测设计阶段，总位移大于等于 25mm 可终止加载，施工阶段的加载不应大于设计值。

7. 静推试验

采用单向多循环加载试验法，每级荷载循环 5 次。

加载终止：水平位移大于 20～30mm，桩身断裂，桩侧地表裂纹或隆起。

8. 高应变法

重锤重量不小于极限承载力的 1.2%。

第四节　桥梁结构状况试验检测

一、上部结构-混凝土强度的检测与评定

1. 回弹法

回弹法使用的仪器是回弹仪，见图 2-7。

（1）测定内容：测定混凝土表面硬度。

（2）标准依据：《回弹法检测混凝土抗压强度技术规程》JGJ/T 23—2011。

图 2-7　回弹仪

（3）应用原则

回弹法检测混凝土强度是对常规检验的一种补充。当对构件有怀疑时，对试件的检验结果有怀疑或供检验用的试件数量不足时，可采用回弹法检测，并将检测结果作为处理混凝土质量问题的一个主要依据。

回弹法的使用前提是要求被测结构或构件混凝土的内外质量基本一致。因此，当混凝土表层与内部质量有明显差异，例如遭受化学腐蚀或火灾、硬化期间遭受冻伤等或内部存在缺陷时，不能用回弹法评定混凝土强度。

（4）测试原理

回弹法是采用回弹仪进行混凝土强度测定，属于表面硬度法的一种，其原理是回弹仪中运动的重锤以一定冲击动能撞击顶在混凝土表面的冲击杆后，测出重锤被反弹回来的距离，以回弹值（反弹距离与弹簧初始长度之比）作为与强度相关的指标，来推定混凝土强度的一种方法。

混凝土表面硬度是一个与混凝土强度有关的量，表面硬度值是随强度的增大而提高的，采用具有一定动能的钢锤冲击混凝土表面时，其回弹值与混凝土表面硬度也有相关关系。所以，混凝土强度与回弹值存在相关关系。

（5）操作步骤

收集基本资料；选择测区：每一个构件测区数不应少于 10 个，最少不得少于 5 个；相邻两测区间距在 2m 以内距构件边缘大于 20cm，小于 50cm；测区尺寸为 200mm×200mm；回弹值测试；碳化深度值测量：不应少于测区数的 30%，当碳化值大于 2.0mm 时，应在每一测区测量碳化深度值；计算平均回弹值；角度修正；浇筑面修正。

根据平均回弹值和平均碳化深度确定测区混凝土强度换算值；根据各个测区换算值确定构件混凝土强度推定值。非水平方向检测时及不同浇筑面上的回弹修正值见表 2-1 和表 2-2。

非水平方向检测时回弹修正值　　　　表 2-1

测试角度 $R_{m\alpha}$	+90°	+60°	+45°	+30°	−30°	−45°	−60°	−90°
20	−6.0	−5.0	−4.0	−3.0	+2.5	+3.0	+3.5	+4.0
30	−5.0	−4.0	−3.5	−2.5	+2.0	+2.5	+3.0	+3.5
40	−4.0	−3.5	−3.0	−2.0	+1.5	+2.0	+2.5	+3.0
50	−3.5	−3.0	−2.5	−1.5	+1.0	+1.5	+2.0	+2.5

不同浇筑面上的回弹修正值　　　　表 2-2

测试面 R_m	顶面修正值 (R_a^t)	底面修正值 (R_a^b)	测试面 R_m	顶面修正值 (R_b^t)	底面修正值 (R_a^b)
20	+2.5	−3.0	40	+0.5	−1.0
25	+2.0	−2.5	45	0	−0.5
30	+1.5	−2.0	50	0	0
35	+1.0	−1.5			

（6）回弹值计算和强度评定

去掉测区 3 个最大和 3 个最小回弹值，计算平均回弹值；对测区平均回弹值进行角度、浇筑面修正；根据测区的平均回弹值和平均碳化深度计算（查表）得到测区混凝土强度换算值；构件测区数为 10 个及以上时，计算全部测区换算强度的平均值和标准差；构件测区数少于 10 时，取测区最小混凝土强度值为推定值；构件测区强度值出现小于 10MPa，混凝土强度推定值小于 10MPa；构件测区数不少于 10 个时，按数理统计方法计算，即均值减去 1.645 倍的标准差；批量（多个构件）均值小于 25MPa，标准差大于 4.5MPa 或均值不小于 25MPa，标准差大于 5.5MPa 时，按单个构件评定。

（7）注意事项

回弹法误差较大，对重要构件应慎重选取。

适用范围：不掺外加剂或仅掺引气剂的混凝土；混凝土龄期为 14～1000d；强度范围为 10～60MPa。

下列情况不可采用统一测强曲线：集料最大粒径大于 60mm；特种成型工艺制作的混凝土；检测部位曲率半径小于 250mm；潮湿或水浸的混凝土。

抽检数量不少于构件总数的 30%或 10 件。

图 2-8　超声波回弹仪

2. 超声-回弹综合法

超声-回弹综合法使用的仪器是超声波回弹仪，见图 2-8。

（1）适用范围

水泥为普通硅酸盐水泥；砂、石集料符合检验要求；可掺或不掺矿物拌合料、外加剂、粉煤灰、泵送剂；混凝土龄期为 7～2000d；强度范围为 10～70MPa；搅拌混凝土或泵送混凝土；自然养护。

（2）标准依据：《超声回弹综合检测混凝土强度技术规程》CECS 02：2005。

（3）强度评定

测区数为 10 个及以上时，计算平均值和标准差；

测区数少于 10 时，取测区最小混凝土强度值为推定值；

测区强度值出现小于 10MPa，混凝土强度推定值小于 10MPa；

测区数不少于 10 个时，按数理统计方法计算，即均值减去 1.645 倍的标准差；

均值小于 25MPa，标准差大于 4.5MPa；均值位于 25 和 50MPa 之间，标准差大于 5MPa；均值不小于 50MPa，标准差大于 5.5MPa 时，按单个构件评定。

3. 钻芯法

钻芯法使用的仪器包括：取芯机、切割机、补平仪、压力机（图 2-9）。

图 2-9　芯样、切割机和压力机

（1）芯样

芯样数量不宜少于 15 个；芯样直径应大于最大粒径的 3 倍，采用小芯样，其直径不应小于 70mm 或最大粒径的 2 倍；芯样高度直径比值为 1。

（2）芯样试件应在与被检测结构湿度基本一致的条件下进行抗压试验。

（3）检测批混凝土强度推定采用数理统计的方法。

（4）单个构件最少芯样数量为 3 个，小构件不少于 2 个，取最小值作为混凝土强度推定值。

二、超声波检测混凝土内部缺陷（蜂窝、空洞或裂缝）

1. 基本原理

利用超声波在技术条件相同（指混凝土原材料、配合比、龄期和测试距离一致）的混凝土中传播的时间（或速度）、接收波的振幅和频率等声学参数的变化，来判定混凝土的缺陷。

超声脉冲波传播速度的快慢，与混凝土的密实程度有直接关系，对于技术条件相同的混凝土来说，声速高则混凝土密实，相反则混凝土不密实。当有空洞、裂缝等缺陷存在时，破坏了混凝土的整体性，由于空气的声阻抗率远小于混凝土的声阻抗率，超声波遇到蜂窝、空洞或裂缝等缺陷时，会在缺陷界面发生反射和散射，因此传播的路程会增大，测得的声时会延长，声速会降低。

在缺陷界面超声波的声能被衰减，其中频率较高的部分衰减更快，因此接收信号的波幅明显降低，频率明显减小或频率谱中高频成分明显减少。

经缺陷反射或绕过缺陷传播的超声波信号与直达波信号之间存在相位差，叠加后互相干扰，致使接收信号的波形发生畸变。

2. 平面测试法（用厚度振动式换能器）

对测法：一对发射和接收换能器，分别置于被测结构相互平行的两个表面，且两个换能器的轴线位于同一直线上。

斜测法：一对发射和接收换能器，分别置于被测结构的两个表面，但两个换能器的轴线不在同一直线上。

单面平测法：一对发射和接收换能器分别置于被测结构同一表面上进行测试。

3. 测试孔测试法（采用径向振动式换能器）

孔中对测：一对换能器分别置于两个对应测试孔中，位于同一高度进行测试。

孔中斜测：一对换能器分别置于两个对应测试孔中，但不在同一高度进行面是在保持一定高程差的条件下进行测试。

孔中平测：一对换能器分别置于同一测试孔中，以一定的高程差同步移动进行测试。

三、超声波检测混凝土裂缝深度

1. 浅裂缝

浅裂缝是指局限于结构表层，开裂深度不大于 500mm 的裂缝。

1）平测法

平测法示意图见图 2-10。

（1）不跨缝的声时测量

将发射和接收换能器置于裂缝附近同一侧以两个换能器内边缘间距等于 100mm、

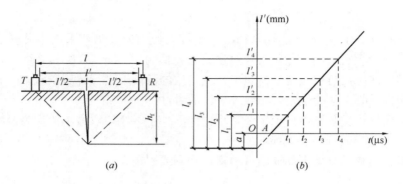

图 2-10　平测法示意图

150mm、200mm、250mm···分别读取声时值绘制时距坐标图或用回归分析的方法求出声时与测距之间的回归直线方程。计算得到不跨缝平测的混凝土声速值（平均）。

（2）跨缝的声时测量

将发射和接收换能器分别置于以裂缝为对称的两侧，间距为 100mm、150mm、200mm···，分别读取声时值，同时观察首波相位的变化。

（3）裂缝深度确定

根据直角三角形原理，计算每个测距对应的裂缝深度和平均深度；根据接收首波相位确定裂缝深度。

2）斜测法

斜测法示意图见图 2-11。

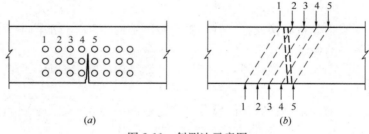

图 2-11　斜测法示意图
（a）立面图；（b）平面图

2. 深裂缝

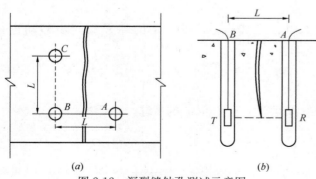

图 2-12　深裂缝钻孔测试示意图
（a）平面图；（b）立面图

深裂缝是指开裂深度大于 500mm 的裂缝。

测试方法：

一般是在裂缝两侧钻测试孔，用径向振动式换能器置于测试孔中进行测试（图2-12）。

裂缝深度判定：

当换能器下移至某一位置后，波幅达到最大并基本稳定，该位置所对应的深度即为裂缝深度。

四、钢筋混凝土其他状况的检测技术手段

1. 显微镜检测混凝土裂缝宽度

用显微镜检测混凝土裂缝宽度见图 2-13。

图 2-13　显微镜检测混凝土裂缝宽度

2. 钢筋锈蚀测定仪检测混凝土中钢筋锈蚀状况

利用钢筋锈蚀测定仪（图 2-14）来确定钢筋锈蚀范围，此方法必须在钢筋具有连续导电性时方可使用，检测时首先要将腐蚀侦测仪的参考电极与钢筋相连接以形成通路后，移动探头并记录电位差借以绘出等位图，再依据等位图判定腐蚀发生的区域。

3. 混凝土氯离子含量

取混凝土粉末，采用滴定条法或试验室化学分析法。

4. 混凝土中钢筋分布及保护层

可用电磁钢筋探测仪检测混凝土中钢筋位置、保护层厚度、钢筋直径及钢筋数量、钢筋走向及分布。

5. 混凝土碳化深度

在混凝土表面可采用适当的工具在测区表面形成直径约 15mm 的孔洞，其深度应大于混凝土的碳化深度（大于 10mm）。用洗耳球或小皮老虎吹掉碎屑，且不得用水擦洗。滴或喷酚酞酒精试剂，用测深尺量测变色深度（变紫色为未碳化）。

6. 混凝土电阻率

可采用四电极阻抗测量法测量混凝土电阻率（图 2-15）

图 2-14　钢筋锈蚀测定仪

图 2-15　四电极阻抗测量法测量混凝土电阻率

第五节 本 章 小 结

　　本章介绍了桥梁工程施工阶段试验检测的基本概况，试验检测的主要内容和依据；介绍了支座、伸缩装置、波纹管等桥梁工程制品试验检测的一般方法和技能；介绍了桥梁工程地基与基础承载力、成孔质量、桩身完整性试验检测的一般方法和技能；介绍了桥梁工程混凝土强度检测与评定的一般方法和技能，以及超声波检测混凝土内部缺陷（蜂窝、空洞或裂缝）、超声波检测混凝土裂缝深度和钢筋混凝土其他状况检测的方法和技能。

第三章　桥梁运营维护检测与评价技术

◆ 了解运营阶段桥梁检查的主要内容
◆ 掌握桥梁技术状况等级的评定方法
◆ 了解桥梁静载试验检测的一般过程和基本原理
◆ 掌握桥梁静载试验检测的一般技能

第一节　桥梁检查与技术状况评定

一、桥梁检查

1. 主要依据

《公路桥涵养护规范》JTG H11—2004

《公路桥梁技术状况评定标准》JTG/T H21—2011

2. 桥梁检查的分类

按照桥梁检查的范围、方式和检查结果的用途可分为：

（1）经常检查：主要指对桥面设施、上部结构、下部结构及附属构造物的技术状况进行的检查。

（2）定期检查：为评定桥梁使用功能，制定管理养护计划提供基本数据，对桥梁主体结构及其附属构造物的技术状况进行的全面检查，它为桥梁养护管理系统搜集结构技术状态的动态数据。

（3）特殊检查：特殊检查是查清桥梁的病害原因、破损程度，鉴定承载能力、抗灾能力。

3. 经常检查

经常检查是对桥梁构筑物及附属设施进行日常巡视检查。

一般采用目测方法，也可配以简单工具进行测量。

经常性检查应由专职桥梁养护管理人员或有一定经验的工程技术人员负责。

按桥梁类别、状态等级分别确定经常性检查周期。一般结构的桥梁，经常性检查一月一次，最长周期每季至少一次，遇恶劣天气、汛期、冰冻等特殊情况周期宜缩短，特殊情况可设专人看护。

4. 定期检查

定期检查是按规定的周期，对桥梁主体结构及其附属构造物跟踪的全面检查。

定期检查要求具有丰富的实践经验、受过专门桥梁检查培训并熟悉桥梁设计、施工等方面知识的工程师来进行。

桥梁定期检查采集的数据作为桥梁养护管理系统中结构技术状况的动态参数，为评定桥梁使用性能提供基本数据，并据此来确定结构维修、加固或更换的先后次序。

定期检查以目测为主，辅以必要的测量仪器、探查工具、望远镜、照相机和现场器材等设备进行。

5. 特殊检查

桥梁特殊检查，是在桥梁经常检查的基础上，进一步准确确定桥梁技术状况，由专业技术人员使用专门检测仪器设备，应用无破损检测手段对桥梁进行全面检测、测强和探伤，从而找出损坏的原因、程度和范围，分析损坏所造成的后果以及潜在缺陷可能给桥梁结构带来的危险，为评定桥梁的耐久性和承载能力、确定维修工程的实施方案提供依据。

通过特殊检查，能够查清桥梁的病害原因、破损程度、承载能力、抗灾能力，确定桥梁技术状况的工作。

二、桥梁技术状况评定

1. 评定方法

分层综合评定法与单项指标控制法相结合；

某单项指标超过单项指标控制法的要求时，桥梁技术状况为 5 类桥；

各单项指标均满足单项指标控制法的要求时，由分层综合评定法确定桥梁技术状况。

2. 单项控制指标（出现时，桥梁技术状况等级为 5 类）

上部结构有落梁；或梁、板断裂现象。

梁式桥上部承重构件控制截面出现全截面开裂；或组合结构上部承重构件结合面开裂贯通，造成截面组合作用严重降低。

梁式桥上部承重构件有严重的异常位移，存在失稳现象。

结构出现明显的永久变形，变形大于规范值。

关键部位混凝土出现压碎或杆件失稳倾向；或桥面板出现严重塌陷。

拱式桥拱脚严重错台、位移，造成拱顶挠度大于限值；或拱圈严重变形。

圬工拱桥拱圈大范围砌体断裂，脱落现象严重。

腹拱、侧墙、立墙或立柱产生破坏造成桥面板严重塌落。

系杆或吊杆出现严重锈蚀或断裂现象。

悬索桥主缆或多根吊索出现严重锈蚀、断丝。

斜拉桥拉索钢丝出现严重锈蚀、断丝，主梁出现严重变形。

扩大基础冲刷深度大于设计值，冲空面积达 20％以上。

桥墩（桥台或基础）不稳定，出现严重滑动、下沉、位移、倾斜等现象。

悬索桥、斜拉桥索塔基础出现严重沉降或位移；或悬索桥锚碇有水平位移或沉降。

3. 分层综合评定法

（1）步骤

分层综合评定法的步骤见图 3-1。

（2）要点

概念上：桥梁总体＞结构＞部件＞构件；

桥梁总体包括桥面系、上部结构、下部结构；

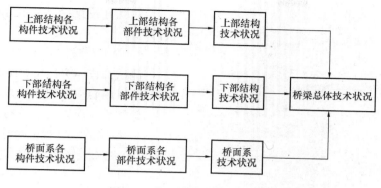

图 3-1　分层综合评定法的步骤

结构是由多类部件组成；

每类部件都包括一到多个构件；

每个构件可能存在一到多种病害（扣分项）。

（3）主要过程

单个构件的技术状况评分：对构件各类病害进行定性和定量分析，评定病害的标度，确定病害的扣分值；汇总单个构件各类病害的扣分值，计算单个构件的技术状况评分。

部件的技术状况评分：根据所有同类构件的评分，考虑构件的数量，计算部件的技术状况评分（上部、下部主要部件中出现四类以下的构件时，该部件采用此四类以下构件的评分）。

结构（上部、下部、桥面系）的技术状况评分：根据其全部部件的评分，考虑不同的权重系数计算结构的技术状况评分。

桥梁整体的技术状况评分：根据结构（上部、下部、桥面系）的技术状况评分，考虑不同的权重系数计算桥梁整体的技术状况评分（表 3-1）。

桥梁整体的技术状况评分　　　　表 3-1

技术状况评分	技术状况等级 D_j				
	1 类	2 类	3 类	4 类	5 类
D_r （SPCI、SBCI、BDCI）	[95，100]	[80，95)	[60，80)	[40，60)	[0，40)

第二节　桥梁静载试验检测技术

一、桥梁静载试验概述

1. 静载试验

将静止的荷载作用在桥梁上指定位置，然后对桥梁结构的静力位移、静力应变、裂缝（形态、宽度、长度）等参量进行测试，从而对桥梁在荷载作用下的工作性能及使用能力作出评价。图 3-2 为桥梁静载试验采用重载汽车进行加载。

2. 桥梁静载试验的目的

对新建桥梁施工质量进行检验、鉴定；

187

图 3-2　桥梁静载试验

对既有桥梁结构性能和承载能力进行评价。

3. 静力荷载试验检测的原则

测试部位应突出桥梁结构受力关键；

测试内容应反映承载力指标；

施测载位应以无损结构为限度。

4. 参照的设计规范与标准

《公路桥涵设计通用规范》JTG D60—2004；

《公路钢筋混凝土及预应力混凝土桥梁设计规范》JTG D62—2004；

《公路桥涵地基与基础设计规范》JTG D63—2007；

《公路工程技术标准》JTG B01—2014；

《公路桥涵养护规范》JTG H11—2004；

《公路桥梁承载能力检测评定规程》JTG/T J21—2011；

《公路工程质量检验评定标准 第一册 土建工程》JTG F80/1—2004。

5. 静载试验检测的主要工作内容

试验的准备工作；加载方案设计；测点设置与测试；加载控制与安全措施；试验结果分析与承载力评定；试验报告编写。

6. 试验前期准备阶段工作内容

试验准备阶段是桥梁荷载试验顺利进行的前提和保障。

收集、桥梁设计文件、施工记录、监理记录、原试验资料、桥梁养护与维修记录等桥梁技术资料；检查桥梁现状，如桥面系、承重结构构件、支座、基础等部位的表观状况；验算设计荷载和试验拟加荷载作用下的理论内力。

7. 静载试验检测的三个工作阶段

试验准备；加载与观测；分析、评价。

二、桥梁静载准备工作

1. 静载试验准备工作的主要内容

测试工况确定；试验孔（墩、台）的选择；测试仪器选择；检查架与仪表架的搭设；加载方案与实施；制订观测方案；施加荷载的准备。

2. 测试工况

根据试验的目的要求，应用桥梁专业知识，考虑各种桥梁体系的受力特点，还要结合测试技术的可行性，确定被测桥梁的控制断面和测点布置，即确定桥梁静载试验的测试工况。

（1）简支梁（板）桥

主要工况：跨中最大正弯矩工况。

附加工况：$L/4$ 截面最大正弯矩工况；支点最大剪力工况；桥墩最大竖向反力工况。

（2）连续梁桥

188

主要工况：主跨支点最大负弯矩工况；主跨跨中最大正弯矩工况。

附加工况：边跨最大正弯矩工况；主跨桥墩最大竖向反力工况；主跨支点最大剪力工况。

（3）悬臂梁桥（T形刚构桥）

主要工况：墩顶支点最大负弯矩工况；锚固孔跨中最大正弯矩工况。

附加工况：墩顶支座截面最大剪力工况；挂孔跨中最大正弯矩工况；桥墩最大竖向反力工况。

（4）无铰拱桥

主要工况：拱顶最大正弯矩工况；拱脚最大负弯矩工况。

附加工况：拱脚最大水平推力工况；$L/4$ 截面最大正弯矩和最大负弯矩工况；$L/4$ 截面正负挠度绝对值之和最大工况。

（5）斜拉桥

主要工况：主梁跨中最大正弯矩工况；主梁墩顶支座截面最大负弯矩工况；主塔塔顶顺桥向最大水平变位与塔脚截面最大弯矩工况（不同的结构体系，存在差异）。

附加工况：中孔跨中附近拉索最大拉力工况；主梁最大挠度工况；辅助墩最大竖向反力工况。

（6）悬索桥

主要工况：加劲梁跨中最大正弯矩工况；加劲梁 $L/8$ 截面最大正弯矩工况；主塔塔顶顺桥向最大水平变位与塔脚截面最大弯矩工况。

附加工况：加劲梁最大竖向挠度工况；主缆锚固拉索最大张力工况；加劲梁梁端最大纵向漂移工况；吊杆（索）活载张力最大增量工况。

3. 试验孔（墩、台）的选择原则

（1）结构型式典型性；

（2）结构病害状况因素：典型性、代表性、最严重；

（3）测试条件因素：仪器安装条件、量测条件是否可行。

4. 测试仪器选择

（1）应变

电阻应变片、振弦应变计、百分表式应变仪。

（2）挠度

百分表电子位移计、连通管、水准仪。

（3）转角

倾角仪，如图3-3所示。

三、桥梁静载准备工作

1. 加载方案与实施的主要内容

图 3-3　倾角仪

加载试验项目的确定（与测试项目对应）；加载设备选择；静载试验荷载的确定；试验荷载分级与加载方式；加载时间选择与静力荷载的持续时间；加载程序的确定；加载试验的控制。

2. 加载设备与方式（图3-4）

汽车；堆载（特别要注意荷载作用模式、要明确传力途径）；反力架装置：抗拔桩、自平衡（特别要注意稳定性）。

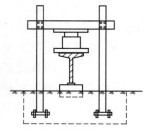

图 3-4　桥梁静载试验加载设备与方式

3. 静载试验荷载的确定

荷载效应的大小；荷载大小和作用位置；试验荷载对不同结构部位的影响。

4. 测试荷载效应大小（等级）确定

（1）控制荷载的确定

试验控制荷载根据与设计作用（或标准活荷载）等级相应的活载效应控制值或有特殊要求的荷载效应值确定，以使控制截面产生最不利荷载效应（内力和变形）较大的荷载作为试验控制荷载。

（2）静载试验效率系数

试验荷载作用下被检测部位的内力（或变形的计算值）与包括动力扩大效应在内的标准设计荷载作用下，同一部位的内力（或变形计算值）的比值。

（3）效率系数取值

静载试验效率恰当的取值范围为：0.95～1.05。

（4）荷载试验效率系数的辨证选择

取较大值时：荷载测试风险大，结构安全评价较保守，有利于保证结构安全。

取较小值时：荷载测试风险小，结构安全评价较冒险，不利于保证结构安全。

5. 试验荷载大小与作用位置确定

根据加载设备及荷载试验效率系数确定荷载大小与作用位置，同时应兼顾荷载对非测试截面的影响。

6. 制订观测方案

1）观测项目的确定

整体变形：挠度、位移、转角。

局部变形：应变。

2）测量部位选择与测点布设

3）仪器仪表选择原则

4）观测方法的确定：位移测量、应变测量、裂缝观测

7. 试验荷载分级控制

1）重要性与必要性

为了保证加载安全；为了了解结构应变和变位随试验荷载增加的变化关系。

2）分级的原则与步骤

预加载；一般 4～5 级；3 级也可；情况不明时，增加分级；考虑非测试断面；卸载也分级。

3）试验时机、加载时间确定原则

温度变化小；每级 15min 左右；仪器仪表读数相对稳定。

8. 试验的意外终止

测点应变或挠度测试值突然增大；测点应变或挠度测试值超过规范允许值；结构原有裂缝突然增大或新裂缝增多；结构薄弱环节突然变形变位。

四、桥梁静载成果整理与结构性能评价

1. 测试结果整理

通过静载试验得到的原始数据、曲线和图像等是最重要的第一手资料，应该特别强调现场试验数据原始记录重要性，对每一份现场记录（无论是数据还是信号）都要求完整、清晰和可靠。有些原始数据数量庞大，也不直观，不能直接用来进行结构评估，所以必须对它进行处理分析。

测试结构整理的主要内容有：测值转换：数字变物理量；应力计算：应变变应力；误差处理；支点沉降修正等。

2. 结构性能评价方法

1）使用性能评价

活载挠度不超过 $L/600$（简支梁）、$L/300$（悬臂端）、$L/800$（拱桥、桁架桥）。（L 为计算跨径）

2）校验系数评价

校验系数为测试值与计算值的比值。

校验系数小于 1 时，认为结构处于弹性阶段，且具有一定的安全储备。

3）相对残余变位（或应变）评价

完好的桥梁结构要求相对残余变位（或应变）不大于 20%。

第四章 专题与案例分析：桥梁预制单梁的静载试验

学习目标

◆ 了解单梁静载试验检测的一般概况
◆ 掌握单梁静载试验检测的一般步骤
◆ 掌握单梁静载试验检测操作技能

一、工程概况

受××标项目部委托，××公司于××年××月××日～××月××日，在桥梁施工现场，对××桥的单片后张法预应力混凝土预制 25m 箱梁进行了静力荷载试验，以检验预制箱梁的承载能力和在设计荷载作用下的工作性能。

××桥设计荷载等级为：公路-Ⅰ级，桥梁上部结构采用 25m 装配式预应力混凝土（后张法）箱梁（混凝土强度等级为 C50），先简支后连续结构体系。

由委托单位确定的静力荷载试验梁为：19-5 号箱梁（中跨边梁），试验梁混凝土已达到龄期。

19-5 号箱梁（中跨边梁）跨中截面如图 4-1 所示。

设计单位要求的 19-5 号箱梁（中跨边梁）试验梁跨中截面最大控制弯矩均为：2860kN·m。

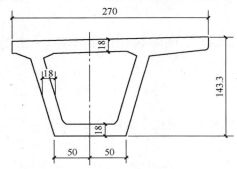

图 4-1 19-5 号箱梁（中跨边梁）跨中截面示意图（图中单位为 cm）

二、参照规范及试验判断标准

1. 参照的设计规范与标准

（1）《公路桥涵设计通用规范》JTG D60—2004；

（2）《公路钢筋混凝土及预应力混凝土桥涵设计规范》JTG D62—2004；

（3）《公路工程技术标准》JTG B01—2003；

（4）《公路桥梁承载能力检测评定规程》JTG/T J21—2011。

2. 承载能力判断标准

根据施工图设计文件和遵循的设计规范，预应力混凝土箱梁的力学性能设计要求为：

（1）设计跨中弯矩作用下，预制预应力混凝土箱梁抗弯承载能力满足要求；

（2）试验荷载作用下预制箱梁的最大竖向挠度，不超过 $L/600$，L 为计算跨径；

（3）预应力混凝土构件满足预应力构件对裂缝的要求；

（4）主要测点的相对残余变位和相对残余应变不超过 20％。

根据以上原则，推出判断构件承载力状态的主要标准为：试验荷载作用下，预应力混凝土箱梁控制截面挠度和应力（变）测试数据小于计算结果，即：校验系数应小于 1。

三、试验观测内容

1. 试验梁在各级荷载作用下跨中、$L/4$、$3L/4$ 的挠度；
2. 试验梁在各级荷载作用下跨中、$L/4$、$3L/4$ 截面的应变情况；
3. 试验梁在荷载完全卸除后变位和应变的恢复情况；
4. 试验梁在荷载作用下的裂缝等病害的发展、开展情况。

四、试验方法

1. 试验加载方案

本次预制梁荷载试验的试验工况/测试项目为梁跨中最大正弯矩工况，试验控制截面为跨中正截面。19-5 号箱梁（中跨边梁）试验梁单梁（裸梁）跨中弯矩静力荷载试验的控制值为：2860kN·m。结合试验现场条件，试验梁实际静力荷载试验的跨中弯矩控制值为：2864kN·m。

试验加载按跨中弯矩等效原则、采用在试验梁跨中顶面施加集中力的方式。试验梁的支撑长度为 23.5m，试验加载简图如图 4-2 所示。

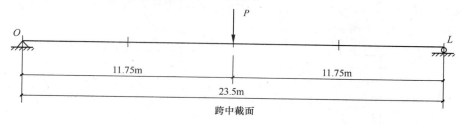

图 4-2　箱梁试验加载简图

根据跨中截面弯矩等效原则，19-5 号箱梁（中跨边梁）换算成控制集中试验荷载为：$P=487$kN，如图 4-2 所示。

正式加载前对试验梁进行预加载，使结构进入正常工作状态，预加荷载取为最大试验荷载的 30％左右，预压时间控制在 10min，以消除支点和仪器接触等不利影响，卸载10min 后正式试验。

正式试验加载分级情况分别见表 4-1，每级加载后持续 10min 再观测、记录数据。

卸载分三级卸载，分别为 60％、30％、0。

19-5 号箱梁（中跨边梁）的加载分级情况分别列入表 4-1 中。

19-5 号箱梁静载试验加载分级表　　　　　　　　　表 4-1

加载号	1	2	3	4	5
试验荷载等级（％）	35	65	80	90	100
试验荷载	$P=171$kN	$P=317$kN	$P=390$kN	$P=438$kN	$P=487$kN
跨中弯矩（kN·m）	1003	1862	2291	2577	2864

2. 检测内容及量测仪器设备

（1）测量梁跨中、1/4 跨、3/4 跨处正截面的应变及其分布情况。使用应变片及静态数据采集仪等设备。

（2）测量梁支座处、跨中、1/4 跨、3/4 跨处的竖向位移。使用百分表位移计、磁性表座等设备。

（3）试验梁在荷载完全卸除后变位和应变的恢复情况。

（4）观测梁跨中处附近下边缘表面的裂缝开展与发展情况。

3．测点布置

试验箱梁静载试验测试截面如图 4-3 所示：

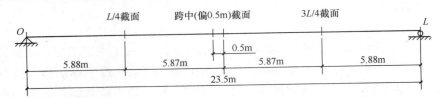

图 4-3　试验箱梁静载试验测试截面示意图

（1）应变测点

试验箱梁跨中、1/4 跨、3/4 跨截面在底面和侧面腹板上设置应变测点。应变测点布置方案如图 4-4、图 4-5 所示，每片试验梁共计 16 个应变测点。

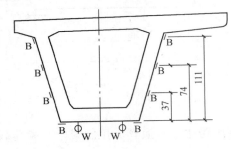

图 4-4　箱梁跨中截面挠度和应变测点布置示意图

（图中单位为 cm，B 代表应变测点，W 代表位移测点）

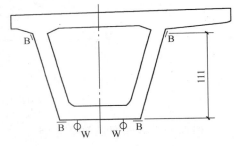

图 4-5　箱梁 L/4、3L/4 跨截面挠度和应变测点布置示意图

（图中单位为 cm，B 代表应变测点，W 代表位移测点）

（2）挠度测点

试验箱梁在支座处、跨中、1/4 跨、3/4 跨处布置竖向位移测点点。位移测点布置方案如图 4-4、图 4-5、图 4-6 所示，每片试验梁共计 10 个位移测点。

五、19-5 号箱梁（中跨边梁）试验结果分析

1．试验梁挠度测试结果与分析

经过支座变形修正和测试误差处理后，19-5 号箱梁在各级试验荷载作用下各测点的挠度测试结果与分析列入表 4-2 中。

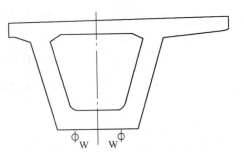

图 4-6　箱梁支座处挠度测点布置示意图（W 代表位移测点）

19-5 号箱梁在各级试验荷载作用下各测点挠度测试结果与分析　　表 4-2

荷载等级	试验荷载	测试截面	测试值（mm）	计算值（mm）	校验系数
35%	P＝171kN	L/4	2.75	3.48	0.79
		跨中	3.99	5.05	0.79
		3L/4	2.86	3.48	0.82
65%	P＝317kN	L/4	5.57	6.45	0.86
		跨中	7.99	9.37	0.85
		3L/4	5.83	6.45	0.90
80%	P＝390kN	L/4	7.17	7.94	0.90
		跨中	10.26	11.54	0.89
		3L/4	7.47	7.94	0.94
90%	P＝438kN	L/4	8.14	8.94	0.91
		跨中	11.68	12.98	0.90
		3L/4	8.71	8.94	0.97
100%	P＝487kN	L/4	9.58	9.93	0.96
		跨中	13.71	14.42	0.95
		3L/4	9.60	9.93	0.97

注：1. 测试值为测试截面两个测点的平均值；
　　2. 校验系数＝测试值/计算值。

19-5 号箱梁在各级试验荷载作用下 1/4 跨、跨中、3/4 跨截面测点挠度曲线如图 4-7 所示。

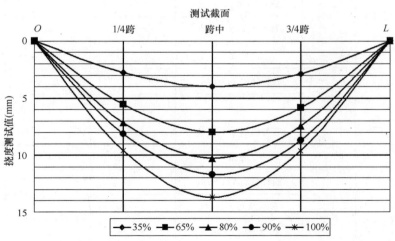

图 4-7　19-5 号箱梁在各级试验荷载作用下测试截面测点挠度曲线示意图

分析可知：

实测最大级试验荷载作用下跨中截面挠度最大值为 13.71mm，理论挠度值为

14.42mm，挠度校验系数为 0.95，满足相关试验标准的要求。

由试验结果知，在最大级试验荷载作用下，梁体的最大挠度为 13.71mm，挠跨比 $f/L=13.71/23500=1/1714$，远小于 1/600，说明试验梁的结构刚度满足设计要求。

2. 试验梁应力（变）测试结果与分析

经过测试误差处理、将测试应变转化为应力，19-5 号箱梁在各级试验荷载作用下各测点的应力测试结果与分析列入表 4-3 中。

19-5 号箱梁在各级试验荷载作用下各测点应力测试结果与分析　　　　表 4-3

荷载等级	试验荷载	测试截面	测点位置	测试值	计算值	校验系数
35%	$P=171\mathrm{kN}$	$L/4$	腹板侧面 111cm 处	0.33	0.42	0.78
			底面	−1.10	−1.69	0.65
		跨中	腹板侧面 111cm 处	0.59	0.80	0.73
			腹板侧面 74cm 处	−0.43	−0.54	0.80
			腹板侧面 37cm 处	−1.07	−1.88	0.57
			底面	−1.91	−3.22	0.59
		$3L/4$	腹板侧面 111cm 处	0.33	0.42	0.78
			底面	−0.88	−1.69	0.52
65%	$P=317\mathrm{kN}$	$1L/4$	腹板侧面 111cm 处	0.69	0.78	0.88
			底面	−2.02	−3.13	0.64
		跨中	腹板侧面 111cm 处	1.24	1.49	0.83
			腹板侧面 74cm 处	−0.88	−1.00	0.88
			腹板侧面 37cm 处	−2.40	−3.49	0.69
			底面	−3.50	−5.98	0.59
		$3L/4$	腹板侧面 111cm 处	0.59	0.78	0.75
			底面	−1.60	−3.13	0.51
80%	$P=390\mathrm{kN}$	$1L/4$	腹板侧面 111cm 处	0.83	0.96	0.86
			底面	−2.59	−3.86	0.67
		跨中	腹板侧面 111cm 处	1.47	1.83	0.80
			腹板侧面 74cm 处	−1.10	−1.23	0.90
			腹板侧面 37cm 处	−3.14	−4.30	0.73
			底面	−4.59	−7.36	0.62
		$3L/4$	腹板侧面 111cm 处	0.88	0.96	0.92
			底面	−2.04	−3.86	0.53

荷载等级	试验荷载	测试截面	测点位置	测试值	计算值	校验系数
90%	P=438kN	L/4	腹板侧面111cm处	1.02	1.08	0.94
			底面	−2.93	−4.34	0.68
		跨中	腹板侧面111cm处	1.67	2.06	0.81
			腹板侧面74cm处	−1.28	−1.39	0.92
			腹板侧面37cm处	−3.57	−4.83	0.74
			底面	−5.05	−8.28	0.61
		3L/4	腹板侧面111cm处	1.04	1.08	0.96
			底面	−2.31	−4.34	0.53
100%	P=487kN	L/4	腹板侧面111cm处	1.17	1.20	0.98
			底面	−3.33	−4.82	0.69
		跨中	腹板侧面111cm处	1.97	2.29	0.86
			腹板侧面74cm处	−1.45	−1.54	0.94
			腹板侧面37cm处	−4.09	−5.37	0.76
			底面	−5.85	−9.20	0.64*
		3L/4	腹板侧面111cm处	1.12	1.20	0.93
			底面	−2.71	−4.82	0.56

注：1. 应力测试值＝应变测试值×C50混凝土弹性模量（3.45×10^{4}MPa）；

2. 测试值为测试截面两个对应测点的平均值；

3. 表中应力单位为MPa，受拉为负；

4. 校验系数＝实测值/计算值。

分析可知：

试验梁在最大试验荷载作用下，实测梁体跨中截面下缘的最大拉应力为5.85MPa，理论计算值为9.20MPa，应力校验系数为0.64，满足相关试验标准的要求。

3. 试验梁残余变形测试结果与分析

试验荷载完全卸除后，19-5号箱梁各测点的残余挠度测试结果与分析列入表4-4中，残余应变测试结果与分析列入表4-5中。

19-5号箱梁各测点残余挠度测试结果与分析　　　　　　　　　　表4-4

测试截面	残余挠度测试值 （mm）	100%荷载作用下挠度测试值 （mm）	相对残余挠度 （%）
L/4	1.09	9.58	11.3
跨中	1.01	13.71	7.3
3L/4	0.72	9.60	7.5

注：1. 测试值为测试截面两个测点的平均值；

2. 相对残余挠度＝100×（残余挠度测试值/100%荷载作用下挠度测试值）%。

19-5 号箱梁各测点残余应变测试结果与分析

表 4-5

测试截面	测点位置	残余应变测试值（$\times 10^{-6}$）	100%荷载作用下应变测试值（$\times 10^{-6}$）	相对残余应变（%）
L/4	腹板侧面 111cm 处	3	34	7.4
	底面	−3	−97	2.6
跨中	腹板侧面 111cm 处	5	57	8.8
	腹板侧面 74cm 处	−3	−42	7.1
	腹板侧面 37cm 处	−4	−119	3.4
	底面	−7	−170	4.1
3L/4	腹板侧面 111cm 处	4	33	10.8
	底面	−4	−79	5.1

注：1. 测试值为测试截面两个对应测点的平均值；

2. 相对残余应变＝100×（残余应变测试值/100%荷载作用下应变测试值)%。

分析可知：

试验荷载完全卸除后，试验梁的最大相对残余挠度为 11.3%，最大残余应变为 10.8%，均小于 20%，满足相关试验标准的要求。

4. 试验过程中试验梁结构状况检查

在试验梁静力荷载试验过程中，经仔细检查，在跨中和其他结构部位未见任何由于试验荷载作用而产生的结构病害；试验梁结构未有任何异常情况发生。

六、试验结论

根据静力荷载试验结果分析，可以得到如下结论：

实测最大级试验荷载作用下跨中截面挠度最大值为 13.71mm，理论挠度值为 14.42mm，挠度校验系数为 0.95，满足相关试验标准的要求。试验挠跨比 $f/L = 13.71/23500 = 1/1714$，远小于 1/600，试验梁的结构刚度满足设计要求。

在最大试验荷载作用下，实测梁体跨中截面下缘的最大拉应力为 5.85MPa，理论计算值为 9.20MPa，应力校验系数为 0.64，满足相关试验标准的要求。

试验荷载完全卸除后，试验梁的最大相对残余挠度为 11.3%，最大残余应变为 10.8%，均小于 20%，满足相关试验标准的要求。

在试验梁静力荷载试验过程中，经仔细检查，在跨中和其他结构部位未见任何由于试验荷载作用而产生的结构病害；试验梁结构未有任何异常情况发生。

综上所述，试验梁 19-5 号箱梁（中跨边梁）抗弯承载能力满足设计要求，在最大设计荷载作用下，试验梁刚度满足规范要求，试验梁处于弹性工作状态。试验梁结构性能满足设计及相关规范的要求。

七、附录：现场试验照片

19-5 号箱梁（中跨边梁）静载试验加载概况

19-5 号箱梁（中跨边梁）跨中截面测点布置

19-5 号箱梁（中跨边梁）1/4 跨截面测点布置

19-5 号箱梁（中跨边梁）静载试验应变采集系统

第五篇　交通工程与机电工程

第一章 交通工程设施

 **学习目标**

◆ 掌握交通工程设施抽样检验的基本原则

◆ 掌握交通安全设施工程验收检测及工程质量评定办法

◆ 掌握交通机电工程项目验收检测及工程质量评定办法

第一节 交通工程设施简介

一、概述

（一）交通工程设施的定义

交通工程设施是指与道路基础设施相配合，为提高道路通行能力、减少交通事故、降低交通公害程度、增加经济效益，使道路出行者快速、安全、舒适、便捷地到达目的地，而沿道路或管理场所设置的构件、装置、设备或系统的总称。简单地讲，为交通服务的设施统称为交通工程设施。高速公路交通工程设施是交通工程学的一部分，是实现交通管理最终目标的物质体现。交通工程设施不包括服务区、停车场、收费站等基础设施。

（二）交通工程设施的功能与作用

从上述定义可以看出，交通工程设施的功能体现在两个方面：一是安全防护功能，二是管理服务功能。保证行驶安全是道路使用者的基本需求之一，道路作为连接始发地和目的地的媒介，在满足交通出行条件的同时，更重要的还应有效地解决交通出行者的人身安全和财产安全性问题，在安全得到保障后再解决人类的更高一级的需求，即：快速、舒适、便捷以及环保等。因此，在道路及其沿线设置的交通工程设施对提高行车安全性、道路通行能力和运行效率，保证车辆连续运行、降低能耗、保护交通环境、提高出行者的舒适性、便捷性，减少总行程时间具有重要意义。可以说，道路基础设施建成以后，其能力的发挥很大程度取决于交通工程设施。

（三）交通工程设施的分类

从目前实际应用状况分析，交通工程设施分为交通安全设施和交通机电设施。

交通安全设施包括：道路交通标志、道路交通标线、安全护栏、隔离设施、防眩设施、突起路标、轮廓标等。考虑到与土建工程施工配合，在高速公路建设中，通常将地下通信管道也列入交通安全设施部分。

交通机电设施包括：监控设施、通信设施、收费设施、低压配电设施、照明设施、隧道机电设施、办公自动化等内容。

（四）交通工程设施质量通用要求

交通工程设施质量的优劣直接关乎道路使用者的快速、安全、舒适、便捷以及环保等方面感受。交通工程设施是用于交通管理的特殊产品，其中：交通安全设施一般是一种静态的机械装置或构件，设计生产定型后，其形态和结构是不变的，其质量特性主要有：外观质量、结构尺寸、材料要求（机械力学性能）、防腐涂层质量、耐久性。对于交通标志标线等视觉设备还有光度性能、色度性能等要求。交通机电设施一般是光机电一体化产品，除了安全设施要求的性能外，还有电器安全性能、环境适应性能、通信接口以及在微电脑控制下自动完成的特殊功能要求等。

对于承担交通工程设施检测的机构，应配备相应的专业人才和检测设备才能满足证实交通工程实施符合质量特性的要求。除人员、设备外，检测机构还应具有符合要求的试验场所。

二、交通工程设施质量控制与检测

为达到质量要求所采取的作业技术和活动称为质量控制。这就是说，质量控制是为了通过监视质量形成过程，消除质量环上所有阶段引起不合格或不满意效果的因素，以达到质量要求，获取经济效益，而采用的各种质量作业技术和活动。

在我国公路交通建设领域，广泛采用了生产企业自检、社会监理、政府监督的质量控制体系。在这三个环节组成的质量控制体系中，政府监督处于龙头主导地位，社会监理处于工程管理的核心地位，其工作质量的优劣对工程质量有重大影响。施工企业处于公路工程产品直接生产者的地位，建立完善的施工企业自检系统是形成公路工程质量保证的前提。

（一）检测与测量的基本概念

在国家计量标准《通用计量术语及定义》JJF 1001—2011 中，对"测量"给出了明确的定义：测量是指通过实验获得并可合理赋予某量一个或多个量值的过程。这就是说，测量的对象必须是可测量的量，是有值和单位的，如质量为 2.8 千克，质量是一个物理量，它的值是 2.8，单位是千克。一般来说，主观评价项目不可测量，例如我们常说的护栏板的锈蚀程度表征为"无明显锈蚀"，这时的锈蚀程度是不可测量的；当锈蚀程度表征为不大于 $20\mu m$ 时，这时的锈蚀程度是可测量的。

"检测"在《通用计量术语及定义》JJF 1001—2011 中的定义：检测是指对给定的产品，按照规定程序对某一种或多种特性、进行处理或提供服务所组成的技术操作。这里的处理包含为了证明而进行的检查、测量、试验与验证等，比测量概念外延要广，含有与给定的技术文件对比的过程，既有对量值的测量，也有对某个或模组属性进行主观评价的内容，并伴随有符合或不符合给定技术文件要求的结论。

与检测相关的另一个术语是"计量"，在《通用计量术语及定义》JJF 1001—2011 中对计量有专门定义：计量是指为实现单位统一和量值准确可靠的活动。这个术语在我国得到广泛的重视，有计量学科，有计量研究院、计量学院、计量学会等多个组织，还有为计量专门设定的《计量法》。

（二）交通工程设施检测的发展

交通工程设施检测同一般产品检测一样，也是伴随着产品和工程建设的需要逐渐形成和发展起来的。1990 年，交通部批准成立了交通部交通工程监理检测中心，负责对产品质量和工程质量的检测和监督监理工作，为工程建设起到技术支持的作用。在 1994 年交通部相继颁布实施了《高速公路交通安全设施设计及施工技术规范》JTJ 074—1994、《公路交通标志板技术条件》JT/T 279—1995、《路面标线涂料》JT/T 280—1995、《高速公路波形梁钢护栏》JT/T 281—1995 四项交通工程标准，为产品和工程检测提供了技术依据。1993 年实施的《中华人民共和国产品质量法》和 1989 年实施的《中华人民共和国标准化法》为开展质量监督检测提供了法律依据，在产品质量法中规定："产品质量应当检验合格"，在标准化法中规定："对需要统一的技术要求，应当制订标准"，"处理有关产品是否符合标准的争议，以检验机构的检验数据为准"。

随着法律法规的完善和一系列标准规范的实施，到了 1996 年，交通部的两个检测中心都通过了国家计量认证考核，交通安全设施检测技术已经基本成熟，具备了开展产品和安全工程检测的条件。1998 年虎门大桥机电工程验收检测开创了我国交通机电工程检测的新领域，为后来《公路工程质量检验评定标准 第二册 机电工程》JTG F80/2—2004 的编写提供了第一手基础数据，至此，交通工程检测基本包括了交通工程设施的所有内容。交通工程检测为提高产品和工程建设质量，促进产业发展提供了可靠的技术支持。

（三）交通工程设施标准要点分析

如上所述，交通工程设施标准体系庞大，完全掌握这些标准确实是一件不轻松的工作，但通过比对分析这些设施标准，大都有一些共同特点。

1. 交通安全设施

交通安全设施标准可分为两大类，一类是像波形梁钢护栏这样的防护产品，另一类是像交通标志一类的逆反射类警示产品。对于防护类产品，其技术要素一般围绕外观质量、结构尺寸、材料力学性能、耐久性或防腐性能四部分制定；对于警示类产品，其技术要素除了包含上述四项内容外，还包括逆反射系数、色品坐标等光度性能和色度性能要求。

2. 交通机电设施

现代的机电设施大都是光机电一体化设备，其组成相对于交通安全设施较为复杂，对于室外设备除了一般交通安全设施的内容外，还有电气安全、环境例行试验、特殊功能、通信接口等内容。交通机电产品的技术要素一般有：外观质量、结构尺寸、元器件及材料要求、外壳防腐性能、电气安全、环境适应性、通信接口及功能要求等六个方面，对于警示设备也有光度和色度性能要求。其中的外壳防腐性能、电气安全、环境适应性、通信接口等要求及试验方法都是通用的，只要掌握了一个产品标准，其他的就基本掌握了。只是要注意，使用的环境不同，选用的温度等级也不同。

（四）交通工程设施抽样检验的基本原则

为确保工程施工质量，在交通工程设施施工建设过程中，从材料、设备、工艺等方面需要进行严格质量控制。其基本准则就是按照国家、行业的强制性标准或推荐标准，对生产过程或产品进行抽样检验。

1. 抽样原则

抽样时应遵循科学、经济的原则。抽出的样本质量特性应能代表检验批的质量。通过对样本的检验做出检验批是否可以被接收的结论，使错判和漏判的概率都达到最小。用最少的费用、时间和人力做出科学的判定，具有可操作性。

2. 抽样检验的分类

按照检验目的和检验实施主体将公路交通安全设施抽样检验分为工厂验收检验（简称工厂验收）、工地抽查验收检验（简称工地抽验）、国家或行业组织的监督抽查检验（简称监督抽查）三种。

工厂验收一般由订货方在产品生产地组织实施；工地抽验一般由监理方在产品到达工地后、安装前组织实施；监督抽查由国家或交通建设主管部门组织有资质的质量监督检测机构在产品生产工厂、流通领域、工地安装现场以及安装后的工程上进行。

3. 三种检验的相互关系

工厂验收在供货方检验合格的批中抽样，工地抽验在工厂验收合格的批中抽样，监督抽查可在任何时间、地点对产品进行抽样。

4. 检验中缺陷（不合格）的分类与处置

（1）分类 公路交通安全设施有缺陷的产品分为 A、B、C 三类。

A 类：主要质量特性不符合产品技术标准要求。

B 类：外观有较明显缺陷，其他质量特性符合产品技术标准的要求。

C 类：外观有轻微缺陷，其他质量特性符合产品技术标准的要求。

（2）对于从不合格批中剔出来的有缺陷的产品的处置

对于 A 类缺陷品，应无条件拒收。

对于 B 类缺陷品，经订货方同意后，可以修复的应予以降价、降级使用。

对于 C 类缺陷品，经订货方同意后，可以修复的一般予以接收。

注：产品标准或合同中允许的缺陷不在上述三类缺陷之内。

（3）不合格批的处置

在工厂验收时出现不合格批，应予拒收。经订货方同意，供货方以对该不合格批进行 100% 的检验，剔除所有缺陷品后重新组批提交检验。

在工地抽验时出现不合格批，供货方需对不合格批进行 100% 检验，剔除所有缺陷品后方可使用。考虑经济和工期等因素，经业主和监理工程师同意，对剔除的 B 类和 C 类缺陷品修复后降级使用，对 A 类缺陷品不得使用并应当场销毁。

在监督抽查中没有通过的批，由监督部门按照国家监督抽查有关规定处置。

5. 抽样标准的选用

（1）在工厂验收时，采用 GB/T 2828，并规定 AQL＝1.0。

（2）在工地抽验时，采用 GB/T 2828，并规定 AQL＝4.0。

（3）在验收检验中，当供货不能提供批的质量信息时，应作孤立批处理，按 GB/T 15239 的规定执行。

（4）对路面标线涂料和玻璃珠等散粒料或液体进行检验时，按 GB/T 3186 的规定执行。

（5）监督抽查时：

当批量≤250 时，采用 GB/T 15482；

当批量＞250 时，采用 GB/T 14437。

6. 组批原则

通常每个检验批应由同型号、同等级、同种类（尺寸、特性、成分等），且生产工艺、条件和时间基本相同的单位产品组成。批量的大小与施工标段、施工企业及供货单位有关，划分批量时应充分考虑上述因素，不同供货单位的产品不能组成同一个批次。

7. 质量特性（检验项目）

质量特性应与产品技术标准一致，本标准涉及的公路交通安全设施质量特性应不少于附录 A 规定的项目，订货方可以附加其他技术要求。

第二节　交通工程检验评定标准

作为交通工程检测工程技术人员，除了掌握试验室内产品检测技术外，还应掌握安装施工后的工程质量的检测评定。

一、交通工程项目划分

根据 2005 年 1 月 12 日颁布的《公路工程质量检验评定标准》JTG F80/1—2004 的规定，根据建设任务、施工管理和质量检验评定的需要，在施工准备阶段将建设项目划分为单位工程、分部工程和分项工程。其中交通工程项目的单位工程、分部工程和分项工程见表 1-1。施工单位、工程监理单位和建设单位应按相同的工程项目划分进行工程质量的监控和管理。

交通工程一般建设项目的工程划分　　　　　　　　表 1-1

单位工程	分部工程	分项工程
交通安全设施 （每 20km 或每路段、标段）	标志 *（5～10km 路段）	标志 *
	标线、突起路标 （5～10km 路段）	标线 *，突起路标等
	护栏 *、轮廓标 （5～10km 路段）	波形梁护栏 *，缆索护栏 *，混凝土护栏 *，轮廓标等
	防眩设施 （5～10km 路段）	防眩板、网等
	隔离栅、防落网 （5～10km 路段）	隔离栅、防落网等
机电工程	监控设施	车辆检测器，气象检测器，闭路电视监视系统，可变标志，光电缆线路，监控（分）中心设备安装及软件调测，大屏幕投影系统，地图板，计算机监控软件与网络等
	通信设施	通信管道与光电缆线路，光纤数字传输系统，数字程控交换系统，紧急电话系统，无线移动通信系统，通信电源等
	收费设施	入口车道设备，出口车道设备，收费站设备及软件，收费中心设备及软件，IC 卡及发卡编码系统，闭路电视监视系统，内部有线对讲及紧急报警系统，收费站内光，电缆及塑料管道，收费系统计算机网络等
	低压配电设施	中心（站）内低压配电设备，外场设备电力电缆线路等
	照明设施	照明设施
	隧道机电设施	车辆检测器，气象检测器，闭路电视监视系统，紧急电话系统，环境检测设备，报警与诱导设施，可变标志，通风设施，照明设施，消防设施，本地控制器，隧道监控中心计算机控制系统，隧道监控中心计算机网络，低压供配电等

注：1. 表内标注 * 号者为主要工程，评分时给以 2 的权值；不带 * 号者为一般工程，权值为 1。

　　2. 按路段长度划分的分部工程，高速公路、一级公路宜取低值，二级及二级以下公路可取高值。

二、交通工程质量评定程序

根据 2005 年 1 月 12 日颁布的《公路工程质量检验评定标准》JTG F80/1—2004，交通工程质量评定应遵守：

（1）工程质量检验评分以分项工程为单元，采用 100 分制进行。在分项工程评分的基础上，逐级计算各相应分部工程、单位工程、合同段和建设项目评分值。

（2）工程质量评定等级分为合格与不合格，应按分项、分部、单位工程、合同段和建设项目逐级评定。

（3）施工单位应对各分项工程按本标准所列基本要求、实测项目和外观鉴定进行检测，按检评标准附录 J 中"分项工程质量检验评定表"及相关施工技术规范提交真实、完整的自检资料，对工程质量进行自我评定。

（4）工程监理单位应按规定要求对工程质量进行独立抽检，对施工单位检评资料进行签认，对工程质量进行评定。

（5）建设单位根据对工程质量的检查及平时掌握的情况，对工程监理单位所做的工程质量评分及等级进行审定。

（6）质量监督部门、质量检测机构可依据本标准对公路工程质量进行检测评定。

三、交通工程评分办法

在《公路工程质量检验评定标准》JTG F80/1—2004 中，依据划分的单位工程、分部工程和分项工程项目分别进行质量评定。

1. 分项工程质量评分

分项工程质量检验内容包括基本要求、实测项目、外观鉴定和质量保证资料四个部分。只有在其使用的原材料、半成品、成品及施工工艺符合基本要求的规定，且无严重外观缺陷和质量保证资料真实并基本齐全时，才能对分项工程质量进行检验评定。

涉及结构安全和使用功能的重要实测项目为关键项目（在文中以"△"标识），其合格率不得低于 90%（属于工厂加工制造的交通工程安全设施不低于 95%，机电工程为 100%），且检测值不得超过规定极值，否则必须进行返工处理。

实测项目的规定极值是指任一单个检测值都不能突破的极限值，不符合要求时该实测项目为不合格。

分项工程的评分值满分为 100 分，按实测项目采用加权平均法计算。存在外观缺陷或资料不全时，须予减分。

$$\text{分项工程得分} = \frac{\Sigma[\text{检测项目得分} \times \text{权值}]}{\Sigma\text{检测项目权值}}$$

分项工程评分值＝分项工程得分－外观缺陷减分－资料不全减分

（1）基本要求检查

分项工程所列基本要求，对施工质量优劣具有关键作用，应按基本要求对工程进行认真检查。经检查不符合基本要求规定时，不得进行工程质量的检验和评定。

（2）实测项目计分

对规定检查项目采用现场抽样方法，按照规定频率和下列计分方法对分项工程的施工质量直接进行检测计分。

检查项目除按数理统计方法评定的项目以外，均应按单点（组）测定值是否符合标准要求进行评定，并按合格率计分。

$$检查项目合格率(\%) = \frac{检查合格的点（组）数}{该检查项目的全部检查点（组）数} \times 100\%$$

检查项目得分＝检查项目合格率×100

（3）外观缺陷减分

对工程外表状况应逐项进行全面检查，如发现外观缺陷，应进行减分。对于较严重的外观缺陷，施工单位须采取措施进行整修处理。

（4）资料不全减分

分项工程的施工资料和图表残缺，缺乏最基本的数据，或有伪造涂改者，不予检验和评定。资料不全者应予减分，减分幅度可按《公路工程质量检验评定标准》JTG F80/1—2004中3.2.4条所列质量保证资料各款逐款检查，视资料不全情况，每款减1～3分。

2. 分部工程和单位工程质量评分

表×-6所列交通工程的分项工程和分部工程区分为一般工程和主要（主体）工程，分别给以1和2的权值。进行分部工程和单位工程评分时，采用加权平均值计算法确定相应的评分值。

$$分部（单位）工程评分值 = \frac{\sum\left[分项（分部）工程评分值 \times 相应权值\right]}{\sum 分项（分部）工程权值}$$

3. 合同段和建设项目工程质量评分

合同段和建设项目工程质量评分值按《公路工程竣（交）工验收办法》计算。

4. 质量保证资料

施工单位应有完整的施工原始记录、试验数据、分项工程自查数据等质量保证资料，并进行整理分析，负责提交齐全、真实和系统的施工资料和图表。工程监理单位负责提交齐全、真实和系统的监理资料。质量保证资料应包括以下六个方面：

（1）所用原材料、半成品和成品质量检验结果；

（2）材料配比、拌和加工控制检验和试验数据；

（3）地基处理、隐蔽工程施工记录和大桥、隧道施工监控资料；

（4）各项质量控制指标的试验记录和质量检验汇总图表；

（5）施工过程中遇到的非正常情况记录及其对工程质量影响分析；

（6）施工过程中如发生质量事故，经处理补救后，达到设计要求的认可证明文件等。

四、交通工程质量等级评定

根据《公路工程质量检验评定标准》JTG F80/1—2004的等级评定标准，将工程的合同段和建设项目、单位工程、分部工程、分项工程分别进行合格或不合格等级评定。

1. 分项工程质量等级评定

分项工程评分值不小于75分者为合格；小于75分者为不合格；机电工程不小于90分者为合格，小于90分者为不合格。

评定为不合格的分项工程，经加固、补强或返工、调测，满足设计要求后，可以重新评定其质量等级，但计算分部工程评分值时按其复评分值的90%计算。

2. 分部工程质量等级评定

所属各分项工程全部合格，则该分部工程评为合格；所属任一分项工程不合格，则该分部工程为不合格。

3. 单位工程质量等级评定

所属各分部工程全部合格，则该单位工程评为合格；所属任一分部工程不合格，则该单位工程为不合格。

4. 合同段和建设项目质量等级评定

合同段和建设项目所含单位工程全部合格，其工程质量等级为合格；所属任一单位工程不合格，则合同段和建设项目为不合格。

第三节　交通安全设施工程验收检测

一、交通安全设施概述

1. 交通安全设施定义

为维护交通秩序，确保交通安全，充分发挥道路交通的功能，依照规定在道路沿线设置的交通信号灯、交通标志和标线、防撞护栏和隔离栅等交通硬件设施的总称。

2. 公路交通安全设施功能作用

公路交通安全设施主要起安全防护和服务诱导作用，通过科学、合理地设置交通安全设施，最大限度地保障公路使用者的人身和财产安全，为公路使用者提供诱导服务，使其安全、快速、舒适地到达目的地。

3. 交通安全设施的种类

按照《公路交通安全设施设计规范》JTG D81—2006，公路交通安全设施包括护栏、交通标志、交通标线、隔离栅、桥梁护网、防眩设施、轮廓标和活动护栏等。常见的反光膜、路面标线涂料、防腐涂料这三种产品是制造交通安全设施的原材料，不是交通安全设施；突起路标、预成形标线带是交通标线的一部分，应属于交通安全设施；通信管道和机电设备基础是机电工程的内容，但是施工过程是与土建工程同时进行的，为了便于工程建设管理，通常将此两项划归交通安全设施。

另外，交通信号灯主要用于城市道路交通管理，即是安全设施也是管理设施，在公路工程中通常划归为机电工程。

4. 公路交通安全设施的质量要求

上述 10 种设施、3 种产品和通信管道都有相应的国家标准或行业标准，其中的活动护栏行业标准正在编写中，新颁布的国家标准《隔离栅》也可适用于桥梁护网。这些设施或产品的质量应首先满足国家或行业标准的要求。

此外，交通安全设施应用了大量的钢铁材料，为了保证钢材免受环境腐蚀，需要进行防腐处理。交通工程设施常用的防腐处理工艺有热浸镀锌、热浸镀铝、全聚酯静电喷涂、流化床浸塑等。近几年，双涂层工艺也日臻成熟，逐步得到应用，改善了公路沿线设施的景观。防腐层的质量应满足《高速公路交通工程钢构件防腐技术条件》GB/T 18226—2000 的要求。

5. 公路交通安全设施质量检测一般流程

公路交通安全设施质量检测分为实验室检测和工程现场检测，实验室检测一般为送样检测，工程现场检测一般为抽样检测。抽样是检测的第一步，抽样应依据《公路交通安全设施质量检验抽样方法》JT/T 495—2014 进行。

二、交通安全设施工程验收检测

交通安全设施工程验收检测，主要依据《公路工程质量检验评定标准　第一册　土建工程》JTG F80/1—2004 来实施。该标准适用于四级及四级以上公路新建、改建工程的质量检验评定和适用于公路工程施工单位、工程监理单位、建设单位、质量检测机构和质量监督部门对公路工程质量的管理、监控和检验评定。公路工程质量检验评定，应以该标准为准。质量标准与其他规范不一致时，宜以颁布年份最新者为准。在公路施工、质量管理和工程质量检验评定中，除应符合该标准外，尚应符合现行国家、交通运输部颁布的相关规范的规定。

（一）交通安全设施检测抽样要求

对于实测项目中相关检查项目采用现场抽样方法，依据国家标准《随机数的产生及其在产品质量抽样检验中的应用程序》GB/T 10111—2008 中的相关规定采用随机抽样的方法抽取被测样本。

其中对于交通标志除标志汉字、数字、拉丁字的字体及尺寸这一检查项目的抽检频率为 10% 外，其余检查项目的抽检频率为 100%。

路面标线除标线剥落面积为检查总面积的 0～3% 外，其余检查项目的抽检频率为 10%。

波形梁钢护栏中波形梁板基底金属厚度和立柱壁厚抽检频率为 5%，拼接螺栓（45 号钢）抗拉强度每批做 3 组拉力试验，其余检查项目的抽检频率为 10%。

混凝土护栏中护栏混凝土强度，按《公路工程质量检验评定标准　第一册　土建工程》JTG F80/1—2004 附录 D 检查。地基压实度用核子密度仪现场检查，护栏断面尺寸和轴向横向偏位抽检频率为 10%，基础平整度和基础厚度抽检频率为 100%。

缆索护栏中混凝土基础尺寸和混凝土强度抽检频率为 100%，其余检查项目抽检频率为 10%。

突起路标中安装角度、纵向间距、横向偏位抽检频率为 10%，损坏及脱落个数抽检 30%。承受压力通过检查测试记录确认。光度性能为检查测试报告。

轮廓标中光度性能通过检查检测报告确认，其余检查项目抽检频率为 10%。

防眩设施中安装相对高度、镀（涂）层厚度、防眩板宽度抽检 5%，其余项目抽检频率为 10%。

隔离栅和防落网中高度、立柱中距、立柱竖直度为每 100 根抽测 2 根，镀（涂）层厚度和网面平整度抽检 5%，立柱埋深和混凝土强度抽检 10%。

（二）交通安全设施工程的检测及评分准则

在《公路工程质量检验评定标准》JTG F80/1—2004，对交通安全设施的评定进行了详细的描述，评定内容主要从基本要求、实测项目、外观鉴定三方面进行。例如，对于交通标志的检测及评分准则主要有：

1. 基本要求

（1）交通标志的制作应符合《道路交通标志和标线》GB 5768.1～3 的规定。

（2）交通标志在运输、安装过程中不应损伤标志面及金属构件的镀层。

（3）标志的位置、数量及安装角度应符合设计要求。

（4）大型标志的地基承载力应符合设计要求。大型标志柱、梁的焊接部分应符合钢结构焊接规范的质量要求，无裂缝、未熔合、夹渣等缺陷。

（5）标志面应平整完好，无起皱、开裂、缺损或凹凸变形，标志面任一处面积为 50cm×50cm 表面上，不得存在总面积大于 10mm² 的一个或一个以上气泡。

（6）反光膜应尽可能减少拼接，任何标志的字符不允许拼接，当标志板的长度或宽度、圆形标志的直径小于反光膜产品的最大宽度时，底膜不应有拼接缝。当粘贴反光膜不可避免出现接缝时，应按反光膜产品的最大宽度进行拼接。

2. 实测项目

交通标志实测项目见表 1-2。

交通标志实测项目 表 1-2

项次	检查项目	规定值或允许偏差	检查方法和频率	权值
1	标志板外形尺寸（mm）	±5。当边长尺寸大于 1.2m 时允许偏差为边长的 ±0.5%；三角形内角应为 60°±5°	钢卷尺、万能角尺、卡尺：检查 100%	1
	标志底板厚度（mm）	不小于设计		
2	标志汉字、数字、拉丁字的字体及尺寸（mm）	应符合规定字体，基本字高不小于设计	字体与标准字体对照，字高用钢卷尺：检查 10%	1
3	标志面反光膜等级及逆反射系数（cd.1x⁻¹·m⁻²）	反光膜等级符合设计。逆反射系数值不低于《道路交通标志和标线》的规定	反光膜等级用目测初定。便携式测定仪：检查 100%	2
4	标志板下缘至路面净空高度及标志板内缘距路边缘距离（mm）	+100，0	直尺、水平尺或经纬仪：检查 100%	1
5	立柱竖直度（mm/m）	±3	垂线、直尺：检查 100%	1
6	标志金属构件镀层厚度（um）	标志柱、横梁≥78，紧固件≥50	测厚仪：检查 100%	2
7	标志基础尺寸（mm）	−50，+100	钢尺、直尺：检查 100%	1
8	基础混凝土强度	在合格标准内	基础施工同时做试件每处 1 组（3 件）：检查 100%	1

3. 外观鉴定

（1）标志板安装后应平整，夜间在车灯照射下，标志板底色和字符应清晰明亮，颜色均匀，不应出现明暗不均的现象，不能影响标志的认读。标志板有明显明暗不均现象时每一标志减 2 分。

（2）标志反光膜采用拼接时，重叠部分不应小于 5mm。当采用平接时，其间隙不应超过 1mm。距标志板边缘 50mm 之内，不得有接缝，不符合要求时，每处减 2 分。

（3）标志金属构件镀层应均匀、颜色一致，不允许有流挂、滴瘤或多余结块，镀件表面应无漏镀、露铁等缺陷。不符合要求时，每一构件减 2 分。

第二章 机电工程检测

学习目标

◆了解公路机电系统的基本构成

◆掌握交通机电工程检测的内容及一般步骤

◆掌握交通机电设施工程的检测及评分准则

一、公路机电系统概论

(一) 机电系统基本功能

公路机电系统的基本功能是利用其分布于公路沿线的各种设施,以自动化监测、分析和控制,以及大容量多业务信息传输、交换技术为依托,保障公路运营管理最大限度地实时掌握动态的交通状况,并据此采用有效地平抑措施,及时消减隐患、迅速排除干扰与危害,确保道路安全畅通,发挥路网的综合运输能力。同时,也为道路使用者提供更多有帮助的信息,协助其合理地选择行驶路径,缩短行程、减少延误,充分发挥公路运输通畅直达、自由选择的行动优势,为道路使用者出行与路网资源的高效利用提供最优的服务。

公路机电系统的基本功能也反映了自动化与公路交通管理需求的深入结合,渗透并融合了包括交通工程、自动控制、计算机、通信与网络等多项领域的应用技术。从宏观系统直至微观局部的各个层面,通过对交通流的采集、优化、控制、调度、管理和决策处理,最终达到公路交通高效、畅通、安全、环保的综合目标。

(二) 机电系统一般构成

公路机电系统一般由是监控、收费、通信、供配电、照明和隧道机电等子系统和设施构成的。

1. 监控系统

用户对高速公路最重要、最基本的要求是"安全"和"通畅"。如果经常出现拥挤堵塞,发生车毁人亡等交通事故,高速公路则无任何优势可谈。交通监控系统为解决"安全"和"通畅"而设置的复杂机电系统,具有监视(监测)和控制两大功能。

监控系统一般由信息采集、信息处理与信息发布三个子系统组成。可分为集中式和分布式两种控制模式,可以采用主线控制、匝道控制和通道控制等方式。系统的性能指标常采用检测率、误报率、平均检测时间等指标评价交通事件自动检测算法的性能;采用系统响应时间、交通事故率下降比例、交通延误下降比例、总出行时间下降比例等指标评价系统的综合性能。

(1) 信息采集系统

① 车辆检测子系统:在主线及出入口匝道、互通、隧道内等处设置,用来采集所需的交通流数据(车速、车流量、占有率、区间车速等),作为监控中心信息处理系统分析

判断、生成控制方案等功能程序的主要数据。

② 气象环境监测子系统：主要检测大气温湿度、风力、风向、能见度、降雨量、路面湿度、路面结冰等影响交通服务水平的气象、路面状况等环境因素。

③ 视频监视（CCTV）子系统：通过视频图像采用实时或轮询方式监视监控区域内交通状况。主要由摄像、传输、控制、显示/存储四大部分组成。

④ 隧道环境检测子系统：由环境亮度、能见度、CO浓度、风速风向等环境检测设施组成。

⑤ 隧道火灾报警子系统：有手动报警和自动报警两种方式，包括区域报警、集中报警和控制中心报警等模式。根据不同模式，主要由火灾探测器、火灾报警控制器、区域显示器、手动按钮等设备组成。

⑥ 无线对讲子系统：通过高速公路巡逻车上的无线对讲系统来采集路况及突发事件信息。

（2）交通信息处理系统：交通信息处理系统是监控系统的核心环节，是监控策略制定、信息分析、方案生成、控制决策、措施启动等功能的主要承担子系统。通常由计算机系统、室内显示设备和操作控制台等组成。

（3）交通信息提供发布系统：主要用于向道路使用者提供路段交通信息、气象信息、控制措施等。包括可变信息标志、可变限速标志、车道控制标志、交通信号灯和交通广播等设施。

2. 通信系统

通信系统主要为高速公路运营管理及监控、收费系统实施提供必要的语音业务及数据、图像传输通道。通信系统属于基础类设施，由光纤数字传输系统和数字程控交换系统两部分构成。

高速公路在地理上是一条数十至数百公里长的条形地带或网状区域，管理上设管理中心、分中心路段监控站和收费场站的沿线点群分布。大量的各类信息需要及时交换，通信系统成为传输信息、管理信息和交换信息的主要工具，高速公路需要传输的信息按其功能划分有：监控系统的检测数据、视频图像、电话、控制指令和信息发布指令等；收费系统的车辆、交通和收费数据、控制和收费指令；隧道有火情报警信号和控制指令；全线管理调度使用的内部有线电话和集群移动通信；管理部门和社会公共信息网的信息交换等。就信息的表现特征而言，可归纳为数据、语音和活动图像信息。就信息传输的时间特征而言，有实时传输和定时传输两种。通信系统利用光纤、电缆的有线传输和无线微波移动通信等多种形式，满足收费、交通监控、办公信息化及其他辅助系统的信息传输要求。

3. 收费系统

收费系统在保证车辆安全、快速和畅通的情况下，对使用公路的车辆正确收费。同时杜绝收费过程中的舞弊行为和各种漏洞。

高速公路收费系统主要由收费中心管理系统、收费站管理系统和车道收费系统三部分构成。

（1）收费车道管理系统

在我国使用较多的封闭式高速公路收费系统中，由于系统需同时确认车型和行驶里程，因而要有读、写通行券数据和控制信息的能力，设备配置重点为识别车型、读写信息和准确收费。同时，在封闭式收费系统中，由于进出车道的流程不同，所配备的设备也不尽相同。

入口车道负责对进入本站的车辆判别车型，将车辆信息和本站信息（包括车型、入口代码、车道代码、日期时间、收费员工号等）写入通行券中，然后放行车辆。入口车道的硬件设备主要包括车道控制计算机、收费终端、收费专用键盘、通行券读写机、自动栏杆、手动栏杆、车辆检测器、信号灯、对讲设备、声光报警器等。

出口车道主要是检验车辆携带的通行券，校核车型并根据它们计算、收取通行费，打印收费票据，放行车辆。因此，出口车道在硬件上除具备与入口车道相同的设施外，还配备费额显示器、收费票据打印机和字符叠加器。由于出口收费涉及现金，对出口车道的监控系统要求是很高的，通常必备收费车道摄像机和对讲机。

（2）收费站管理系统

计算机系统是收费站的主要组成部分，包括硬件和软件。硬件一般指收费计算机系统及其外部设备，包括服务器、管理计算机、多媒体计算机、打印机、网络设备及其他辅助设备；软件包括操作系统、数据库系统、网络通信及收费控制、管理软件等。

如果采用以收费站为主的收费监控模式，一般在站长室设置一台具有视频图像显示功能的计算机，除检索收费数据外还具有切换控制、观察收费站摄像机视频图像的功能，以方便站长对全站收费概况进行全面监控。

收费站是收费系统的基本管理机构，其主要功能包括：

轮询所有收费车道，实时采集多车道每一条原始数据；对收费车道的运行状况实施实时检测与监视，故障自动检测功能；向收费中心或收费结算中心上传收费业务数据（收入、交通、管理）；接收收费中心下传的系统运行参数（费率表、同步时钟、系统设置参数等）并下传给收费车道；收费员录入班次的收对流；值班员录入欠（罚）款和银行缴款数据；票证（收据、定额累）的管理；非接触 IC 卡的管理，包括非接触 IC 卡站内调配和非接触 IC 卡流失的管理；抓拍图像的采集与管理，包括图像文档的生成、上传以及图像文档的备份、核查与打印。

（3）收费中心管理系统

收费中心计算机系统一般采用双绞线星型开放网络结构，选用 10M/100M 以太局域网技术。该系统主要由微型服务器（或小型机服务器）、交换机、客户机（管理计算机、多媒体计算机）、路由器、打印机、数据备份设备和 UPS 电源等组成。

收费中心主要功能包括：接收和下传联网收费系统运行参数（费率表、黑灰名单、同步时钟、系统设置参数等）；收集管辖区内每一收费站上传的数据与资料；处理收集到的数据与资料，形成各种统计报表和屏幕显示；上传有关数据和资料给收费结算中心；票证的管理；联网收费系统中操作、维修人员权限的管理；数据库、系统维护、网络管理等；数据、资料的存储与备份和安全保护；通行费的拆分（如果采用的话）。

此外，收费中心和收费分中心还具有非接触 IC 卡的管理（调配、跟踪）以及抓拍图像的管理。如果在联网收费系统中使用预付卡或电子不停车收费系统，对收费中心或收费分中心系统构成而言，一般无须增加其他硬件设备，但软件要预留。

4. 供配电系统

供电系统作用是保证 24h 无间断供应电源，既能正常供电，又能紧急供电。正常供电包含变电和配电两部分。变电应建设高压和低压配电站以及装备各种配电箱和配电屏。配电则须沿线布设电缆管道及各种规格电力电缆。紧急供电一般配备柴油发电机组、UPS电源。

5. 照明系统

公路照明系统一般有三个部分：主车道照明、广场（立交和收费站）和隧道照明。在运输特别繁忙和重要的路段设置主线照明，改善了夜间行车环境，减少了事故的发生。立交和匝道连接点是事故多发地区，照明能使摄像机充分发挥夜间监视作用；收费广场普遍采用高杆照明，以保证收费车辆的安全交汇和排队。隧道照明在白天和黑夜都是必需的，隧道内各区段的亮度分布需满足人的视觉适应特点；各区段的人工照明亮度需按照环境亮度条件进行调节；隧道还设置有断电和火灾时的应急照明系统。

6. 隧道机电系统

高速公路隧道机电工程是高速公路机电工程的一个分部工程，包括通风、照明、消防、监控、低压供配电等子系统。

通风系统可对车辆通过时产生的一氧化碳、烟雾、异味进行稀释；一般采用射流风机，安装在行车道的正上方；国外也有采用隧道吊顶内安装风管的通风方式。

照明系统一般采用荧光灯、高压钠灯或 LED 灯，安装在行车道的上方及隧道横洞上方，以满足隧道内路面的平均照度和均匀度的要求；按功能分为：基本照明、加强照明、应急照明、横洞照明；按区段分为引入段、适应段和过渡段、基本段、出口段。

消防系统包括紧急广播系统、火灾监测系统、声光报警系统、灭火系统；主要设备有：火灾探测器、消防控制器、火灾报警器、消火栓、灭火器、加压设施、供水设施等。

监控系统包括车辆检测器、气象检测器、闭路电视监视系统、紧急电话系统、环境检测设备（包括 CO 传感器、烟雾传感器、风向风速传感器等）、交通诱导设施、可变信息标志、监控计算机系统等。

供配电系统主要为通风系统的风机、照明系统的灯具、消防系统水泵和监控系统各种监视设备提供电力支持。供配电系统主要采用 10kV 架空线将附近变电所电源引至隧道洞口，再经箱式变电站或变电所变为隧道所需电压。

二、机电工程检测

在本章第一节讲述产品标准时已经讲到交通机电产品与交通安全设施产品的区别，本节结合检测技术再对机电产品检测的通用内容做更深入的介绍，这些内容与上篇的有关内容将在以后的章节中引用。

（一）机电产品检测

1. 交通机电产品检测特点

交通机电产品是为交通管理服务的，交通管理的多样性和复杂性决定了机电产品的多样性和复杂性，这突出表现在以下几个方面。

（1）专业杂种类多：交通机电是一个多学科领域，涉及面广是它的主要特点，它涉及了电子工程、计算机应用、软件工程、有线通信、无线通信、数据通信、光纤通信、自动控制、仪器仪表、机械制造、光学工程、照明工程、供配电、交通工程、安全工程、防腐技术等 20 多个专业领域。如此多的专业知识对交通机电检测人员是一项艰巨的任务，检测人员应针对行业产品特点，有规律地精通一部分、熟悉一部分、了解一部分。

（2）产品尺寸跨度大：由于交通机电产品种类多，产品类型和大小各异，小到 2～

3mm 的发光二极管，大到 $10 \sim 20m$ 的大型可变标志，大小相差 6 个数量级。虽然检测项目相同，但对产品的抽样、状态调节时间、试验环境的稳定时间、检测器具精度、夹持方式等都是不同的。因此它就需要检测机构和检测人员有足够的经验和充足的试验条件和设备。

（3）适应环境范围宽：室外机电产品设置在公路上，要经历风、雪、雨、雾等气候条件的侵蚀，要求其具有比较宽的环境适应温度。

宽范围的被检测产品需要配置宽范围的检测设备，对于大型的交通机电产品，做环境例行试验的检测设备比起一般的电子产品大得多，例如高低温箱、振动台、冲击试验机都是定制产品，需要额外增加试验投入，另外在试验过程中还要注意试验的严酷等级是不一样的。

（4）检测仪器多：与检测专业相对应的，产品种类多、专业宽，涉及的检测参数和需要的检测设备也就多，对检测人员的试验能力和操作熟练程度要求也就更高。表 2-1 列出了按照交通运输部《公路水运工程试验检测机构等级标准》要求配置的常用机电检测设备。其中包含部分机电现场的检测设备。

交通机电产品常用检测设备一览表

表 2-1

序号	设备名称	主要指标
1	步入式环境试验箱	$-65 \sim +150°C$；不小于 $12m^3$
2	中型恒温恒湿环境试验箱	$-50 \sim +150°C$；不小于 $1m^3$
3	电热恒温干燥箱	$400°C$
4	电磁振动试验台	正弦推力 $3.0 \times 10^4 N$，冲击推力 $5.0 \times 10^5 N$
5	气流式盐雾腐蚀试验箱	不小于 $1m^3$；$(1 \sim 2)$ mL/ $(80cm^2 \cdot h)$
6	循环盐雾腐蚀试验箱	不小于 $1m^3$
7	人工加速老化试验箱	$6500W$ 水冷氙弧灯；辐射照度 $250 \sim 1750W/m^2$
8	紫外光老化加速箱	
9	密封防尘试验箱	不小于 $8m^3$
10	喷淋实验装置	IPX6
11	高电压测试系统	150kV
12	兆欧表	1000MΩ
13	耐电压测试仪	交直流 15kV
14	数字万用表	电阻/电压/电流
15	钳形电流表	400A
16	接地电阻表	$0.1 \sim 100Ω$
17	视频测量仪	符合 JTG F80/2—2004
18	视频信号发生器	符合 JTG F80/2—2004
19	低速数据测试仪	50bit/s～100M
20	通信性能综合分析仪	PDH/SDH/ATM（2.5G）
21	话路传输分析仪	32 路
22	测速雷达	$0 \sim 250km/h$

序号	设备名称	主要指标
23	风向风速计	0～45m/s
24	温湿度计	100％RH
25	数字存储示波器	500mHz
26	网路线缆认证测试仪	5E类全项
27	网络性能分析仪	
28	网络协议分析仪	
29	电缆故障综合测试仪	20km
30	话缆串扰测试仪	20km
31	激光光源	1310/1530；0.1dbm
32	LED光源	850～1600nm；－0.7dbm
33	光功率计	850～1600nm
34	可变光衰减器	－70db
35	OTDR（光学时域反射器）	波长 1310/1550 1625nm；动态范围：40db；盲区：3m
36	时基伽钟	10^{-11}
37	市话模拟呼叫器	不小于64路
38	声级计	声压级：150dbA
39	通用信号发生器	正弦、三角、锯齿、脉冲、方波等
40	杂波表	
41	电力谐波表	
42	相位表	
43	CO测试仪	
44	烟雾传感器	
45	能见度仪	1～20km
46	场强计	30～2000Hz；量程：0～20000V/m测量误差≤±1.5db
47	无线电功率计	频率：10kHz～3GHz；功率：－47～30dbm
48	频谱分析仪	18GHz
49	标准逆反射测试系统	30.48m
50	暗室	$(38×2.4×2.2)$ m³
51	标准A光源	2856K±50K
52	光强计	$0.01～1.999×10^4$ mcd
53	照度计	$0.01～1.999×10^5$ lx
54	非接触亮度色度计	$0.1～10^6$ cd
55	色彩色差仪	接触式
56	反光标志逆反射系数测试仪	$(0.1～1999)$ cd/ $(lx·m^2)$
57	全站仪	测距精度 2±2ppm；测角精度2″
58	游标卡尺	150mm

序号	设备名称	主要指标
59	板厚千分尺	25mm
60	磁性涂层测厚仪	1200μm
61	超声波测厚仪	50000μm
62	电涡流涂层测厚仪	3000μm
63	电子万能材料试验机	1.0级，量程不小于200kN
64	电子万能材料试验机	0.5级（分辨力1N）
65	分析天平	（感量0.1mg）
66	电子天平	（感量0.01g）

2. 交通机电产品检测一般步骤

交通机电产品的检测属于遍历型检测，即一个产品必须通过所有项目的考验才算合格，不能用多台设备的分部数据拼凑检测报告，这是与有些简单交通安全设施所不同的。另外，交通机电产品整机一般比安全设施贵得多，检测后送检单位一般要求收回，这是正当要求，一般过争议期后需予以归还，且应加贴"已检样品"的永久标志。所以，除正常的接样程序外，一般遵照"先外后里、先易后难、先静后动、先整后破"的原则进行检测。

先外后里：即先检查测量外观质量和外形尺寸，后开箱检测箱内部件安装质量和布线、标志等质量。

先易后难：机电产品检验项目在检测方法和检测时间上有简单和长短之分，先做简单项目，后做复杂项目。

先静后动：先做静态检查，测量不带电的项目，后通电检查，做带电运行的检测项目。

先整后破：先做非破坏性项目，后做破坏性项目。对于机电产品，一些试验是破坏性的，试验之后产品有可能完全失效。如果先失效了，其他一些项目就不能再进行下去了。例如一般机电产品要进行耐压与耐高温试验，则应先进行耐高温试验，再进行耐压试验。

一个完整的测试过程如图2-1所示。

(二) 机电工程检测

可以说，交通机电工程施工质量检测是对成果的最终鉴定，产品质量好坏，施工质量

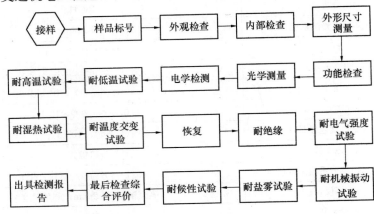

图 2-1　交通机电产品一般检测过程示意图

优劣，只有通过试运行和检测才能得出结论，这对检测人员和检测机构都是严峻考验。检测工程师担负着最终质量把关的重任，必须严格依据检验评定标准开展检测工作。交通机电工程质量检测依据《公路工程质量检验评定标准 第二册 机电工程》JTG F80/2—2004（以下简称 F80/2），下面首先将各专业通用的内容做一介绍。

1. 分项工程检查频率

检查频率也称抽样频率。在 F80/2 第 1.0.3 中规定"机电工程分项工程检查频率：施工单位为 100%，工程监理单位不少于 30%，当项目测点数少于 3 个时，全部检查。"在实际工程中，监理单位应根据实际情况，在抽样基数 10 个以下时易分两段抽样：当检测点数为 4～10 时取抽取 3 个，小于等于 3 个全部检查。

2. 抽样单位

如普通的物理量一样，工程项目也有"计量单位"，我们称之为抽样单位，抽样单位不同工程量不同，检测工作量也不同。例如"一条"光缆和"一管孔"光缆数量是不一样的。为了统一机电工程检测的工作量，真实反应工程建设质量，在 F80/2 的附录 1 中给出了机电工程的层次结构和抽样单位，在对机电工程检评时可据此对整个工程进行统计并进行抽样。

见表 2-2 机电工程分项工程及抽样单位划分表

机电工程分项工程划分表　　　　　　　　表 2-2

单位工程	分部工程	分项工程	抽样单位	基本要求	实测项目	外观鉴定
机电工程	2 监控设施	2.1 车辆检测器	1 个控制机箱			
		2.2 气象检测器	1 个控制机箱			
		2.3 闭路电视监视系统	外场设备以 1 个摄像机为单位，室内设备以中心（分中心）为单位			
		2.4 可变标志	1 个外场设备			
		2.5 光、电缆线路	以条为单位			
		2.6 监控中心设备安装及软件调测	以中心为单位测点			
		2.7 地图板	以完整块为单位测点			
		2.8 大屏幕投影系统	以 1 个完整屏幕为测点			
		2.9 计算机监控软件与网络	以中心为单位测点			
	3 通信设施	3.1 通信管道与光电缆线路	以条为单位			
		3.2 光纤数字传输系统	以站为单位测点			
		3.3 程控数字交换系统	以站为单位测点			
		3.4 紧急电话系统	以分机为单位测点，控制台的检测项目单列			
		3.5 无线移动通信系统	以中心为单位测点			
		3.6 通信电源	以站为单位测点			

单位工程	分部工程	分项工程	抽样单位	基本要求	实测项目	外观鉴定
机电工程	4 收费设施	4.1 入口车道设备	以车道为单位测点			
		4.2 出口车道设备	以车道为单位测点			
		4.3 收费站设备及软件	以站为单位测点			
		4.4 收费中心设备及软件	以中心为单位测点			
		4.5 IC 卡及发卡编码系统	以套为单位测点			
		4.6 闭路电视监视系统	外场设备以 1 个摄像机为单位，室内设备以站为单位			
		4.7 内部有线对讲紧急报警系统	分机、报警器为多测点			
		4.8 站内光、电缆线路	以条为单位			
		4.9 收费系统计算机网络	以中心为单位测点			
	5 低压配电设施	5.1 中心（站）内低压配电设备	以站为单位测点			
		5.2 外场设备电力电缆	以条为单位			
	6 照明设施	照明设施	以中心为单位			
	7 隧道机电设施	7.1 车辆检测器	同 2.1			
		7.2 气象检测器	同 2.2			
		7.3 闭路电视监视系统	同 2.3			
		7.4 紧急电话系统	以分机为单位测点			
		7.5 环境检测设备	以控制箱为 1 个测点，探头分记			
		7.6 报警与诱导设施	以控制箱为 1 个测点，探头分记			
		7.7 可变标志	同 2.4			
		7.8 通风设施	以 1 个风机为 1 个测点			
		7.9 照明设施	以控制箱为 1 个测点，灯具按个分记			
		7.10 消防设施	以系统为 1 个测点，设备按点分记			
		7.11 本地控制器	以台为 1 个单位测点			
		7.12 隧道监控中心计算机控制系统	以系统为 1 个点，设备按个分记			
		7.13 隧道监控中心计算机网络	以系统为 1 个点，设备按个分记			
		7.14 低压供配电	以 1 个配电箱为测点			

3. 外观鉴定原则

由于机电工程有些系统的功能、性能无法用一个指标值来控制，只能采用功能测试、外观评价的方法。为避免外观评价的随意性、主观性，除要求评价人员的公正性外，从技术上尽量量化评价指标，使其具有可操作性，在 F80/2 中，采用主观评价缺陷扣分制，扣分标准细化到 0.1 分，且仅给出工程质量的合格与不合格两个等级：机电项目工程得分不小于 90 分者为合格，小于 90 分者为不合格。

F80/2 的缺陷扣分原则如下：

外观鉴定条目下的每一款为一个项目；

有轻微缺陷，无证据时，该项目可扣 0.1 分；

有轻微缺陷，有证据时，每个证据可扣 0.1 分，每项目累计不超过 1 分；

有明显缺陷，每个证据可扣 0.5 分，每项目累计不超过 1.5 分，当累计至 1.5 分以上时为不合格项，要求返工修复此测点；

有严重缺陷，很明显不符合标准要求，此测点不得分，要求返修此测点。

在统计分项工程的外观缺陷减分时，按减分最多的测点计算，不累加。即，一个分项工程有多个测点数时，每个测点的外观鉴定项目的扣分是一个条目一个条目累加的，但测点与测点不累加，选择扣分最大的测点为该分项工程的外观鉴定扣分。例如查检了 10 部外场摄像机，第 1 测点累计扣 1.7 分，第 5 测点累计扣 3.1 分，第 8 测点累计扣 4 分，其余测点没扣分，因第 8 检测点外观鉴定扣分最高，则该分项工程的外观鉴定减分应为 4 分。

4. 机电项目评分及鉴定

分项工程质量检验内容包括基本要求、实测项目、外观鉴定和质量保证资料四个部分。只有在其使用的原材料、半成品、成品及施工工艺符合基本要求的规定，且无严重外观缺陷和质量保证资料真实并基本齐全时，才能对分项工程质量进行检验评定。

涉及结构安全和使用功能的重要实测项目为关键项目（在文中以"△"标识），其合格率不得低于 90%（属于工厂加工制造的交通工程安全设施及桥梁金属构件不低于 95%，机电工程为 100%），且检测值不得超过规定极值，否则必须进行返工处理。

实测项目的规定极值是指任一单个检测值都不能突破的极限值，不符合要求时该实测项目为不合格。

机电工程分项工程各项实测检查项目的权值均为 1。

（三）交通机电设施工程的检测及评分准则

根据《公路工程质量检验评定标准》JTG F80/2—2004，交通机电设施的评定主要从基本要求、实测项目、外观鉴定三方面进行。

例如，对监控设施中的车辆检测器进行检测及评定包括：

1. 基本要求

（1）车辆检测器及其配件的数量、型号规格符合要求。

（2）车辆检测器安装位置正确，机箱外部完整，门锁开闭灵活。

（3）线圈（探头）安装尺寸符合设计要求，线槽顺直、均匀，封填后平整，引线过缘石处理得当。

（4）电源、通信线路按规范要求连接到位，检测器处于正常状态。

（5）隐蔽工程验收记录、分项工程自检和设备调试记录、有效的设备检验合格报告或证书等资料齐全。

2. 实测项目

实测项目见表 2-3（表中标注△项目为关键项目）。

车辆检测器实测项目

表 2-3

项次	检查项目	技术要求	检查方法
1	△交通量计数精度	允许误差：±2%	人工计数与交通数据采集仪结果比较
2	平均车速精度	允许误差：±5%（km/h）	雷达测速仪实测值与交通数据采集仪结果比较
3	△传输性能	24h 观察时间内失步现象不大于 1 次或≤BER10^{-8}	查日志和用数据传输测试仪
4	△绝缘电阻	强电端子对机壳≥50MΩ	500V 兆欧表测量
5	△安全接地电阻	≤4Ω	接地电阻测量仪
6	△自检功能	自动检测线圈（探头）的开路、短路和损坏情况	模拟故障状态实测
7	逻辑识别线路功能	一辆车作用于两个车道的两个线圈，处理器逻辑正常，输出的检测信息正确	模拟状态实测
8	△复原功能	加电后硬件恢复和重新设置时，原存储数据保持不变	实际操作
9	本地操作与维护功能	能够接便携机进行维护和测试	实际操作
10	控制功能	具有设计文件要求的控制功能	实际操作
11	基础尺寸	符合设计要求	长、宽用量具测量，埋深查隐蔽工程验收记录或实测
12	机箱和地脚防腐涂层质量	符合设计要求	用量具或涂层测厚仪测量

3. 外观鉴定

（1）机箱安装牢固、端正。

（2）机箱表面光泽一致、无划伤、无刻痕、无剥落、无锈蚀。

（3）基础混凝土表面应刮平，无损边、无掉角；联结地脚及螺栓规格符合设计要求，防腐措施得当，裸露金属基体无锈蚀；金属机箱与接地极连接可靠，接地极引出线无锈蚀。

（4）机箱的出线管与箱体连接密封良好，箱体内无积水、尘土、霉变。

（5）机箱内电力线、信号线、元器件等布线平直、整齐、固定可靠，标识正确、清楚，插头牢固。

以上任一项不符合要求时，该项减 0.1～0.5 分。

交通机电所涉及的 6 大类 41 项设施及系统质量评定均与此类似。

关于公布 2013 年度公路水运工程试验检测人员
继续教育主体内容的通知

质监综函〔2013〕4 号

各省级交通质监机构：

根据《公路水运工程试验检测人员继续教育办法（试行）》（厅质监字〔2011〕229号）有关规定，现将 2013 年公路水运工程试验检测人员继续教育主体内容公布如下：

一、《交通运输部关于进一步加强和规范公路水运工程试验检测工作的若干意见》（交质监发〔2013〕114 号）。

二、《公路试验检测数据报告编制导则》（JT/T 828—2012）。

三、《交通运输部办公厅关于印发工地试验室标准化建设要点的通知》（厅质监字〔2012〕200 号）。

四、仪器设备的检定与校准管理。

五、行业近期颁布有关的法规、标准、规范、规程。

各省级质监机构应根据本省实际情况，补充公路水运工程试验检测试验操作的相关内容，制定继续教育计划并报我局备案。

交通运输部工程质量监督局

2012 年 3 月 5 日

关于印发公路水运工程试验检测人员
继续教育办法（试行）的通知

厅质监字〔2011〕229 号

各省、自治区、直辖市、新疆生产建设兵团交通运输厅（局、委），天津市市政公路管理局，天津市、上海市交通运输和港口管理局、长江航务管理局：

现将《公路水运工程试验检测人员继续教育办法（试行）》印发给你们，请遵照执行。

中华人民共和国交通运输部办公厅

2011 年 10 月 25 日

公路水运工程试验检测人员继续教育办法（试行）

第一章 总 则

第一条 为巩固并不断提高试验检测人员的能力和技术水平，适应公路水运工程试验检测工作发展需要，促进试验检测人员继续教育制度化、规范化、科学化，依据《公路水运工程试验检测管理办法》（原交通部令 2005 年第 12 号），制定本办法。

第二条 本办法所称试验检测人员是指取得公路水运工程试验检测工程师和试验检测员证书的从业人员。

本办法所称继续教育是指为持续提高试验检测人员的专业技术和理论水平，在规定期限内完成的教育。

第三条 接受继续教育是试验检测人员的义务和权利。试验检测人员应按照本办法规定参加继续教育。

试验检测机构应督促本单位试验检测人员按要求参加继续教育，并保证试验检测人员参加继续教育的时间，提供必要的学习条件。

第四条 继续教育应坚持切合实际、注重实效，方便工程现场试验检测人员学习的原则。

第二章 继续教育的组织

第五条 交通运输部工程质量监督局（简称"部质监局"）主管全国公路水运工程试验检测人员继续教育工作，负责制定继续教育相关制度，确定继续教育主体内容，统一组织继续教育师资培训，监督、指导各省开展继续教育工作。交通运输职业资格中心配合部质监局开展相关具体工作。

第六条 各省级交通运输主管部门质量监督机构（简称"省级质监机构"）负责本省范围内试验检测人员继续教育工作，负责制定本行政区域继续教育相关制度和年度计划，结合实际确定继续教育补充内容，组织、协调本省继续教育工作。

第七条 省级质监机构可委托相关机构（以下称"继续教育机构"）具体组织实施试验检测人员继续教育事宜，并按要求将委托的继续教育机构情况报部质监局备案。

第八条 省级质监机构应选择具备以下条件的继续教育机构进行委托：

（一）具有较丰富的公路、水运工程试验检测和工程经验，能够独立按照教学计划和有关规定开展继续教育相关工作；

（二）具有独立法人资格，具备完善的教学、师资等组织管理及评价体系；

（三）有不少于10名师资人员；

（四）有教学场所、实操场所（如租用场所应至少有三年以上的协议）；

（五）收支管理规范，有收费许可证、税务登记证；能够按照相关规定核算有关费用，合理确定收费项目和收费标准；

（六）师资人员一般应具备以下条件：

1. 具有较高的政治、业务素质，较强的政策能力，在专业技术领域内有较高的理论水平和较丰富的工程经验；

2. 具有相关专业高级技术职称；

3. 通过部质监局组织的师资培训。

第九条 省级质监机构应建立委托的继续教育机构和师资人员的数据库，根据本省需求情况，动态、合理地控制委托的继续教育机构的数量和师资规模。委托的继续教育机构和师资人员名单应向社会公布。

第三章 继续教育的实施

第十条 省级质监机构应根据部质监局确定的继续教育主体内容，结合实际制定并公布本省继续教育计划和内容，指导试验检测机构合理、有序地组织试验检测人员参加继续教育。

第十一条 公路水运工程试验检测继续教育采取集中面授方式，逐步推行网络教学和远程教育。

第十二条 受委托的继续教育机构应根据继续教育计划和内容，按照确定的科目和课程编制教学计划、组织教学，并采取措施加强管理，保证教学质量。

第十三条 继续教育的授课内容应突出实用性、先进性、科学性，侧重试验检测工作实际需要，注重与实际操作技能相结合，一般应包括：

（一）与试验检测工作有关的法律法规、标准、规范、规程；

（二）试验检测人员职业道德教育；

（三）试验检测业务的新理论、新方法；

（四）试验检测新技术、新设备；

（五）试验检测案例分析；

（六）实际操作技能；

（七）其他有关知识。

第十四条 试验检测人员可就近参加省级质监机构组织的继续教育，有关情况经相应省级质监机构确认后在管理系统中予以记载。

第十五条 公路水运工程试验检测继续教育周期为 2 年（从取得证书的次年起计算）。试验检测人员在每个周期内接受继续教育的时间累计不应少于 24 学时。

第十六条 试验检测人员在其资格证件有效期内，未按规定完成继续教育的，应当补充完成继续教育后办理审验手续（审验办法另行制定）。

第十七条 试验检测人员的以下专业活动可以折算为继续教育学时。每个继续教育周期内，不同形式的专业活动折算的学时可叠加。

（一）参加试验检测考试大纲及教材编写工作的，折算 12 学时；

（二）参加试验检测考试命题工作的，折算 24 学时；

（三）参加试验检测工程师考试阅卷工作的，折算 12 学时；参加试验检测员考试阅卷工作的，折算 8 学时；

（四）担任继续教育师资的，折算 24 学时；

（五）参加部组织的机构评定、试验检测专项检查等专业活动的，折算 12 学时；

（六）参加省组织的机构评定、试验检测专项检查等专业活动的，折算 8 学时；

第四章 继续教育的监督检查

第十八条 省级质监机构应当加强对试验检测人员参加继续教育情况的检查，督促试验检测机构和试验检测人员参加继续教育。

第十九条 省级质监机构应采取措施对师资水平、授课效果、课程内容和组织管理等进行综合评估，适时调整委托的继续教育机构及师资，不断提高教学质量，完善继续教育管理工作。

第二十条 受委托的继续教育机构应当加强档案管理，将继续教育计划、继续教育师资情况、参培学员登记表、学员学习情况及结果等纳入档案管理，并接受省级质监机构的监督检查。

第二十一条 受委托的继续教育机构违反本办法规定，有下列情形之一的，不予确认其所开展的有关工作或取消对其继续教育的委托：

（一）未经委托擅自从事继续教育或者提供虚假继续教育资料的；

（二）未按照继续教育计划和内容要求组织相应继续教育的；

（三）发布继续教育虚假信息的。

第二十二条 试验检测人员在继续教育过程中有弄虚作假、冒名顶替等行为的，取消其本周期内已取得的继续教育记录，并纳入诚信记录。

第二十三条 质监机构工作人员在继续教育管理工作中有徇私舞弊、弄虚作假等情形的，依法给予行政处分；构成犯罪的，依法追究刑事责任。

第五章 附　则

第二十四条 本办法由部质监局负责解释。省级质监机构可依据本办法制定具体实施办法。

第二十五条 本办法自 2012 年 1 月 1 日起施行。

河南省公路水运工程试验检测人员继续教育管理办法

第一章 总 则

为加强我省公路水运工程试验检测人员继续教育（以下简称试验检测继续教育）工作的管理，完善我省试验检测继续教育管理体系，保证我省试验检测继续教育学习正常有序地进行。现制定河南省公路水运工程试验检测继续教育人员管理办法。

第二章 通 则

第一条 接受继续教育是试验检测人员的义务和权力，试验检测人员应按照本办法规定参加继续教育。

第二条 凡本年度参加继续教育学习的人员，需根据自身情况确定是否参加本期学习。

第三条 凡网络报名成功的人员，须关注河南省交通基本建设质量检测监督站（http://www.hajtzjz.gov.cn/hajtzjz/index.htm）当期继续教育公示人员名单。

第四条 凡当期试验检测继续教育已公示的人员，如不能按时参加本期学习，须在公示之日起3日内致电继续教育机构说明情况，并填写申请表发送至188171719@qq.com。

第五条 凡公示之日起3日内未与继续教育机构联系的人员，视为参加本期学习。如确认后且没有请假或说明原因不能按时参加本期继续教育的，将纳入试验检测人员信用评价记录并直扣10分。

第六条 凡参加继续教育学习的人员，须对本人继续教育身份信息的真实性负责，不得冒名顶替学习、考试。

第七条 继续教育学习期间将不定时进行个人信息核对，一经核实存在替学、替考等虚假信息的，将纳入试验检测人员信用评价记录并直扣10分。

第八条 试验检测继续教育每期共计24学时，参加人员须按时上课，原则上不得请假、迟到、早退、旷课。如出现上述情况之一，则按以下规定处理：

（一）请假学员下期继续教育重新缴费、学习；

（二）迟到、早退人员的学时将扣除缺勤时间；

（三）旷课人员下期重新缴费、学习，将纳入试检测人员信用评价记录并直扣10分。

第九条 根据《公路水运工程试验检测人员继续教育办法（试行）》第三章第十五条规定：公路水运工程试验检测继续教育周期为2年（从取得证书的次年起计算）。

试验检测人员在每个周期内接受继续教育的时间累计不应少于24学时。

第三章 附 则

第十条 本办法由河南省交通基本建设质量检测监督站负责解释。

第十一条 本办法自发布之日起试行。

河南省交通基本建设质量检测监督站

交通运输部关于进一步加强和规范
公路水运工程试验检测工作的若干意见

交质监发〔2013〕114 号

各省、自治区、直辖市、新疆生产建设兵团交通运输厅（局、委），天津市、上海市交通运输和港口管理局，天津市市政公路管理局，长江航务管理局：

《公路水运工程试验检测管理办法》（交通部令 2005 年第 12 号）颁布实施以来，各级交通运输主管部门、质监机构、各参建单位对试验检测数据重要性的认识普遍提高，试验检测工作对公路水运工程质量安全的基础保障作用日益突显，试验检测管理制度不断完善，试验检测机构和人员的专业技术水平不断提高，市场规模已基本满足当前交通建设需求。为进一步提高试验检测行业科学化管理水平，切实发挥好试验检测在质量安全监管中的基础性、关键性作用，现就进一步加强和规范公路水运工程试验检测工作提出如下意见：

一、优化试验检测工作环境

（一）试验检测是公路水运工程质量安全管理的重要手段，真实、准确、客观、公正的试验检测数据是控制和评判工程质量、保障工程施工安全和运营安全的重要依据和基本前提。各级交通运输主管部门、质监机构要高度重视试验检测在工程建设质量安全监管工作中的重要性，切实加强组织领导、强化政策研究、做好统筹规划，为试验检测工作创造有利条件。

（二）各级交通运输主管部门、质监机构要加强调研，科学核算本地区试验检测工作成本，制定地区指导价格，引导试验检测工作合理、有效投入。各建设项目在工程概预算编制阶段，要落实试验检测费用渠道；各参建单位在工程实施过程中不得挤占挪用试验检测费用，为保证试验检测工作正常开展提供基本条件。

（三）要切实发挥母体检测机构对保证工地试验室工作质量的基础作用，将试验检测行业管理要求有效延伸至工程一线，着力解决工地试验室人员结构不稳定、责任感不强、短期行为等问题。项目建设、施工、监理等有关参建单位不得利用行政隶属关系、费用拨付手段等干预试验检测工作的正常开展，不得授意更改试验检测数据，努力营造有利于工地试验室独立、规范运行的工作环境。

（四）要牢固树立现代工程管理理念，有效利用试验检测技术手段，加强工程项目建设过程中质量安全风险的预防、预控、预判、预警工作。质监机构、建设单位可委托实力强、信用好的独立试验检测机构，对涉及结构安全的关键部位进行动态监控量测。

二、加强试验检测行业监管

（五）要将试验检测行业管理的重心从市场培育转移到规范和培育并重、更加注重规范上来，按照"调控规模、提升素质、进退有序"的原则，制定试验检测发展规划，切实控制好市场发展节奏和规模，避免因机构数量过多造成恶性竞争的不良后果。

自本文发布之日起用1至2年时间，整顿规范试验检测市场、提升行业整体素质。在此期间，停止受理所有等级试验检测机构和增项的评定申请。努力构建布局合理、竞争有序、运行高效、诚信守法的试验检测市场新格局。

（六）各省级质监机构要切实履行对甲级和专项类试验检测机构等级评定及换证复核的初审职责，禁止将达不到标准条件的机构上报；对本地区的乙丙级机构，要切实加强动态管理，制定评审和换证复核计划。在乙级机构申报和换证复核的现场评审中，至少应从部专家库中抽取1名专家参加。

（七）要采取随机抽查、飞行检查、专项检查等有效方式，加大检测机构证书有效期内的中间检查力度，及时查处和纠正试验检测工作中存在的违规和不规范行为，保证检测机构实际运行状况与相应等级标准要求相符合。对于经整改仍不满足标准要求的机构，要降低机构等级或注销其等级证书。

（八）整顿规范市场秩序，加大对违法违规行为的查处力度。要严厉打击出借资质、转包和违法分包行为；严厉打击试验检测机构恶意压价、施工和监理单位有意压低试验检测相关费用，签订阴阳合同、假合同等违规违法行为；严厉打击试验检测数据造假以及在考试、证书管理等环节的弄虚作假行为。上述行为涉及的检测机构和人员，要坚决清退出试验检测市场，形成有进有出的市场动态运行机制。

（九）要不断完善信用评价指标设置的科学性，充分发挥试验检测信用管理在提高工作质量、规范从业行为、调控市场规模等方面的重要作用；完善信用评价结果与市场竞争、市场准入等工作的有效衔接机制。要将信用评价融入质量监督、安全监管、专项督查等日常工作中，及时对失信行为进行确认并录入评价管理系统。

三、提升试验检测能力水平

（十）各省级质监机构要结合工程建设特点和行业管理需要，经常组织能力验证、技能竞赛、技术比武等活动，促进能力验证等活动常态化、扁平化，不断扩大参与活动的机构、人员和检测参数范围。鼓励检测机构内部或机构之间开展形式多样的比对、岗位练兵活动，尤其对于涉及结构安全、日常开展业务较少的试验检测项目和参数，要加强实操演练，确保机构和人员持续保持相应试验检测能力。对于在部组织的比对试验中连续2年出现"不满意"结果的检测机构，要降低机构等级。

（十一）各省级质监机构要按照公路水运工程试验检测人员继续教育有关要求，结合本地区工程特点，作好试验检测继续教育的组织工作，推进网络教学有序开展。各建设项目、检测机构应根据自身特点，广泛开展内部技术培训与交流活动，将继续教育、业务学习融入日常工作中，不断提高试验检测人员的职业道德水平和专业技术能力，努力建设人员专业化、行为规范化、管理科学化的试验检测队伍。

（十二）要高度重视试验检测工作质量与仪器设备状况的密切相关性，切实加强仪器设备计量管理，尤其对于自动化、智能化仪器设备，要按照有关规定保证其检定、校准工作有效，及时纠正出现的异常状态，确保试验检测数据准确可靠。

（十三）要按照高速公路施工标准化活动的总体部署和《公路试验检测数据报告编制导则》（JT/T 828－2012）、工地试验室标准化建设的有关要求，规范数据记录和报告管理,大力推进试验检测工作标准化、信息化建设。鼓励采用具有自动采集和监控系统的智能检测设备和手段,提高试验检测数据报告的客观性和规范性,提升工程管理水平。

交通运输部

2013 年 2 月 5 日

附录五

关于进一步加强公路水运工程工地试验室管理工作的意见

厅质监字〔2009〕183号

　　公路水运工程工地试验室是工程质量控制和评判的重要基础数据来源，是工程建设质量保证体系的重要组成部分。为进一步加强工地试验室管理，规范试验检测行为，提高试验检测数据的客观性、准确性，保证公路水运工程质量，现提出以下意见。

　　一、各地交通运输主管部门及其质量监督机构要以科学发展观为指导，高度重视工地试验室管理。结合本地区实际情况，建立健全工地试验室监督管理制度，加强对工地试验室的指导与监督管理。要以规范试验检测行为和提高工地试验检测工作水平为主线，落实责任制，推动诚信体系建设，营造有利于工地试验室独立规范运行的外部环境，有效发挥工地试验室对工程质量的控制和指导作用，促进公路水运工程质量水平不断提高。

　　二、需设立工地试验室的公路水运工程建设项目，建设单位应在招标文件、合同文件中明确工地试验室的检测能力、人员、仪器设备配备要求，督促中标单位保证工地试验室的投入，加强对工地试验室试验检测工作的监督检查，按照《公路水运工程试验检测信用评价办法》的要求开展对工地试验室和试验检测人员的信用评价工作。

　　三、施工单位、监理单位应根据工程质量安全管理需要或合同约定，在工程现场可自行设立工地试验室，也可委托第三方试验检测机构设立工地试验室，设立工地试验室的母体均应具有相应的《公路水运试验检测机构等级证书》（以下简称等级证书）。

　　建设单位也可通过招标等方式直接委托具有等级证书和《计量认证证书》（以下简称计量证书）的第三方试验检测机构设立工地试验室，承担工程建设项目监理的全部或部分试验检测工作。

　　任何单位不得干预工地试验室独立、客观地开展试验检测活动。

　　四、设立工地试验室的母体试验检测机构，应当在其等级证书核定的业务范围内，根据工程现场管理需要或合同约定，对工地试验室进行授权。授权内容包括工地试验室可开展的试验检测项目及参数、授权负责人、授权工地试验室的公章、授权期限等。"公路水运工程工地试验室设立授权书"（见附件1）应加盖母体试验检测机构公章及等级专用标识章。

　　五、工地试验室设立实行登记备案制。经试验检测机构授权设立的工地试验室，应当填写"公路水运工程工地试验室备案登记表"（见附件2），经建设单位初审后报送项目质监机构登记备案，质监机构对通过备案的工地试验室出具"公路水运工程工地试验室备案通知书"（见附件3）。

　　工地试验室被授权的试验检测项目及参数或试验检测持证人员进行变更的，应当由母体试验检测机构报经建设单位同意后，向项目质监机构备案。

　　六、母体试验检测机构应加强对授权工地试验室的管理和指导，根据工程现场管理需要或合同约定，合理配备工地试验室试验检测人员和仪器设备，并对工地试验室试验检测结果的真实性和准确性负责。

七、工地试验室应按照母体试验检测机构质量管理体系的要求，建立完整的试验检测人员档案、仪器设备管理档案和试验检测业务档案，严格按照试验检测规程操作，并做到试验检测台账、仪器设备使用记录、试验检测原始记录、试验检测报告相互对应。试验检测报告签字人必须是持证的试验检测人员。

工地试验室试验检测环境（包括所设立的养护室、样品室、留样室等）应满足试验检测规程要求和试验检测工作需要。

鼓励工地试验室推行标准化、信息化管理。

八、工地试验室应在母体试验检测机构授权的范围内，为工程建设项目提供试验检测服务，不得对外承揽试验检测业务。

工地试验室出具的试验检测报告应加盖工地试验室印章，印章包含的基本信息有：母体试验检测机构名称＋建设项目标段名称＋工地试验室。

九、工地试验室实行授权负责人责任制。工地试验室授权负责人对工地试验室运行管理工作和试验检测活动全面负责，授权负责人必须是母体试验检测机构委派的正式聘用人员，且须持有试验检测工程师证书。

十、授权负责人有以下职责：

（一）审定和管理工地试验室资源配置，确保工地试验室人员、设备、环境等满足试验检测工作需要。签发工地试验室出具的试验检测报告，对试验检测数据及报告的真实性、准确性负责。对违规人员有权辞退。

（二）建立完善的工地试验室质量保证体系和管理制度，包括人员、设备、环境以及试验检测流程、样品管理、操作规程、不合格品处理等各项制度，监督各项制度的有效执行。

（三）严格按照国家和行业标准、规范、规程以及合同的约定独立开展试验检测工作。有权拒绝影响试验检测活动公正性、独立性的外部干扰和影响，保证试验检测数据客观、公正、准确。

（四）实行不合格品报告制度，对于签发的涉及结构安全的产品或试验检测项目不合格报告，工地试验室授权负责人应在 2 个工作日之内报送试验检测委托方，抄送项目质量监督机构，并建立不合格试验检测项目台账。

十一、工地试验室授权负责人的管理。

（一）母体试验检测机构应制定工地试验室授权负责人管理制度，对其工作进行监督管理。

（二）质监机构应建立工地试验室授权负责人专用信息库，加强监督检查。按照《公路水运工程试验检测信用评价办法》对其从业情况进行全面的信用评价。

（三）工地试验室授权负责人变更，需由母体试验检测机构提出申请，经项目建设单位同意后报项目质监机构备案。擅自离岗或同时任职于两家及以上工地试验室，均视为违规行为，按照《公路水运工程试验检测信用评价办法》予以扣分。

（四）工地试验室授权负责人信用等级被评为信用较差的，2 年内不能担任工地试验室授权负责人。信用等级被评为信用很差的，5 年内不能担任工地试验室授权负责人。

（五）工地试验室信用评价结果小于等于70分的，其授权负责人两年内不能担任工地试验室授权负责人。

附件：1. 公路水运工程工地试验室设立授权书

2. 公路水运工程工地试验室备案登记表

3. 公路水运工程工地试验室备案通知书

公路水运工程工地试验室设立授权书

编号：

　　因_____工程建设的需要，决定设立_____工地试验室，授权启用试验室公章：_____授权_____同志为试验室负责人（检测工程师证书编号：_____），负责工地试验室的管理工作。

　　授权开展的试验检测项目及参数为：_____

_____

_____

_____

授权有效期：____年____月____日至_____。

授权机构等级专用标识章：

　　　　　　　　　　　　　　　　检测机构：　　　　（章）

　　　　　　　　　　　　　　　　授权人单位负责人签字：

　　　　　　　　　　　　　　　　　　　年　　月　　日

公路水运工程工地试验室备案

登 记 表

工地试验室：_____（章）

备案日期：____年____月____日

交通运输部基本建设质量监督总站制

填 表 须 知

一、本表统一采用 A4 尺寸纸张，内容必须打印，检测机构对填表内容的真实、可靠性负责。

二、本表可复印，填写的内容受表格限制时，可按本表格格式增加附页，但须连同正页编第　页，共　页。

三、"所属法人机构"指的是工地试验室母体检测机构，若母体检测机构不是独立法人，则填写其所属的法人机构。

一、工地试验室综合情况

<table>
<tr><td rowspan="3">项目情况</td><td>工地试验室名称</td><td colspan="2"></td><td>工程投资</td><td colspan="2"></td></tr>
<tr><td>项目业主单位</td><td></td><td>联系人</td><td></td><td>电话</td><td></td></tr>
<tr><td>工地试验室设立单位</td><td></td><td>联系人</td><td></td><td>电话</td><td></td></tr>
<tr><td rowspan="6">母体检测机构情况</td><td rowspan="2">母体检测机构及法人机构名称</td><td colspan="2" rowspan="2"></td><td>等级及编号</td><td colspan="2"></td></tr>
<tr><td>计量认证编号</td><td colspan="2"></td></tr>
<tr><td>法人代表</td><td colspan="2"></td><td>联系方式</td><td colspan="2"></td></tr>
<tr><td>行政负责人</td><td colspan="2"></td><td>联系方式</td><td colspan="2"></td></tr>
<tr><td>技术负责人</td><td colspan="2"></td><td>联系方式</td><td colspan="2"></td></tr>
<tr><td>质量负责人</td><td colspan="2"></td><td>联系方式</td><td colspan="2"></td></tr>
<tr><td rowspan="7">工地试验室情况</td><td rowspan="4">工地试验室详细地址</td><td colspan="2" rowspan="4"></td><td>电话</td><td colspan="2"></td></tr>
<tr><td>传真</td><td colspan="2"></td></tr>
<tr><td>邮编</td><td colspan="2"></td></tr>
<tr><td>E-mail</td><td colspan="2"></td></tr>
<tr><td>持试验检测人员证书总人数</td><td></td><td>持试验检测工程师证书人数</td><td colspan="3"></td></tr>
<tr><td>相关专业高级职称人数</td><td></td><td>试验检测用房总面积（m²）</td><td colspan="3"></td></tr>
<tr><td>工地试验室授权业务范围</td><td colspan="5"></td></tr>
</table>

二、工地试验室试验检测业务范围表

序号	试验检测项目及参数	采用的试验检测方法和标准（名称/编号）	所用主要仪器设备名称	设备编号	主要操作人员	备　注

注：按照委托合同约定及检测机构授权范围填写。

三、工地试验室授权负责人简历

姓名		性别		出生日期		照 片
学历		职称		从事试验检测工作年限		
试验检测师证书编号						
工作单位及职务						

本人主要试验检测工作经历和业绩	
	本人签名：

四、工地试验室在岗人员一览表

序号	姓名	性别	出生年月	学历和专业	职称	检测人员证书编号	从事试验检测年限

五、工地试验室试验检测仪器设备一览表

设备编号	设备名称	型号规格	生产厂家	购置日期	单价（元）	量程或规格	准确度	检定/校准周期	检定/校准单位	最近检定/校准日期	保管人	备注

六、相 关 资 料

1. 工地试验室设立授权书；
2. 工地试验室在岗人员学历、职称、检测证书复印件；
3. 工地试验室授权负责人的聘用证明；
4. 如委托第三方检测机构组建工地试验室的，应提供委托合同书复印件；
5. 母体检测机构等级证书及计量证书复印件（如有）。

七、备案审核意见

母体检测机构意见	（公章） 年　月　日
项目建设单位意见	（公章） 年　月　日
备案审核质监机构意见	（公章） 年　月　日
备注	

公路水运工程工地试验室备案通知书

编号：

　　　　　　　　　　　工地试验室：

　　你试验室报送的《公路水运工程工地试验室备案登记表》及相关资料收悉。经审核，满足《公路水运工程试验检测管理办法》（交通部令 2005 年第 12 号）有关规定，同意备案。

　　你试验室应严格按照有关标准、规范、规程和授权范围，客观、公正、独立开展检测工作，并对所出具的检测报告和检测结果的真实性和准确性负责。相应责任由母体检测机构及你试验室授权负责人承担。

　　特此通知。

审核质监机构（章）

年　　月　　日

附录六

人力资源社会保障部　交通运输部
关于印发《公路水运工程试验检测专业技术人员
职业资格制度规定》和《公路水运工程试验检测
专业技术人员职业资格考试实施办法》的通知

人社部发〔2015〕59号

各省、自治区、直辖市及新疆生产建设兵团人力资源社会保障厅（局）、交通运输厅（局、委），国务院各部委、各直属机构人事部门，中央管理的企业：

根据《国务院机构改革和职能转变方案》和《国务院关于取消和调整一批行政审批项目等事项的决定》（国发〔2014〕50号）有关取消"公路水运试验检测人员资格许可和认定"的要求，为加强公路水运工程试验检测专业技术人员队伍建设，提高试验检测专业技术人员素质，人力资格社会保障部、交通运输部制定了《公路水运工程试验检测专业技术人员职业资格制度规定》和《公路水运工程试验检测专业技术人员职业资格考试实施办法》，现印发给你们，请遵照执行。

人力资源社会保障部 交通运输部
2015 年 6 月 23 日

公路水运工程试验检测专业技术人员职业资格制度规定

第一章　总　则

第一条　为加强公路水运工程试验检测专业技术人员队伍建设，提高试验检测专业技术人员素质，根据《中华人民共和国公路法》、《中华人民共和国港口法》、《中华人民共和国航道法》和国家职业资格证书制度的有关规定，制定本规定。

第二条　本规定所称试验检测专业技术人员是指在公路水运工程领域从事试验检测专业活动的技术人员。

第三条　国家设立公路水运工程试验检测专业技术人员水平评价类职业资格制度，纳入全国专业技术人员职业资格证书制度统一规划，面向全社会提供公路水运工程试验检测专业技术人员能力水平评价服务。评价结果与工程系列相应级别职称有效衔接，为用人单位科学使用公路水运工程试验检测专业技术人才提供依据。

第四条　公路水运工程试验检测专业技术人员职业资格（以下简称公路水运工程试验检测职业资格）包括道路工程、桥梁隧道工程、交通工程、水运结构与地基、水运材料5个专业，分为助理试验检测师和试验检测师2个级别。助理试验检测师和试验检测师职业资格实行考试的评价方式。

公路水运工程试验检测专业技术人员英文译为：Highway and Waterway sting&Inspection Professionals

第五条　通过公路水运工程助理试验检测师和试验检测师职业资格考试，并取得相应级别职业资格证书的人员，表明其已具备从事公路水运工程试验检测专业相应级别专业技术岗位工作的能力。

第六条　人力资源社会保障部、交通运输部共同负责公路水运工程试验检测职业资格制度的政策规定，并按职责分工对职业资格制度的实施进行指导、监督和检查。

交通运输部职业资格中心具体承担公路水运工程试验检测职业资格评价工作。

第二章　考　　试

第七条　公路水运工程助理试验检测师和试验检测师职业资格考试，统一大纲、统一命题、统一组织。原则上每年举行一次考试。

第八条　交通运输部职业资格中心负责公路水运工程助理试验检测师和试验检测师职业资格考试的组织和实施工作。组织成立考试专家委员会，研究拟定考试科目、考试大纲、考试试题和考试合格标准。

第九条　人力资源社会保障部、交通运输部对交通运输部职业资格中心实施的考试工作进行监督和检查，指导交通运输部职业资格中心确定公路水运工程助理试验检测师和试验检测师职业资格考试科目、考试大纲、考试试题和考试合格标准。

第十条　遵守国家法律、法规，恪守职业道德，并符合公路水运工程助理试验检测师和试验检测师职业资格考试报名条件的人员，均可申请参加相应级别职业资格考试。

第十一条　符合下列条件之一者，可报考公路水运工程助理试验检测师职业资格考试：

（一）取得中专或高中学历，累计从事公路水运工程试验检测专业工作满4年；

（二）取得工学、理学、管理学学科门类专业大专学历，累计从事公路水运工程试验检测专业工作满2年；或者取得其他学科门类专业大专学历，累计从事公路水运工程试验检测专业工作满3年；

（三）取得工学、理学、管理学学科门类专业大学本科及以上学历或学位；或者取得其他学科门类专业大学本科学历，从事公路水运工程试验检测专业工作满1年。

第十二条　符合下列条件之一者，可报考公路水运工程试验检测师职业资格考试：

（一）取得中专或者高中学历，并取得公路水运工程助理试验检测师证书后，从事公路水运工程试验检测专业工作满6年；

（二）取得工学、理学、管理学学科门类专业大专学历，累计从事公路水运工程试验检测专业工作满6年；

（三）取得工学、理学、管理学学科门类专业大学本科学历或者学位，累计从事公路水运工程试验检测专业工作满4年；

（四）取得含工学、理学、管理学学科门类专业在内的双学士学位或者工学、理学、管理学学科门类专业研究生班毕业，累计从事公路水运工程试验检测专业工作满2年；

（五）取得工学、理学、管理学学科门类专业硕士学位，累计从事公路水运工程试验检测专业工作满 1 年；

（六）取得工学、理学、管理学学科门类专业博士学位；

（七）取得其他学科门类专业的上述学历或者学位人员，累计从事公路水运工程试验检测专业工作年限相应增加 1 年。

第十三条 公路水运工程试验检测职业资格考试合格，由交通运输部职业资格中心颁发人力资源社会保障部、交通运输部监制，交通运输部职业资格中心用印的相应级别《中华人民共和国公路水运工程试验检测专业技术人员职业资格证书》（以下简称公路水运工程试验检测职业资格证书）。该证书在全国范围有效。

第十四条 对以不正当手段取得公路水运工程试验检测职业资格证书的，按照国家专业技术人员资格考试违纪违规行为处理规定处理。

第三章 职 业 能 力

第十五条 取得公路水运工程试验检测职业资格证书的人员，应当遵守国家法律和相关法规，维护国家和社会公共利益，恪守职业道德。

第十六条 取得公路水运工程助理试验检测师职业资格证书的人员，应当具备的职业能力：

（一）了解公路水运工程行业管理的法律法规和规章制度，熟悉公路水运工程试验检测管理的规定和实验室管理体系知识；

（二）熟悉主要的工程技术标准、规范、规程；掌握所从事试验检测专业方向的试验检测方法和结果判定标准，较好识别和解决试验检测专业工作中的常见问题；

（三）独立完成常规性公路水运工程试验检测工作；

（四）编制试验检测报告。

第十七条 取得公路水运工程试验检测师职业资格证书的人员，应当具备的职业能力：

（一）熟悉公路水运工程行业管理的法律法规、规章制度，工程技术标准、规范和规程；掌握试验检测原理；掌握实验室管理体系知识和所从事试验检测专业方向的试验检测方法和结果判定标准；

（二）了解国内外工程试验检测行业的发展趋势，有较强的试验检测专业能力，独立完成较为复杂的试验检测工作和解决突发问题；

（三）熟练编制试验检测方案、组织实施试验检测活动、进行试验检测数据分析、编制和审核试验检测报告；

（四）指导本专业助理试验检测师工作。

第十八条 取得公路水运工程试验检测职业资格证书的人员，应当按照国家专业技术人员继续教育有关规定自觉接受继续教育，更新专业知识，不断提高职业素质和试验检测专业工作能力。

第四章 登 记

第十九条 公路水运工程试验检测职业资格证书实行登记制度。登记具体工作由交通运输部职业资格中心负责。登记情况应向社会公布。

第二十条　登记机构应建立持证人员的从业信息和诚信档案，并为用人单位提供查询服务。

第二十一条　取得公路水运工程试验检测职业资格证书的人员，在工作中违反相关法律、法规、规章或者职业道德，造成不良影响的，取消登记并由交通运输部职业资格中心收回其职业资格证书。

第二十二条　公路水运工程试验检测职业资格考试机构和登记机构在工作中，应当严格遵守国家和本行业的有关各项管理规定。

第五章　附　则

第二十三条　通过考试取得公路水运工程试验检测职业资格证书，且符合《工程技术人员职务试行条例》中助理工程师或者工程师任职条件的人员，用人单位可根据工作需要聘任其相应级别工程专业技术职务。

第二十四条　本规定施行前，依据《公路水运工程试验检测管理办法》（交通部令2005年第12号）及相应试验检测人员考试办法要求，取得的试验检测员、试验检测工程师证书效用不变。

第二十五条　本规定自2015年9月1日起施行。

公路水运工程试验检测专业技术人员职业资格考试实施办法

第一条　人力资源社会保障部、交通运输部按照职责分工负责指导、监督和检查公路水运工程助理试验检测师、试验检测师职业资格考试的实施工作。

第二条　交通运输部职业资格中心具体负责公路水运工程助理试验检测师、试验检测师职业资格考试的实施工作。

第三条　公路水运工程助理试验检测师、试验检测师均设公共基础科目和专业科目，专业科目为《道路工程》、《桥梁隧道工程》、《交通工程》、《水运结构与地基》和《水运材料》。公共基础科目考试时间为120分钟，专业科目考试时间为150分钟。

第四条　公路水运工程助理试验检测师、试验检测师考试成绩均实行2年为一个周期的滚动管理。在连续2个考试年度内，参加公共基础科目和任一专业科目的考试并合格，可取得相应专业和级别的公路水运工程试验检测专业技术人员职业资格证书。

第五条　符合《公路水运工程试验检测专业技术人员职业资格制度规定》规定的助理试验检测师、试验检测师职业资格考试报名条件者均可申请参加相应级别和专业类别的考试。

第六条　参加考试由本人提出申请，按有关规定办理报名手续。考试实施机构按规定的程序和报名条件审核合格后，核发准考证。参加考试人员凭准考证和有效证件在指定的日期、时间和地点参加考试。

中央和国务院各部门所属单位、中央管理企业的人员按属地原则报名参加考试。

第七条　公路水运工程助理试验检测师、试验检测师职业资格考试的考点原则上设在直辖市和省会城市的大、中专院校或者高考定点学校。如确需在其他城市设置考点，须经交通运输部职业资格中心批准。考试日期原则上为每年的第三季度。

　　第八条　坚持考试与培训分开的原则。凡参与考试工作（包括命题、审题与组织管理等）的人员，不得参加考试，也不得参加或者举办与考试内容相关的培训工作。应考人员参加培训坚持自愿原则。

　　第九条　考试实施机构及工作人员应当严格执行考试工作的各项规章制度，遵守考试工作纪律，切实做好从考试试题的命制到使用等各环节的安全保密工作，严防泄密。

　　第十条　对违反考试工作纪律和有关规定的人员，按照国家专业技术人员资格考试违纪违规行为处理规定处理。

国务院办公厅转发中央编办质检总局
关于整合检验检测认证机构实施意见的通知

国办发〔2014〕8 号

各省、自治区、直辖市人民政府，国务院各部委、各直属机构：

中央编办、质检总局《关于整合检验检测认证机构的实施意见》已经国务院同意，现转发给你们，请认真贯彻执行。

国务院办公厅

2014 年 2 月 21 日

关于整合检验检测认证机构的实施意见

中央编办　质检总局

为深入贯彻落实党的十八大、十八届二中、三中全会精神和《国务院机构改革和职能转变方案》的要求，扎实推进业务相同或相近的检验、检测、认证机构整合工作，现提出如下意见。

一、充分认识整合工作的重要性和紧迫性

检验检测认证是现代服务业的重要组成部分，对于加强质量安全、促进产业发展、维护群众利益等具有重要作用。随着社会主义市场经济的不断发展，对检验检测认证的需求日益增长，检验检测认证服务呈现出良好发展势头。但我国检验检测认证机构尚处于发展初期，缺乏政府统一有效的监管，规模普遍偏小，布局结构分散，重复建设严重，体制机制僵化，行业壁垒较多，条块分割明显，服务品牌匮乏，国际化程度不高，难以适应完善现代市场体系和转变政府职能的要求，迫切需要通过整合做强做大，提升核心竞争力，激发市场活力。各地区、各有关部门要充分认识整合检验检测认证机构的重要性和紧迫性，把这项工作放在突出位置，加大工作力度，推动检验检测认证高技术服务业快速发展，为加快转变经济发展方式、促进提质增效升级提供有力支撑。

二、指导思想、基本原则和总体目标

（一）指导思想

按照政府职能转变和事业单位改革的要求，充分发挥市场在资源配置中的决定性作用，坚持政事分开、事企分开和管办分离，进一步理顺政府与市场的关系，科学界定国有检验检测认证机构功能定位，大力推进整合，优化布局结构，创新体制机制，转变发展方式，不断提升市场竞争力和国际影响力，推动检验检测认证高技术服务业做强做大。

（二）基本原则

——坚持统筹规划、合理布局。充分整合资源，减少重复建设，努力实现信息共享、

结果互认。

——坚持政府引导、市场驱动。政府部门要强化制订政策法规、发展规划、标准规范和监督引导职责，逐步与检验检测认证机构脱钩。推进检验检测认证机构转企改制，加大政府购买服务力度，鼓励社会力量参与。

——坚持积极稳妥、分步实施。条件成熟的先行整合，暂不具备条件的逐步推进，完善相关政策措施，确保平稳过渡。

——坚持分业推进、分级负责。各行业主管部门负责做好所属检验检测认证机构整合工作，提出本行业相关整合工作的指导意见。在此基础上，地方各级人民政府负责本地区检验检测认证机构整合工作。

（三）总体目标

到 2015 年，基本完成事业单位性质的机构整合，转企改制工作基本到位，市场竞争格局初步形成，相关政策法规比较完善，进一步做强做大检验检测认证机构。到 2020 年，建立起定位明晰、治理完善、监管有力的管理体制和运行机制，形成布局合理、实力雄厚、公正可信的检验检测认证服务体系，培育一批技术能力强、服务水平高、规模效益好、具有一定国际影响力的检验检测认证集团。

三、重点任务

各地区、各部门要摸清底数，认真清理现有检验检测认证机构，对职能萎缩、规模较小、不符合经济社会发展需要的机构予以撤销。在此基础上，从三个方面推进整合工作。一是结合分类推进事业单位改革，明确检验检测认证机构功能定位，推进部门或行业内部整合；二是推进具备条件的检验检测认证机构与行政部门脱钩、转企改制；三是推进跨部门、跨行业、跨层级整合，支持、鼓励并购重组，做强做大。

（一）推进部门和系统内整合

1. 整合质检总局所属中国质量认证中心及直属检验检疫局所属 31 个评审中心，整体转企改制，并入中国检验认证（集团）有限公司。（质检总局负责。2014 年 3 月底前提出方案，2014 年 6 月底前完成）

2. 整合出入境检验检疫系统相关检验检测认证机构，对同一地域内的机构实行综合设置。（质检总局负责。2014 年 3 月底前提出方案，2014 年 6 月底前完成）

3. 开展特种设备行业检验检测机构纵向整合试点，推进中国特种设备检测研究院在全国范围内进行以资产为纽带的纵向整合，建立专业检验检测集团；鼓励以资产为纽带的省内整合、跨省整合。（质检总局负责。2014 年 6 月底前提出方案，2017 年底前完成）

4. 按电子信息、通信、软件等产品类别分步推进工业和信息化部所属检验检测认证机构的整合。（工业和信息化部负责。2014 年 6 月底前提出方案，2015 年底前完成）

5. 按公路、水路行业专业领域类别分步推进交通运输部所属检验检测认证机构的整合。（交通运输部负责。2014 年 6 月底前提出方案，2015 年底前完成）

6. 整合住房城乡建设部归口指导的国家级建筑工程检验检测认证机构。（住房城乡建设部负责。2014 年 6 月底前提出方案，2015 年底前完成）

7. 按种植业产品、畜禽产品、水产品、农业机械、转基因安全、农业资源环境、农业投入品等业务门类整合农业部所属检验检测认证机构。（农业部负责。2014 年 6 月底前提出方案，2015 年底前完成）

8. 统筹研究国资委联系的行业协会所属检验检测认证机构整合问题，结合相关行业协会商会脱钩工作稳步推进。推动行业协会所属认证机构转企改制。（国资委负责。2014年6月底前提出方案，2015年底前完成）

9. 整合食品药品和医疗器械检验检测认证资源，组建国家级检验检测认证机构。（食品药品监管总局负责。2014年6月底前提出方案，2015年底前完成）

10. 按照《国务院关于地方改革完善食品药品监督管理体制的指导意见》（国发〔2013〕18号）要求，指导地方食品检验检测机构整合工作。（食品药品监管总局负责。2014年底前完成）

11. 按电力、石油、煤炭等类别，分类研究推进能源行业检验检测认证机构的整合，推动组建专业覆盖面广、竞争能力强、公正独立的检验检测认证企业。（能源局、国资委负责。2014年8月底前提出方案，2015年底前完成）

12. 整合烟草系统检验检测认证资源。（烟草局负责。2014年底前提出方案，2016年6月底前完成）

13. 质检总局、工业和信息化部、交通运输部、住房城乡建设部、农业部、粮食局分别负责研究提出本行业检验检测认证机构整合指导意见。（2014年底前完成）

教育部、公安部、司法部、国土资源部、环境保护部、水利部、商务部、卫生计生委、新闻出版广电总局、安全监管总局、林业局、中科院、地震局、气象局、国防科工局、海洋局、测绘地信局、铁路局、供销合作总社等其他部门和行业，有业务相同或相近检验检测认证机构的，研究提出本部门、本系统所属检验检测认证机构整合意见。（各相关部门分别负责。2014年8月底前完成）

（二）推进跨部门、跨行业整合

对事关国计民生、分属于不同部门的相同产品的检验检测认证职能进行整合。鼓励条件成熟的领域或产品开展跨部门、跨行业、跨层级的整合。（中央编办、质检总局、相关行业主管部门负责）

（三）推进跨地区整合

加强地方检验检测认证机构布局规划，省级政府部门所属相关机构加大整合力度，整合同城同类机构，允许非国有资本参股，组建大型综合性混合所有制检验检测集团。整合不同市（地）相关机构，整合市和市辖区同类机构，逐步发展区域性综合检验检测机构。县（市）检验检测机构原则上整合为综合性检验检测机构，优化资源配置，避免重复建设。（县级以上地方各级人民政府负责）

（四）转变政府职能，创新管理体制

要科学规划机构设置，完善标准体系，加大监督力度，逐步推进检验检测认证机构与主管部门脱钩。今后，除特别需要外，政府部门原则上不再直接举办一般性检验检测认证机构。创新整合后检验检测认证机构管理体制。推动建立外部评价、约束机制，建立和完善理事会、董事会等多种形式的法人治理结构，落实检验检测认证机构法人自主权。（中央编办、质检总局会同相关行业部门负责）

（五）清理相关政策法规，有序开放市场

清理现有法律法规和政策文件中不利于检验检测认证市场健康发展的规定，减少检验检测认证项目的行政许可，有序开放检验检测认证市场，打破部门垄断和行业壁垒，鼓励和支持社会力量开展检验检测认证业务，积极发展混合所有制检验检测认证机构，加大政府购买服务力度，营造各类主体公平竞争的市场环境。完善检验检测认证机构资质认定办法，避免重复资质认定，科学设置检验检测认证机构资质审批事项。（质检总局、法制办、中央编办会同相关行业部门负责）

（六）研究完善产业、财税、人事、收入分配、社会保险等配套政策

《中共中央　国务院关于分类推进事业单位改革的指导意见》（中发〔2011〕5号）及配套文件，对事业单位转企在财税、人事、收入分配、社会保险等方面政策已作了明确规定，有关部门要深入研究整合工作涉及的共性问题，妥善提出处理意见，为加强人才培养、做强做大检验检测认证机构提供政策支撑。落实《国务院办公厅关于加快发展高技术服务业的指导意见》（国办发〔2011〕58号）有关要求，在实施国家高技术服务业研发及产业化专项中，推动检验检测认证高技术服务业集聚区建设，鼓励同一专业领域的检验检测认证机构组建技术联盟，组建综合性检验检测认证机构，提升重点领域检验检测认证能力。鼓励开展试点探索，加强对整合试点单位的政策扶持。（发展改革委、财政部、人力资源社会保障部、中央编办、质检总局等部门负责）

四、组织实施

整合检验检测认证机构是国务院明确的一项重要工作任务，各地区、各部门要高度重视，加强组织领导，抓紧制定方案，确保落到实处。中央编办、质检总局、发展改革委、财政部、人力资源社会保障部、法制办等部门要按照职能分工，加强指导协调，督促工作进展。中央部门间检验检测认证机构整合，由中央编办统筹协调。检验检测认证业务的整合和推动检验检测认证行业做强做大，由质检总局统筹协调。

各主管部门及检验检测认证机构要切实加强思想政治工作，保证人员队伍稳定。要严格工作程序，严肃工作纪律，做好清产核资、资产审计、产权移交等工作，严禁弄虚作假、瞒报漏报，严禁转移、转卖、转借、私分或以其他方式擅自处置国有资产，确保整合工作稳妥有序进行。

附录八

交通运输部办公厅关于整合公路水路
交通运输检验检测机构的指导意见

交办政研〔2015〕24 号

各省、自治区、直辖市、新疆生产建设兵团交通运输厅（局、委），部署各单位：

为贯彻落实《国务院办公厅转发中央编办质检总局关于整合检验检测认证机构实施意见的通知》（国办发〔2014〕8 号）的要求，切实解决公路水路交通运输检验检测机构事企不分、数量多、规模小和数据不互认等突出问题，加快政府职能转变，激发市场活力，稳步有序推进公路水路交通运输检验检测机构整合，加强交通运输业质量控制，提升行业检验检测技术水平和服务质量，促进交通运输科学发展和安全发展。经交通运输部同意，现提出以下指导意见。

一、总体要求

（一）指导思想

贯彻落实党的十八大和十大届三中、四中全会精神，使市场在资源配置中起决定性作用和更好发挥政府作用，立足交通运输行业实际，科学确定公路水运交通运输检验检测机构的功能定位，大力推进机构整合，优化布局结构，转变发展方式，有效提升检验检测水平，为推进"四个交通"发展提供有力支撑。

（二）基本原则

统筹规划、合理布局。根据地区经济发展水平和业务需求规模，整合资源，优化配置，科学规划，合理布局。

政府引导、市场驱动。交通运输主管部门认真履行职责，坚持企业自主、自愿原则，通过市场手段推进兼并重组。

积极稳妥、分步实施。遵循总体部署、先行先试的思路，对条件成熟的机构先行整合，不具备条件的逐步推进。

突出重点、分类推进。各级交通运输主管部门重点围绕公路水运工程检验检测和汽车综合性能检测等领域，做好公益类和经营类检验检测机构分类改革和整合工作。

（三）整合路径

公路水路交通运输检验检测机构按功能主要分为两类，一是公益类检验检测机构，由政府设立、财政经费予以保障或补助，主要为政府制定政策法规和风险管理提供技术支撑、为行业监管提供技术支持、为重大国计民生项目提供技术服务，以及提供不宜又市场机制提供的服务。二是经营类检验检测机构，由市场配置资源，以独立企业法人形式存在，自由经营、独立核算、自负盈亏的检验检测机构。

各地根据实际情况，选择或参照以下模式实施整合：一是通过行政划拨方式转或转让，将各级交通运输主管部门所属检验检测机构人员、资产等进行整合成为公益类检验检测机构；二是经财政部门批准，将各级交通运输主管部门所属检验检测机构财政资产转为经营类资产，按照资本运作方式进行整合成为经营类检验检测机构；三是将各级交通运输主管部门所属检验检测机构分成两个部分，一部分划为公益类检验检测机构，由政府主导实施整合，另一部分通过改制整合为经营类检验检测机构。

（四）工作目标

到2015年，基本完成各省（自治区、直辖市）交通运输主管部门所属事业单位性质的公路水运工程检验检测机构和汽车综合性能检测检测机构的分类改革，明确功能和职责，改制和整合工作基本到位，市场监管体系基本完善。到2020年，形成布局合理、实力雄厚、公信力强的行业检验检测体系，培育一批技术能力强、服务水平高、规模效益好、公正诚信度高的检验检测集团。

二、主要任务

（一）结合事业单位分类改革，进一步明确各级交通运输主管部门所属检验检测机构的功能定位，对于为行业监管提供技术支持保障的公益类检验检测机构，强化其公益属性和功能；对于从事以营利为目的的经营性检验检测的机构，按照政企分开、事企分开的原则，逐步与主管部门脱钩，转企改制。

（二）省级交通运输主管部门根据本地实际情况，原则上保留1家省级的公益性公路水运工程检验检测机构。积极探索以政府购买的形式采购社会独立检验检测机构的服务，推动地方政府将购买检验检测服务纳入政府财政预算。

（三）省级交通运输主管部门有序推进本系统所属的检验检测机构整合，在条件成熟的地区组建独立的大型综合性交通运输检验检测集团，积极探索跨区域经营，稳步扩大专业领域和业务规模，增强检验检测集团的市场竞争力。

（四）省级交通运输主管部门要坚持政府引导与市场驱动相结合，打破行业壁垒和地方保护，鼓励以资本为纽带，组建全国性或区域性大型综合性混合所有制检验检测集团，建立外部评价、约束机制，引导其健全法人治理机构。

（五）各级交通运输主管部门要鼓励检验检测机构在检测技术和服务标准方面建设高水平的技术联盟，提高设施、设备和数据等资源的利用效率，共同开展研发创新，加强成果应用推广，支持运用新技术、新材料、新装备、新工艺改进检验检测手段，提升专业技术水平和服务能力。

（六）各级交通运输主管部门要积极引导公路和水运工程施工企业建立完善内部检验检测工作管理方式，开展行为规范、流程标准、技术先进检验检测工作，加强工程质量控制，作为服务本企业内部检测机构承担相应的责任。对于服务能力较强的，在扩大规模、提升水平、塑造公信形象的基础上，可依法承担社会化检验检测服务，并逐步发展为具有较强综合能力的社会化检验检测服务机构。

（七）各级交通运输主管部门要切实履行指导汽车综合性能检测管理的职责，合理规划，统一标准，加强对检测工作规范性和科学性的监督，引导汽车综合性能检测跨地区信息共享、数据互认；鼓励汽车综合性能检测机构通过企业重组、资产置换、股权交换等方式，组建大型检测集团，探索跨地区合作经营或设立分支机构开展检察业务。

（八）各级交通运输主管部门要主动协调相关部门，鼓励汽车综合性能检测企业开展机动车安全技术检验和机动车环保检验服务，推进与机动车安全技术检验企业和机动车环保检验企业数据互认，合资合作，优化资源配置，减少重复检测，扩展服务功能，向社会提供更加高效便捷的车辆检验检测服务，切实减轻车主负担。

（九）省级交通运输主管部门要结合本地实际，对于基础条件好、政策保障实的地区，开展公路水运工程检验检测机构和汽车综合性能检测机构跨区域、跨行业、跨层级的整合试点示范工作，探索形成可复制、可推广的成熟经验。

（十）省级交通运输主管部门要健全公路水路交通运输检验检测机构市场退出机制，组织开展所辖区检验检测机构的清理整顿工作，对于社会信誉差、技术水平低、服务能力弱的机构依法予以处置。

三、组织实施

（一）提高认识，狠抓落实。各级交通运输主管部门要认真贯彻落实国务院关于整合检验检测认证机构的实施意见，高度重视公路水路交通运输检验检测机构整合工资，在当地政府的统一领导下，明确职责分工，制定实施方案，完善配套政策，做好所属检验检测机构转企改制的清产核资、资产审计、产权移交、人员安置、社会保障等工作，保证整合工作稳妥有序进行。

（二）完善法规，科学管理。清理现有法规和政策文件，对于不符合公路水路交通运输检验检测机构整合要求的相关规定予以废止或修改。完善《公路水运工程试验检测管理办法》，科学开展公路水运工程检验检测机构的能力评价；修订《汽车运输车辆技术规定》，进一步明确汽车综合性能检测的职责和法律地位，完善市场监管体系。

（三）加强引导，有效投入。各级交通运输主管部门要加强行业指导，引导检验检测需求方对检测工作合理有效的投入。各建设项目在工程概预案编制阶段，要落实试验检测费用渠道；各参建单位在工程实施过程中不得挤占挪用试验检测费用，为检验检测行业的持续健康发展提供基本条件。

（四）完善监管，加强自律。各级交通运输主管部门要重视基础信用数据库建设，通过建立信用评价体系、完善准入制度和行业标准，不断提高工作质量、规范从业行为、调控市场规模，加强市场监管，同时充分发挥行业协会的积极作用。检验检测机构要高度重视社会信用建设，加强企业自律，把不作假数据、不出假报告作为不可逾越的底线，以塑造和维护行业良好社会形象为己任。

（五）重视人才，稳定任务。各级交通运输主管部门要重视检验检测人才培养，重点加强专业领军人物、业务精湛的高素质专业人才的培育，积极探索检验检测人员个人执业制度。完善用人、育人和留人的长效机制，不断增强检验检测行业吸引力，稳定人才队伍，保障行业发展动力。

交通运输部办公厅

2015 年 2 月 9 日

参 考 文 献

[1] 解先荣.公路水运工程试验检测人员考试用书 公路基础.北京：人民交通出版社，2010
[2] 中华人民共和国行业标准.公路土工试验规程(JTG E40—2007).北京：人民交通出版社，2007
[3] 中华人民共和国行业标准.公路工程集料试验规程(JTG E42—2005).北京：人民交通出版社，2005
[4] 中华人民共和国行业标准.公路工程水泥及水泥混凝土试验规程(JTG E30—2005).北京：人民交通出版社，2005
[5] 中华人民共和国行业标准.公路工程沥青及沥青混合料试验规程(JTG E20—2011).北京：人民交通出版社.2011
[6] 中华人民共和国行业标准.公路工程无机结合料稳定材料试验规程(JTG E51—2009).北京：人民交通出版社，2009
[7] 中华人民共和国行业标准.公路土工合成材料试验规程(JTG E50—2006).北京：人民交通出版社，2006
[8] 中华人民共和国行业标准.建筑砂浆基本性能试验方法标准(JGJ/T 70—2009).北京：中国建筑工业出版社，2009
[9] 人民交通出版社，中国标准出版社.公路工程金属试验规程汇编.北京：人民交通出版社，2008
[10] 中华人民共和国行业标准.公路工程水质分析操作规程(JTJ 056—84).北京：人民交通出版社，1984
[11] 中华人民共和国行业标准.砌筑砂浆配合比设计规程(JGJ/T 98—2010).北京：中国建筑工业出版社，2011
[12] 中华人民共和国行业标准.公路路基路面现场测试规程(JTG E60—2008).北京：人民交通出版社，2008
[13] 中华人民共和国国家标准.建设用砂(GB/T 14684—2011).北京：中国标准出版社，2011
[14] 中华人民共和国行业标准.公路路基施工技术规范(JTG F10—2006).北京：人民交通出版社.2006
[15] 中华人民共和国行业标准.公路路面基层施工技术规范(JTJ 034—2000).北京：人民交通出版社，2000
[16] 中华人民共和国行业标准.公路水泥混凝土路面施工技术规范(JTG F30—2003).北京：人民交通出版社.2003
[17] 中华人民共和国行业标准.公路沥青路面施工技术规范(JTG F40—2004).北京：人民交通出版社.2004
[18] 人民交通出版社，中国标准出版社.公路工程常用金属材料与钢结构标准汇编.北京：人民交通出版社，2008
[19] 李福普，李闯民.《公路工程沥青及沥青混合料试验规程(JTG E20—2011)》释义手册.北京：人民交通出版社.2011
[20] 规程编写组.《公路工程无机结合料稳定材料试验规程(JTG E51—2009)》释义手册.北京：人民交通出版社，2009
[21] 王园，规程编写组.《公路土工试验规程(JTG E40—2007)》释义手册.北京：人民交通出版社，2007